U0110359

古代歷史文化研究輯刊

十五編

王明蓀 主編

第21冊

佛教因素對南北朝史學發展之研究——以四部史書爲例（上）

劉玉菁 著

國家圖書館出版品預行編目資料

佛教因素對南北朝史學發展之研究——以四部史書為例（上）
／劉玉菁 著 -- 初版 -- 新北市：花木蘭文化出版社，2016〔民 105〕
目 4+184 面；19×26 公分
（古代歷史文化研究輯刊 十五編；第 21 冊）
ISBN 978-986-404-618-8（精裝）
1. 南北朝史 2. 史學評論 3. 佛教
618　　105002229

ISBN-978-986-404-618-8

古代歷史文化研究輯刊
十五編　第二一冊　　ISBN：978-986-404-618-8

佛教因素對南北朝史學發展之研究
——以四部史書爲例（上）

作　　者　劉玉菁
主　　編　王明蓀
總 編 輯　杜潔祥
副總編輯　楊嘉樂
編　　輯　許郁翎
出　　版　花木蘭文化出版社
社　　長　高小娟
聯絡地址　235 新北市中和區中安街七二號十三樓
　　　　　電話：02-2923-1455／傳眞：02-2923-1452
網　　址　http://www.huamulan.tw 信箱 hml 810518@gmail.com
印　　刷　普羅文化出版廣告事業
初　　版　2016 年 3 月
全書字數　349791 字
定　　價　十五編 23 冊（精裝）台幣 45,000 元　

佛教因素對南北朝史學發展之研究

——以四部史書爲例（上）

劉玉菁　著

作者簡介

劉玉菁，臺灣高雄人。國立臺灣師範大學歷史學系畢業，國立成功大學歷史學研究所碩士，國立中正大學歷史學研究所博士。研究領域為魏晉南北朝宗教史、史學史。

提　　要

史學與佛教在魏晉南北朝時期皆有突出的發展與表現，兩者間是否存有內在聯繫，耐人尋味。目前學界在佛教對魏晉南北朝史學之影響的整體研究，已有若干成果；不過，就佛教對於南北朝史學，乃至針對南朝、北朝各自史學發展的影響比較，甚少關注，使得此一學術議題仍有深入探討的空間。

佛教勢張是南北朝時期顯著的時代特色，時代刺激學術，故探討南北朝史學的發展，不能忽略此時期佛教興盛的影響，「佛教——史學——影響」乃為本文核心主軸。需特別說明的是，雖然本文論述的研究對象為廣義的佛教史學撰述，但非專門探討佛教史學；以及兩種文化在接觸、交流後，往往互為影響，然本文並非探求中國史學對佛教的作用，而是站在中國史學史的角度，著重區域空間這項變因，探究南北朝時期，「佛教」對中國「史學」所造成的「影響」，尤其重點聚焦於比較佛教在南朝、北朝發展之異，其是否、如何反映、呼應了史學在南朝、北朝發展之別。一般總將南北朝佛教採用一種總體、印象式的觀察，並沒有將南朝佛教、北朝佛教作為雙重視野來進行各自的考察，遑論將南、北佛教之異進一步應用於探討南、北史學之別。故筆者於本文先論述南朝、北朝佛教發展之不同，然後將此差異觀照南朝、北朝史學發展之差別，梳理佛教與史學兩者間內在脈絡、聯繫。繼而以「舉證」較析的研究方法，從正史和史注學兩種個案類型，分別舉《南齊書》、《魏書》兩部正史，以及《世說新語注》、《洛陽伽藍記》兩部史注著作為例，依南、北地域並置對照，進行具體的比較和分析。

本文主題為「佛教因素對南北朝史學發展之研究——以四部史書為例」，研究結果揭示佛教在南朝、北朝的發展同中有異，儘管此分歧是大原則、大方向的畫分，卻仍有一定程度的參考價值，可以用來概括觀照佛教在南、北地域空間上的差異，進而據以檢視、探究南、北史學發展不同。總言之，南北朝時期，佛教在南、北的差異，頗能一以貫之與南、北史學的差異相互參照，有所關聯，意即佛教與史學在南、北發展呈現的不同特色，大致互相呼應、吻合。

目次

上冊

第一章　緒　論……1
第一節　研究動機與問題意識……1
第二節　研究回顧……8
第三節　章節安排……26
第四節　研究方法與限制……29
第五節　研究貢獻與意義……32
第二章　南北朝時期佛教的傳播……35
第一節　漢至南北朝佛教在中國傳播的情形……35
一、方術到格義——漢至永嘉之亂前佛教在中國的發展……35
二、永嘉之亂加速佛教的傳播擴張……38
三、南北朝時期佛教勢盛蔚爲大國……42
第二節　佛教在南北朝發展的差異……55
一、信仰方式南北有異……55
二、如來皇帝與皇帝菩薩……61
（一）北朝如來皇帝實行政教合一……62
（二）南朝皇帝菩薩企圖政教結合……79

第三節　佛教的傳播媒介與受眾 …… 94
一、佛教寺院與僧人 …… 95
二、佛教觀念深入社會各階層 …… 103
第三章　佛教的影響與南北朝史學的發展 …… 115
第一節　魏晉南北朝史學發展概述 …… 115
第二節　佛教對南北朝目錄學的影響 …… 138
第三節　南北朝史注學的發展：佛教－經注－史注 …… 148
一、史注仍受經注影響 …… 148
二、佛教影響經注 …… 152
三、經注、史注與佛教 …… 157
第四節　佛教對中國舊有地理觀念的衝擊 …… 164
第五節　與佛教相關的南北朝史著——以雜傳、地理、目錄類史書考察 …… 176

下　冊

第四章　佛教對南北朝正史的影響——以《南齊書》和《魏書》為例 …… 185
第一節　蕭子顯《南齊書》所受佛教之影響 …… 185
一、蕭子顯撰述《南齊書》的緣由 …… 185
二、「服膺釋氏，深信冥緣」的蕭子顯 …… 188
三、《南齊書》中的佛教思想 …… 192
第二節　魏收《魏書》受到的佛教影響 …… 199
一、《魏書》的成書背景 …… 200
二、《魏書・釋老志》的撰著動機 …… 203
三、佛教影響下的《魏書》 …… 209
第三節　《南齊書》與《魏書》所受佛教影響之比較 …… 222
一、爲佛教專立篇章 …… 222
二、對佛理的闡揚與護教 …… 225
三、佛教靈異事蹟入史 …… 228
四、《南齊書》與《魏書》中佛僧、隱逸人物之異 …… 231

第五章　佛教對南北朝其他史書的影響
——以《世說新語注》和《洛陽伽藍記》為例 249
第一節　劉孝標《世說新語注》所受之佛教影響 250
一、劉孝標的生平事蹟 250
二、劉孝標注《世說新語》的動機 254
三、《世說新語注》中的佛教思想 257
第二節　「假佛寺之名，志帝京之事」的《洛陽伽藍記》 282
一、《洛陽伽藍記》的撰著緣由 283
二、楊衒之與佛教 290
三、受佛教影響的《洛陽伽藍記》 295
第三節　《世說新語注》與《洛陽伽藍記》受佛教影響之比較 319
一、對佛教的認識與護教 320
二、採合本子注的體例作注 324
三、記載靈異志怪之事 328
第六章　結　論 339
徵引文獻 347

圖表

表 2-1　南北朝君主奉佛之事蹟 46
表 2-2　南北朝君主奉佛事蹟比較歸納表 54
表 3-1　紀傳體史書存目表 116
表 3-2　編年體史書存目表 117
表 3-3　雜史類史書存目表 118
表 3-4　霸史類史書存目表 119
表 3-5-1　雜傳類史書——分類傳記存目表 119
表 3-5-2　雜傳類史書——地區性傳記存目表 120
表 3-5-3　雜傳類史書——靈異志怪史書存目表 121
表 3-6　起居注、實錄存目表 122
表 3-7　譜系類史書存目表 123
表 3-8　地理類史書存目表 124
表 3-9　典志類史書存目表 126
表 3-10　目錄類史書存目表 129

表 3-11　史注類史書存目表 131
表 3-12　史評類史書存目表 132
表 3-13　南北朝史書數量分析表 133
表 3-14　南北朝史書類別排序表 135
表 3-15　隋代以前中國歷代佛經目錄列表 141
表 3-16　南北朝史注類史書書名有「音、音義、訓」者 158
表 3-17　隋代以前中國正史記載之「外國」相關篇目表 168
表 3-18　南北朝史書中爲僧人史家撰寫者 176
表 3-19　南北朝僧人史家所撰寫和佛教相關之雜傳、地理、目錄類史書比較 181
表 3-20　南北朝俗人史家所撰寫和佛教相關之雜傳、地理、目錄類史書比較 182
表 3-21　雜傳、地理、目錄類史書在南北朝及其爲南北朝僧人撰寫者之比較 184
表 4-1　《南齊書》和《魏書》記載佛僧一覽表 232
表 4-2　《南齊書》和《魏書》所載僧人事蹟分類表 243
表 4-3　《南齊書》和《魏書》隱逸人物傳中和佛教相關的事蹟表 244
表 4-4　隋代以前中國正史中的書、志 248
表 5-1　《世說新語注》中與佛教相關的注文類別 259
表 5-2　《世說新語注》所引與佛教相關的文獻史料 260
表 5-3　《世說新語注》中與佛教相關的注文 274
表 5-4　魏收、楊衒之仕宦經歷表 286
表 5-5　《洛陽伽藍記》中靈異志怪類別 298
表 5-6　《洛陽伽藍記》中靈異志怪記載 311
表 5-7　《洛陽伽藍記》中述及佛經、佛義、宣揚佛法的記載 322
表 5-8　《世說新語注》徵引之志怪小說 331
圖 3-1　南北二朝史書數量比例圖 134
圖 3-2　南北朝史書中僧人與非僧人撰寫比例圖 178

第一章　緒　論

第一節　研究動機與問題意識

魏晉南北朝時期，除西晉的短暫統一外，南、北長期分裂。由於南、北方在政治、經濟、地理等方面的情況不同，發展各異，因而在學術文化、宗教信仰諸領域均有不少相異之處，反映在史學上，南、北亦有不同。周一良在〈略論南朝北朝史學之異同〉中指出，從北朝史學著作看不到敏銳深刻的高見卓識，給人以識暗之感，較之南朝史學大爲遜色。〔註1〕名家卓見，燦然可觀，引發筆者一探究竟的研究興趣。周一良之立論乃以南、北學術風氣之別來觀照史學之異。《世說新語．文學》載：

> 褚季野語孫安國云：「北人學問淵綜廣博。」孫答曰：「南人學問清通簡要。」支道林聞之，曰：「聖賢固所忘言。自中人以還，北人看書，如顯處視月；南人學問，如牖中窺日。」劉孝標注：「支所言但譬成孫褚之理也。然則學廣則難周，難周則識暗，故如顯處視月。學寡則易核，易核則智明，故如牖中窺日也。」〔註2〕

又《隋書．儒林傳序》曰：

> 自晉室分崩，中原喪亂，五胡交爭，經籍道盡。魏氏發跡代陽，經營河朔，得之馬上，茲道未弘。暨夫太和之後，盛修文教，搢紳碩

〔註1〕周一良，〈略論南朝北朝史學之異同〉，收入氏著，《魏晉南北朝史論集》（北京：北京大學出版社，2010年6月第二版），頁369。

〔註2〕〔南朝宋〕劉義慶編，劉孝標注，余嘉錫箋疏，《世說新語箋疏》，（上海：上海古籍，1996年8月第三次印刷）上卷〈文學〉，頁216。

學，濟濟盈朝。縫掖巨儒，往往傑出。其雅誥奧義，宋及齊梁，不能尚也。南北所治，章句好尚，互有不同。……大抵南人約簡，得其英華；北方深蕪，窮其枝葉。〔註3〕

永嘉之亂後，南北分裂，北方持續受到兩漢以來章句訓詁之學的影響，治學偏於掌握瑣細的具體知識，涉及而廣，故謂「淵綜廣博，窮其枝葉」。南方則在魏晉玄學和佛教思想的影響下，偏重於分析思辨，追尋所以然的道理，即所謂「清通簡要，得其英華」。周一良從上述兩段闡明南北學術傾向異同之史料，以《論語》之言概括，認爲北方偏於學而不思，南方偏於思而不學，然後據以推論南北史學的異同。主張南朝史學如牖中窺日，對歷史發展具有洞察能力；北朝史學如顯處視月，廣而難周，思辨性不強，缺乏敏銳深刻的高見卓識。〔註4〕此外，周一良主張在一個民族的各不同文化領域內，還可能潛在一種共同的素質，貫串於各方面，名之爲深義文化。〔註5〕繼而指出南朝和北朝各自在史學、文學以至宗教等領域內實存有共同相通之點，可以證成他的深義文化之說。周一良的看法慧眼獨具，給予筆者相當程度的啓發，刺激筆者對南北朝史學發展同異分殊的論題，產生窮原竟委的動機。

首先，周一良雖揭櫫南北朝史學受學術傾向影響而有不同，惜在追根究柢其所以然時，似嫌仍然侷限於玄學和佛教的影響，既疏忽佛教亦在北朝盛行，也忽略其他的變因。承此，筆者認爲欲深入探究南北朝史學發展之異同，尚可從地域之別的角度切入從事研究。孔定方於〈南北朝宗教文化之地域分野〉一文中指出，南北朝時期，儒學獨尊的一元文化格局崩壞，文化發展呈多元趨勢；在劃江而治的南北對峙的政治環境下，南、北文化出現歷史性的地域分流。南北朝之佛教因南、北各自旨趣相殊而有「南統」與「北統」之分，及「南義」、「北禪」之別。就整體風格而言，南統佛學偏尚義理，極富名理性格，講經說法風行，以玄思拔俗爲高；北統佛學崇尚實行，富於踐履品格，禪風鼎盛，以修習禪定爲勝場。在佛教典籍方面，南方偏於大乘空學，流行受大乘部影響之論典；而北方傾向實利，小乘一切有部之佛經大有市場。在禪法上，南方看重思維形式之探討，頓漸之爭聚訟紛紜；北方則盛行「像教」，坐禪篤信而少去涉足頓漸之訟。釋家在南朝士人中爲學問，談論

〔註3〕〔唐〕魏徵等撰，《隋書》（臺北：鼎文書局，1978年）卷七十五〈儒林列傳·序〉，頁1706。

〔註4〕參見周一良，〈略論南朝北朝史學之異同〉，頁365～369。

〔註5〕周一良，〈略論南朝北朝史學之異同〉，頁370。

相高；在北朝士人中屬宗教，重在戒行。〔註 6〕周一良在闡述「深義文化」的觀點時，亦主張就佛教而言，北方重修行實踐，南方重思索辨析，這兩種不同傾向，與學術和文藝分野內的異同，似乎也並不相悖。〔註 7〕依筆者管見，不同文化領域內的共同素質（即深義文化）實則各文化領域互相作用、彼此交流影響所致。以是之故，竊意佛教勢張是南北朝時期的時代特徵，不論南、北，佛教皆相當盛行，故將外來的佛教作爲瞭解南北朝史學發展的觀察點，尤其從佛教的地域分野來更深一層探究，不失爲一條可行之徑，是值得開闢研究的視域。

再者，周一良分析南、北經學影響各自史學發展的事實，主要是舉南朝范曄（398～445 年）的《後漢書》、沈約（441～513 年）的《宋書》和北朝魏收（507～572 年）的《魏書》中的序和論相比較。筆者認爲，研究的對象可再擴大。馬豔輝在〈制度、興亡、人物評價：南朝北朝史論異同辨析〉一文中，除了正史，另舉裴子野、何之元、陸機、袁宏、李公緒等史家著述爲例，加以比較。文末，馬豔輝歸納其結論曰：「南北朝史家處於不同的歷史環境，直接影響他們對歷史和歷史人物的評論有所不同，進而反映他們的史觀不同，以致造成南、北史論的差異。這種差異在不同的問題上尤顯長短互見。但總的來說，北朝史論來得平實，較少門閥氣息，南朝史論往往比較深刻，然門閥氣息過重。」〔註 8〕馬豔輝擴舉其他史書爲研究對象，並從史論的度角

〔註 6〕孔定芳在〈南北朝宗教文化之地域分野〉一文中探討南北朝時期佛教和道教存有地域上的南北之異，並分析箇中原因，包括地理上天然的分界，以及此時南北政權的對峙隔絕，相對減弱了文化在南北地域間的滲透力。北方由少數民族入主中原，使北方文化置於一種迥異於南方的特殊政治氛圍中，促成北方漢族士人治學多重政治，且注重力行與踐履，南方占統治地位的文化是漢族文化，漢人悟性早啓，文化昌盛，士大夫文化素質足以使其開展學術性的文化研究，故思辨見長；永嘉之亂後，儒、玄兩種學術流行的地域性和層次性不同，北方是儒學昌隆的文化氛圍，深刻影響其文化的風貌特徵，由於儒學的社會實踐性強，重實務入世，是故北方宗教文化重樸崇實，尚政治、重踐履而不務空言。孔定芳提出許多解釋南北宗教文化相異之因，筆者認爲這些原因同樣運用於解釋南北朝史學之異當爲可行。參見孔定方，〈南北朝宗教文化之地域分野〉，《中州學刊》1998 年第 1 期，頁 127～132。

〔註 7〕周一良，〈略論南朝北朝史學之異同〉，頁 370。

〔註 8〕馬豔輝比較：（一）關於分封制與郡縣制之論的異同。（二）關於皇朝興亡的不同認識路徑。（三）關於正史類傳史論的異趣，從此三方面希望尋求對南北朝時期的史學，特別是史論的發展，南、北方有何差異，能有更全面的認識。參見馬豔輝，〈制度、興亡、人物評價：南朝北朝史論異同辨析〉，《江海學刊》2008 年第 2 期，頁 163～168。

切入，探析南朝、北朝史學之異同，適對周一良的研究進行拾遺補缺的作用。

此外，胡寶國在〈南北史學異同〉一文踵繼周一良的論述，指出除了史論外，北方史學在很多方面都呈現出與南方史學不同的特點，包括第一，北方史學較爲關注與國計民生相關的問題，而南方則否；第二，相對於南方，北方多官修史書，私人撰述較少；第三，從淵源上看，與繼承魏晉的南方史學不同，北方史學比較強調繼承漢代傳統。胡寶國之論眼光獨到，頗有心得，對南北史學異同之處進行了精闢的概括，提供筆者饒具學術價值的視野。然胡寶國所界定的「南北」史學異同，涉及的是一個較長的時段，乃自東晉十六國至唐初，而非僅指南北朝時期。其次，胡寶國於文末歸結道：「東晉十六國以後，包括史學在內的南北學術的不同其實是導源於魏晉時期中原與河北學術的不同」，〔註 9〕此乃立足於以文化區域的觀點，宏觀的檢視南北學術。雖然這樣的研究視角深富意義，不過，以魏晉南北朝時期活躍的民族融合與文化交流而言，胡寶國的論述過於將中國視爲一個封閉的空間，忽略了外來文化對中國的影響；尤其佛教的傳播，在南北朝是一不容忽視的歷史課題，隨著佛教流傳愈廣，中國自身學術文化自然與佛教互動加深，對彼此皆會造成相當的作用。

以上三位學者的立論主要以政治爲主軸的傳統史學著作進行比較，不免遺憾。中國史學領域浩繁，史籍汗牛充棟，若欲確切深入瞭解、比較南北朝史學之發展，竊意與歷史相關的佛教典籍和文人著作，亦具研究價值。陳垣言：「中國佛教史籍，恆與列朝史事有關。」〔註 10〕指出佛教史學〔註 11〕對歷史研究的重要性。佛教史籍中所記載有關政治、社會、經濟、文化諸方面的內容，是值得重視的史料，可以補充傳統史書所載之不足。魏晉南北朝時期，

〔註 9〕胡寶國，〈南北史學異同〉，收入氏著，《漢唐間史學的發展》（北京：商務印書館，2003 年），頁 186～213。

〔註 10〕陳垣，〈中國佛教史籍概論緣起〉，收入氏著，《中國佛教史籍概論》（臺北：新文豐，1983 年），頁 1。

〔註 11〕嚴耀中將佛教史學分爲狹義與廣義兩種。狹義的佛教史學是專門關於佛教歷史的，一般指佛教史家的專著，諸如《高僧傳》，或專門論述佛教的有關史著，如《洛陽伽藍記》。廣義的內容則包括所有有關佛教歷史的記載和議論，如正史中的《魏書．釋老志》、《宋書．天竺迦毗黎國傳》及《晉書．藝術傳》裡佛圖澄、鳩摩羅什、僧涉、曇霍等一些僧侶的傳記等等，都是關於佛教的重要史載。此外，廣義的佛教史學還應該包含史料學。見嚴耀中，〈試論佛教史學〉，《史學理論研究》2002 年第 3 期，頁 134。本文擇採廣義佛教史學的角度來探討佛教與南北朝史學的關聯性。

佛教在中國的勢力急速擴大成長，佛教史學於此時期已蔚爲大觀。僅據《隋書·經籍志》的史部所載，僧人史家與世俗史家所撰之與佛教相關著作，便相當粲然可觀。〔註 12〕錢穆曾指出時代與學術互相發生作用，爲什麼這時代會產生這許多書，此是時代影響了學術，但這些書對這時代又發生了什麼影響，這是學術影響了時代。〔註 13〕所言甚是。魏晉南北朝是一富於宗教熱情的時代，佛教在此時傳佈深廣，蔚爲大國，是則這樣的時代氛圍必然牽動學術的發展，是以產生了爲數眾多的佛教史學著作；反之，佛教史學的成果亦會對該時代有所回饋，造成影響。歷史包含著過去一切，關於佛教在中國二千餘年傳播的歷史，和中國社會文化的各個方面息息相關，有著千絲萬縷的聯繫；也因此，佛教史學自當與中國的所有領域（包括史學）相通，交互作用。承上所述，當我們在探究南朝、北朝二者間史學異同時，此一時期的佛教發展乃是不可忽視的變因，並且佛教史學的相關著作應當列入研究的對象，方可成爲完整的考察視域。

綜上所述，文化中各領域（史學、文學、經學、藝術乃至宗教……等）必然會互相影響，同時表現「授」與「受」的雙重身份；並且文化中各領域的發展也會受到外在政治、經濟、社會等因素影響（當然這些外在因素同樣會受到文化的影響）。以是之故，探討南北朝史學的發展，內因、外因實爲交光互影，環環相扣，皆需被檢視和探究。尤其值得再加以探究者，誠如嚴耕望所論，治中國史者往往僅依時間此一軸線，論述各時代核心區域的發展，所謂「通古今之變」，然卻往往忽略在同一時間，同一國度內區域間的差異性，以及此一問題對於全史所發生的影響。嚴氏更認爲，要眞正瞭解中國歷史的整體，唯有同時掌握核心地區時間性的一線發展，與廣大空間全面性的發展，方能稱之爲「整體的中國歷史觀」〔註 14〕是以對於南北朝時期，地域上宗教異同現象的重視與探求，無疑能對時間——人類歷史，所交織而

〔註 12〕例如釋曇璦所撰《僧家書儀》，釋寶唱撰《名僧傳》與《尼傳》、釋慧皎《高僧傳》、釋法進《江東名德》、釋僧佑所撰《薩婆多部傳》和《世界記》各五卷，釋法顯《佛國記》、釋智猛《遊行外國傳》、釋道安《四海百川水源記》、釋曇宗《京師寺塔記》、釋曇景《外國傳》、釋慧生《慧生行傳》、釋法盛《歷國傳》……等。世俗史家所撰的佛教史著作，則如裴子野《眾僧傳》、康泓《道人善道開傳》、楊衒之《洛陽伽藍記》、張光祿《華山精舍記》、劉璆《京師寺塔記》……等，不勝枚舉。

〔註 13〕錢穆，《中國史學名著》（臺北：三民書局，2005 年重印二版三刷），頁 112。

〔註 14〕參見嚴耕望，〈歷史地理與歷史研究〉，收入氏著，《嚴耕望史學論文選集》（臺北：聯經，1991 年），頁 597～598。

成的歷史思維，再注入空間的思考觀點，進而架構成時間——空間——人類歷史三者皆具，更爲立體、全面、完整的歷史敘述。〔註 15〕

大體言之，佛教自漢代傳入中國以來，影響漸深且廣，此固不待言；但審實論之，亦逐漸呈現南、北佛教分途發展下的不同性格，塚本善隆對此提出看法言：

> 北方佛教，不論是神仙道術式佛教，或是承認君主專制、依附國家權力弘法布教的道安和鳩摩羅什的佛教，都比江南方外的、貴族的、獨善的佛教更富現實性和社會性，具有廣濟眾生的實踐宗教的熱情。現存南北朝佛教徒的著作，大半出於南朝，南朝有關佛教教義的研究及佛教禮儀的創製都很興盛，但卻未曾出現過有號召力的、實踐的宗教運動。〔註 16〕

許理和持相似見解，且富有細部地域色彩的考察，其論述曰：

> 西元四世紀下半葉，在晉帝國中部和東部形成兩個勢力範圍。帝國首都、東部及東南部（即江蘇南部和浙江）處於中央管轄之下，而中部州縣主要是江州和荊州（大約相當於今江西和湖北），則大部分

〔註 15〕曹道衡論述南北朝學風的差異時，是從地域的不同來著眼分析。總的來說，南北朝時代南、北兩地學風差別是很大的。《隋書．儒林傳》所說：「南人約簡，北學深蕪」的情況，其實並非形成於西晉滅亡後，南北兩個政權出現之時，而應該追溯到東漢後期。中國古代學術文化本以今山東～河南二省黃河以南地區最爲發達，這裡士人對東漢後期腐敗統治感受最深。由於這裡是士人集中之地，交遊論學之風極盛，推動了新學風的形成。西晉滅亡後，這裡的士人逃往江南，和江南士人共同創造了南方的學術。至於黃河以北地區，由於戰亂，人們長期聚居塢壁之中，獨學無友，所見不廣，學術上較滯後。北朝人的論學，往往限於學術問題，和文藝創作並無關係，南人論學，有時還兼作論，思考性較強。參見曹道衡，〈略論南北朝學風的異同及其原因〉，《河南大學學報社會科學版》2004 年 7 月總第四十四卷第 4 期，頁 78～83。又周積明將魏晉南北朝時期的文化分爲南北兩大區域，認爲在經學、文學、佛學、民風以及書法、繪畫藝術等領域，南、北地區有著明顯的差異，南方注重情性抒發，長於思辯，風格婉麗柔美；北方重樸崇實，注重力行，風格謹嚴莊重，充溢著一種剛陽之氣。造成這種風格不同的原因，既有政治上的原因，也有地理環境影響的因素。周積明，〈東晉南北朝時期的南北文化〉，《社會科學輯刊》1988 年第 6 期。曹道衡和周積明採地域角度考察南朝、北朝學術文化發展的分歧，啓發筆者更著眼、強調以地域的角度來研究史學史。

〔註 16〕參見塚本善隆，〈魏晉佛教的展開〉，收入許洋主等譯，劉俊文主編，《日本學者研究中國史論著選譯：思想宗教卷》（上海：上海古籍出版社，1995 年），頁 235～247。

由半獨立的地方要員和軍事獨裁者所控制。……在都城和東部，產生了與王室、大城市權貴和都城中的政治生活緊密相連的新佛教。但同時，其他很重要的教團也在地方士大夫的支持下於中部地區形成。這些團體只是間接的與王室有關。理論上說，他們更獨立性和創造性，同時也更爲明顯的受到北方的影響。……這些中心的僧人領袖（襄陽道安、廬山慧遠）和他們的許多弟子均來自北方。他們的理論觀點試圖結合南北佛教。北方佛教強調虔心修行禪定和法術，直接延續舊譯時代的經典；南方佛教相對理性化，是玄學和大乘觀念的特殊結合物，以《般若經》、《維摩詰經》爲基礎而深於本體論的思辯。〔註 17〕

許理和的論述精闢地歸納佛教在東晉時期已呈現地域之別的發展態勢，北方佛教強調虔心修行，南方佛教相對理性化，這樣大致的畫分基本上仍爲南北朝所延襲。許理和的研究可謂落實了嚴耕望所重視之同一時間，同一國度內，區域間的差異性，此提供筆者進行區域性研究思考的基礎構思。〔註 18〕

綜上所論，筆者肯定周一良提出的「深義文化」論點，以及認同嚴耕望強調研究歷史需兼顧區域空間的影響，故筆者認爲南朝和北朝各自在史學、文學以至宗教等領域內存在著共同相通之點，能窺一斑而知全豹；並且佛教在中國傳佈所呈現的南、北地域分野，應與南朝、北朝史學發展有所呼應，存有隱性的內在關聯與結構，殊值探本究原，因此，本文擬以「佛教——史學——影響」的思考脈絡作爲研究方向。

要特別指出的是，佛教史學和中國傳統史學，兩者在對象上和功能上有

〔註 17〕〔荷〕Erik Zürcher（許理和）著，李四龍、裴勇等譯，《佛教征服中國》（江蘇：江蘇人民出版社，1998 年 3 月），頁 181～183。

〔註 18〕有關江南重義解，北國重禪行之相對差異，嚴耕望從《高僧傳》和《續高僧傳》中所載錄的僧人事蹟，以義解與習禪的類別，統計分析其地理分佈，認爲江南彭、壽重義解，太行山西重禪行，山東、河北兩者並行，而義解爲盛，荊、益情形亦略如之。若更進一步作深入觀察，則可謂都市盛義解，而山林盛禪行，固不論方域之南北。詳參嚴耕望著，李啓文整理，《魏晉南北朝佛教地理稿》（臺北：中研院史語所，2005 年）第六章〈佛教教風之地理分佈——義解與禪誦〉，頁 195～221。筆者認爲嚴氏的研究貴在從都市（城）、山林（鄉）之殊，以另一種地域的視角來考察佛教於城鄉發展之不同，然由於嚴氏分析的史料主要是《高僧傳》和《續高僧傳》，兩書中的僧人能載入史冊，當有一定的身份地位，並無法代表當時南、北整體的教風。意即若僅從兩僧傳作爲研究對象，則難免忽略社會全部階層，總體宗教風氣，以致涵蓋性有所不足。

著密切的聯繫，然而佛教史學最終納入了中國傳統史學的體系。據此，本文論述的研究對象涉及到廣義的佛教史學撰述，但本文並非專門探討佛教史學，而是站在中國史學史的角度，探究南北朝時期，「佛教」對中國「史學」所造成的「影響」，研究主體仍為中國史學，而其中特別將重點聚焦於比較佛教在南朝、北朝發展之異，其是否、如何反映、呼應了史學在南朝、北朝發展之別，這是本文的問題意識所在。目前學界在佛教對南北朝史學之影響的整體研究，已有成果，但反觀佛教對於南朝、北朝各自史學發展的影響比較，似乎是缺之弗如，甚少勾勒。故本文擇以「佛教對南北朝史學發展的影響」為題，首先關注佛教在中國傳播的情形，考察佛教在中國的發展過程、媒介與影響，並分析南、北方的佛教差異。其次，先合而觀之，整體性探討南北朝史學發展的狀況、特色，掌握總體趨勢；再分而觀之，從中歸納南朝、北朝的史學發展有何異同？造成異同的原因是否與佛教有所關聯？繼而各舉南朝、北朝的史家和著作為例，進行比較、探討，深入分析佛教對南北朝史學的影響。藉由將南朝、北朝彼此間的史學異同，並置、對照，則各自的特殊性將會更加顯著、清晰。

最後，為史需明時間斷限，撰寫時方不致失焦脫軌。本文乃以南北朝作為研究的時間斷限，起自劉裕篡東晉建宋（西元 420 年）至隋文帝南下滅陳，統一中國（西元 589 年）。東晉之後，南、北持續分裂，南方有宋、齊、梁、陳，稱為南朝；北方有北魏，嗣後分為東、西二魏，各禪位於北齊、北周，此五個政權合稱北朝。永嘉之亂後，中國南、北長期對峙，在政治、社會、學術文化等方面，逐漸形成各自的特色，佛教亦因地制宜而有不同的發展。探討佛教在南朝、北朝發展的地域差異性，是否、如何影響史學發展亦呈現地域差異性，此為本論文的研究動機與問題意識。

第二節　研究回顧

一、魏晉南北朝佛教研究

魏晉南北朝時期的佛教研究在學界向來受人重視，湯用彤所著《漢魏兩晉南北朝佛教史》是其中犖犖大者，為研究此時期佛教史必讀的經典之作。該書初版於 1930 年代末，湯氏以翔實豐富的史料，嚴謹周密的考證，梳理了佛教從漢代傳入至魏晉南北朝時期的發展，以及佛教與中國本土文化的衝突與融合，並逐漸中國化的歷史。全書二十章，以其「規模之恢宏、結構之謹嚴、材料之豐富、考證之精確、問題提出之深刻、剖析解釋之周密」，〔註19〕至今，幾乎無人能超越湯氏的學術門檻，實具有典範性的成就。《漢魏兩晉南北朝佛教史》除了有助掌握此一歷史時期佛教在中國的發展脈絡，更重要的是湯氏在書中將佛教畫分爲南統與北統，指出南北朝時佛教的發展在南方、北方各有其特色，南方偏玄學義理，北方重在宗教行爲，〔註20〕論述中肯，詮釋完備，爲本文提供深厚的研究基礎。此外，從總體上探討魏晉南北朝佛教，用力甚勤的學者還有方立天。在其所著《魏晉南北朝佛教》一書中，方氏通過對這一時期中國佛教代表人物的個案研究，展現當時佛教的基本面貌與思想風采。書中還專門論述了魏晉南北朝佛教的歷史演變與整體特點，並評述了佛教中國化的歷程，中國佛教之特點等。其中，方立天分析魏晉南北朝佛教的特點，概括出依附性、相容性與差異性三點。其中，依附性提供筆者掌握佛教汲取哪些中國固有的觀念以利傳教，而差異性則方氏與湯用彤見解類似，亦認爲南北兩地長期分裂，地域阻隔，文化環境不同，形成了佛教的不同學風。其最顯著的區別是南文北質，南方偏尚理論，以玄思拔俗爲高；北方統治者大多粗獷少文，信仰之外崇尚實行，側重實踐；北方佛教不尙空談義理，而是注意修行，且多採有組織的活動。〔註21〕文末，方氏特別指出，

〔註19〕資料網址：http://www.cp1897.com.hk/product_info.php?BookId=7301033850.下載日期2014年7月8日。

〔註20〕湯用彤在《漢魏兩晉南北朝佛教史》一書中第十三、十四章分別論述佛教之南統、北統，指出政治上南北對立，而佛教亦南北各異其趣。有關佛教在南北朝發展的情形與特色，詳見湯用彤，《漢魏兩晉南北朝佛教史》（臺北：臺灣商務，2012年11月臺三版），頁415～545。筆者按，實則有關南北朝時代佛教教風呈現南義北禪之別，前人已有論之，湯氏貴在系統深入論述闡釋。例如《續高僧傳》卷十七〈釋慧思傳〉：「自江東佛法，弘重義門，至於禪法，蓋蔑如也。」《續高僧傳》卷三十〈釋善權傳〉：「海內包括，言辯之最，無出江南。」〔唐〕釋道宣，《續高僧傳》（臺北：文殊，1988年），分見頁511、1040。又如唐中葉神清在《北山錄》云：「宋人、魏人，南北兩都。宋風尚華，魏風猶淳。淳則寡不據道，華則多遊於藝。……北則枝葉生於德教，南則枝葉生於辭行。」慧寶注云：「晉、宋高僧，藝解光時，弘闡法教，故曰華。元魏高僧之禪觀行業據道，故曰淳。」見〔唐〕釋神清，《北山錄》卷四〈宗師議篇〉，T52/2113，頁596c。

〔註21〕方立天，《魏晉南北朝佛教》（北京：中國人民大學出版社，2006年），頁356。按：方立天的重要著作和論文現已由北京中國人民大學出版社編輯爲《方立天文集》，共六卷，《魏晉南北朝佛教》是第一卷，是以方立天舊作《魏晉南北朝佛教論叢》和《慧遠及其佛學》兩書爲基礎，再適當增加相關論文而成。

南北朝佛教的差異是相對而言，意即兩地佛教也有共同處，此提醒筆者探究本文論題時，不能截然二分佛教在南北朝的之別，需注意兩地的同質性。此外，郭朋《漢魏兩晉南北朝佛教》吸取了包括湯氏著作在內的一系列研究成果，雖在選取史料方面並無出眾之處，但貴在平易翔實，可提供研究上的方便。

上述學者在魏晉南北朝佛教研究中的共同問題，在於過分強調了佛教作爲一種宗教觀念的傳播，而忽略了從其他角度觀察，例如過於重視精英和經典，忽略社會廣大基層的信眾；〔註 22〕在對僧人的研究上注重佛學思想，忽視僧人的社會背景和地位；或在僧團研究上，偏重法脈傳承，卻忽視其與中國社會的互動等；〔註 23〕以及過於強調佛教哲學的論述，疏於觀照佛教文化對中國學術領域的影響。從總體上把握魏晉南北朝佛教，此需要研究者具備相當深厚的學術功底。「現代佛教學術叢刊」主編張曼濤曾說：「通史性之論述，易撰亦可謂難撰，蓋無博識與通體史知，實難以撰出佳篇，我國史學界對佛教史有深造詣者，實難覓得多人，教界本身某些人士對教史雖大致有若干認識，然嚴謹與透澈又多不足。」〔註 24〕由於跨朝代的佛教通史〔註 25〕不

〔註 22〕尚永琪認爲過去一般中國佛教史偏重在「精英和經典」的角度，因爲中國佛教史的體制構建，在很大程度上是由研究中國古代哲學的學者所完成，不可避免的著重在「思想史」部分，但中國佛教史之發展，不僅僅是思想的歷史，關鍵在於參與其中的「人的歷史」，那些在佛教影響下身體力行地參與信仰活動的大眾，也許才是構成中國佛教史的主體。見尚永琪，《3～6 世紀佛教傳播背景下的北方社會群體研究》（北京：科學出版社，2008 年 12 月），頁 2～3。

〔註 23〕張曼濤，〈編輯旨趣〉，收入張曼濤主編，《中國佛教通史論述》（臺北：大乘文化出版社，1978 年），現代佛教學術叢刊第 39 冊，頁 1。

〔註 24〕與中國學者的研究相比，荷蘭學者許理和《佛教征服中國》一書的觀點則令人耳目一新。以往的佛教史通常是從「僧人」著手，往往流於名僧及宗派的思想演變或是佛典傳譯，卻忽略諸如寺院經濟、僧官制度、佛教民俗等內容。許理和關注問題的角度則與國內學者有很大差異，其認爲佛教傳入中國不僅意味著某種宗教觀念的傳播，而且是一種新的社會組織形式——修行團體即僧伽（Sangha）的傳入。在此，他沒有直接通過佛教義理在中國的接受過程來闡釋佛教的中國化問題，而是強調：僧人的社會地位、寺院的社會功能、士大夫及王室對佛教的態度等，在早期佛教形成過程中發揮了決定性的作用。從僧團著手研究佛教史，這種研究方法無疑是有新穎獨到之處。不過，該書的缺失之處在於對佛教自身發展的內在脈絡完全沒有涉及，因此只見到佛教如何征服中國，而沒有注意它事實上已逐漸轉變爲中國化的佛教，故「征服」一詞未免不盡史實。

〔註 25〕除了魏晉南北朝的佛教通史，另有跨越更長時段的總括型佛教通史，其在謀篇佈局或內容詳略上有所出入，然總體而言相差不大，茲不一一列舉。舉其代表

只要通貫全史，且照顧層面要寬闊，要能適度掌握大局，貫穿前因後果，因此專家易求，通家難得。〔註 26〕於是，對魏晉南北朝佛教進行宏觀研究外，更多的學術成果是聚焦於某一課題的專題研究，在佛教與政治、社會、經濟、文化的關係上有比較深刻的探討。

就佛教與政治方面而言，中國皇帝位居統治階層的頂端，他們對佛教的態度在很大程度上左右著佛教的興衰發展；此外，世俗政治對佛教的干預、利用，使佛教與政治產生深刻的聯繫。相關研究如塚本善隆〈シナにおける仏法と王法〉討論東晉南朝皇帝與沙門的關係，以及胡族統治下北地的王法與佛法等問題。〔註 27〕藤堂恭俊在〈江南と江北の佛教——菩薩弟子皇帝と皇帝即如來〉一文探討南北朝不同的佛教特徵，梁武帝的菩薩戒弟子皇帝，以及北朝的皇帝即如來觀到無佛感的演變。有關魏晉南北朝佛教與政治，佛法與王法，僧侶與皇帝關係的研究著作，塚本善隆與藤堂恭俊提供相當重要的學術成果，眞知灼見，啓迪後學甚有貢獻。在兩位學者的基礎上，顏尚文繼續深入探討梁武帝與佛教的關係，其於 1999 年出版的博士論文《梁武帝》〔註 28〕可說是目前研究梁武帝蕭衍之「皇帝菩薩」、「佛教國家」理念或政策較爲詳盡的作品。此外，趙以武《梁武帝及其時代》〔註 29〕詳細介紹梁武帝

者如賴永海主編的十五卷本《中國佛教通史》在 2010 年 11 月出版，全書 650 萬字，可視爲是依中國通史寫作傳統而來的一項集體創作。任繼愈亦主編八卷本的《中國佛教史》計畫，此計畫最終並未能完成，僅推出前 3 卷。過去日本學者鎌田茂雄，以個人之力，計畫撰寫八卷本《中國佛教通史》，但完成了五卷即因去世而中輟。其他研究中國佛教通史的日本學者還有中村元的《中國佛教發展史》三冊、常盤大定《支那仏教の研究》、諏訪義純《中國中世仏教史研究》、道端良秀《中國仏教史の研究》。此類通史共同的問題在於試圖包羅萬象，結果往往爲了遷就篇章結構的平均分配，在很多問題上淺嘗輒止，或乾脆避而不談，以致學術價值有限，容易流於「資料集」或「資料彙編」的功能。

〔註 26〕侯坤宏，〈佛教史研究的視野、角度與方法〉，轉載自妙心全球資訊網「專題報導」2011 年 3 月，總第 128 期。網址：http://www.mst.org.tw/Magazine/magazinep/spc-rep/128-%e4%bd%9b%e6%95%99%e5%8f%b2%e7%a0%94%e7%a9%b6%e7%9a%84%e8%a6%96%e9%87%8e%e3%80%81%e8%a7%92%e5%ba%a6%e8%88%87%e6%96%b9%e6%b3%95.htm

〔註 27〕塚本善隆，〈シナにおける仏法と王法〉，收在宮本正尊編，《佛教の根本眞理：佛教における根本眞理の歷史的諸形態》（東京：三省堂，1957 年），頁 683～706。

〔註 28〕顏尚文的博士論文〈梁武帝「皇帝菩薩」理念的形成及政策的推展〉（臺北：國立臺灣師範大學歷史所博士論文，1989 年），後由臺北東大出版社於 1999 年出版爲專書《梁武帝》。

〔註 29〕趙以武，《梁武帝及其時代》（江蘇：鳳凰出版社，2006 年）。

一生的成敗得失。古正美〈梁武帝的彌勒佛王形象〉〔註 30〕則反駁梁武帝並非以「皇帝菩薩」的姿態，而是以「佛王」的面貌統治梁朝。在北朝方面，塚本善隆〈北魏太武帝の廃仏毀釈〉〔註 31〕一文對北魏此次毀佛事件之始末，作了非常詳盡的說明和分析，主張因爲崔浩個人的政治理想及權力欲，而導致北魏的法難。曹仕邦〈太子晃與文成帝——英年早逝的天才父子政治家大力推廣佛教於北魏的功勳及其政治目的〉〔註 32〕論述北魏太武帝毀佛前後，太子晃與文成帝如何以帶有政治性的目的來復興佛教。陳華〈王政與佛法——北朝至隋代帝王統治與彌勒信仰〉〔註 33〕研究指出北朝至隋代帝王從較單純的「當今如來」的觀念，演變到以轉輪王自居，使佛法爲王政所用，使治術得到有力的依據。

值得注意的是古正美《從天王傳統到佛王傳統——中國中世佛教治國意識形態研究》一書，有別於長期以來，學界在討論中國的治國意識形態時，多關注儒家意識形態治國，而忽視宗教在其中的影響，古正美則以獨特的視角，注意到佛教發展與帝王使用佛教意識形態治國密切相關。該書分爲十章，考察了中國中世利用佛教治國形態治國的不同發展模式，分析了從天王模式向佛王模式轉變的歷史過程。其他有關國家宗教政策的研究，〔註 34〕如嚴耀中〈北魏前期的宗教特色與政治〉，〔註 35〕楊秀麗〈從雲岡曇曜五窟略探北魏的國家佛教政策〉，〔註 36〕王文新〈略論南北朝國家佛教政策〉。〔註 37〕或通論帝王與佛教發展的關係，如魏航〈試論南北朝帝王對佛教發展

〔註 30〕古正美〈梁武帝的彌勒佛王形象〉，《傳統中國研究集刊》（上海：上海社會科學院編輯委員會編，2006 年）第二輯，頁 28～47。

〔註 31〕塚本善隆，〈北魏太武帝の廃仏毀釈〉，收入《塚本善隆著作集》（東京：大東出版社，1974 年）第二卷《北朝仏教史研究》，頁 39～66。

〔註 32〕曹仕邦，〈太子晃與文成帝——英年早逝的天才父子政治家大力推廣佛教於北魏的功勳及其政治目的〉，《中華佛學學報》1996 年 7 月，總第九期，頁 99～122。

〔註 33〕陳華，〈王政與佛法——北朝至隋代帝王統治與彌勒信仰〉，《東方宗教研究》1988 年第 2 期，頁 53～70。

〔註 34〕古正美，《從天王傳統到佛王傳統——中國中世佛教治國意識形態研究》（臺北：商周出版社，2003 年）。

〔註 35〕嚴耀中，〈北魏前期的宗教特色與政治〉，《上海師範大學學報哲學社會科學版》1989 年第 3 期，頁 122～129。

〔註 36〕楊秀麗，〈從雲岡曇曜五窟略探北魏的國家佛教政策〉，《史博館學報》2006 年總第 33 期，頁 43～54。

〔註 37〕王文新，〈略論南北朝國家佛教政策〉，《中國佛學院學報》2009 年總第 27 期，頁 188～192。

的影響〉，〔註 38〕華方田〈南朝帝王與南朝佛教〉〔註 39〕等。

此外，僧官制度是佛教與政治結合的產物，是王權試圖控制教權的產物。魏晉南北朝是僧官制度形成和初步發展的階段，對後來歷代王朝的僧官制度有奠基的作用。謝重光、白文固合著的《中國僧官制度史》是第一部論述僧官制度產生、發展和演變的專題通史。〔註 40〕魏晉南北朝的佛教組織主要包括出家僧尼所定居的寺院，和由共同信仰佛教的普通民眾組成的邑義。寺院和社邑隨著佛教的發展，在社會上產生了日益廣泛的影響，謝重光的〈中古佛教寺院爲社會文化中心說〉和〈晉至唐中葉門閥大族與佛教寺院的關係——從開業寺碑談起〉，〔註 41〕全漢昇〈中古寺院的慈善事業〉，〔註 42〕顏尚文〈後漢三國西晉時代佛教寺院之分佈〉〔註 43〕，曹仕邦〈中國古代佛教寺院的順俗政策〉〔註 44〕等文章論述了寺院與中國社會、文化的相互影響、滲透。邑義是由在家信徒與僧人組成，共同建寺院、造佛像、讀誦佛經、舉行法會齋會的佛教結社，在中古社會擔任佛教傳布、佈道的重要角色。有關邑義組織方面，郝春文〈東晉南北朝時期的佛教結社〉清楚闡述佛教結社的構成、活動、淵源與寺院的關係。〔註 45〕劉淑芬探討五至六世紀華北村落之宗教活動與儀式，說明佛教邑義在整合鄉村社會所發揮的功能。〔註 46〕顏尚

〔註 38〕魏航，〈試論南北朝帝王對佛教發展的影響〉，《中華文化論壇》2004 年第 1 期，頁 142～146。

〔註 39〕華方田，〈南朝帝王與南朝佛教〉，《佛教文化》2003 年第 3 期，頁 43～47。

〔註 40〕2009 年北京商務印書館出版，何茲全主編《中國中古社會和政治研究》叢書，其中將謝重光在僧官制度、寺院經濟和僧俗社會關係三方面的學術成果，輯錄爲《中古佛教僧官制度和社會生活》一書。見謝重光，《中古佛教僧官制度和社會生活》（北京：商務印書館，2009 年）。書中謝氏將中古佛教寺院視爲一個社會的政治和經濟組織，考察其內部的結構和管理機制，同時考察其對外與社會各階層的交往以及種種政治、經濟、文化活動；並針對管理寺院、僧人的僧官制度進行論述。

〔註 41〕〈中古佛教寺院爲社會文化中心說〉與〈晉至唐中葉門閥士族與佛教寺院的關係〉兩篇文章，後皆收入謝重光，《漢唐佛教社會史論》（臺北：國際文化，1990 年）。

〔註 42〕全漢昇，〈中古寺院的慈善事業〉，《食貨》1935 年總第一卷第 4 期。

〔註 43〕顏尚文，〈後漢三國西晉時代佛教寺院之分布〉，《師大歷史學報》1985 年總第 13 期，頁 1～44。

〔註 44〕曹仕邦，〈中國古代佛教寺院的順俗政策〉，《中華佛學學報》1987 年 3 月第 1 期，頁 153～180。

〔註 45〕郝春文，〈東晉南北朝時期的佛教結社〉，《歷史研究》1992 年第 1 期，頁 90～105。

〔註 46〕劉淑芬，〈五至六世紀華北鄉村的佛教信仰〉，《中央研究院歷史語言研究所集

文則從某一部佛經思想主導邑義團體組織或活動作爲研究切入點，分析東魏邊疆李氏豪族的造像活動，說明《法華經》凝聚邑義成員的共識，協力舉行寫經、供養僧人、齋會和造像等佛教活動。〔註 47〕杜正宇《西魏北周時期具官方色彩的佛教義邑》論述義邑帶有以教輔政的色彩，特別是由官員主導的義邑組織，其在西魏北周時期反映出區域形勢的變化，更對國家政權，以及社會結構起了重要的凝聚力量。不過，義邑之間，由於形態、屬性等不同，自然也造成了彼此的差異。〔註 48〕其他如張英莉、戴禾〈義邑制度述略——兼論南北朝佛道混合的原因〉，〔註 49〕尙永琪〈3～6 世紀的佛教邑義與北方村落及地方政權之關系〉〔註 50〕對義邑的形成、作用以及和鄉村的關係等問題作了探討。僧人、寺院、義邑是傳播佛教思想的重要媒介，當佛教教義愈深入中國社會，深值人心，則影響所及，人們對於道德的標準將會逐漸融入佛教的思想。由於中國史學經世色彩強烈，重視道德褒貶，是故伴隨佛教興盛，中國史家評判人物的標準是否會受到社會上所普遍流行之佛教價值觀左右，此爲饒富興味的問題。

其次，造像是義邑最常從事的佛教活動之一。造像記是鐫刻在佛像上的銘文，具有相當重要的史料價值。1940 年代以前的學者多將造像記作爲金石學地理、官職等考證與史料的補充，〔註 51〕而非本身內容的研究。最早

刊》1993 年 7 月總第 63 本第 3 分，1993 年 7 月，頁 497～544。此外，劉淑芬以北齊標異鄉爲個案研究，專篇討論中古佛教邑義組織救助地方社會的方式、成效與影響。見劉淑芬〈北齊標異鄉慈石柱——中古時期佛教社會救濟的個案研究〉，《新史學》1994 年 12 月總第五卷第 4 期，頁 1～49。另劉淑芬在〈慈悲喜捨——中古時期佛教徒的社會福利事業〉一文中，則探討佛教對中國社會福利事業和民俗的影響，以及僧人與地方寺院扮演公共建設的重要角色。見劉淑芬在，〈慈悲喜捨——中古時期佛教徒的社會福利事業〉，收入氏著，《中古的佛教與社會》（上海：上海古籍出版社，2008 年），頁 168～180。

〔註 47〕顏尚文，〈北朝佛教社區共同體的法華邑義組織與活動——以東魏〈李氏合邑造像碑爲例〉〉，《臺大佛教中心學報》1996 年總第 1 期，頁 167～184。

〔註 48〕杜正宇，〈西魏北周時期具官方色彩的佛教義邑〉（臺中：東海大學歷史學所碩士論文，2000 年）。

〔註 49〕張英莉、戴禾〈義邑制度述略——兼論南北朝佛道混合的原因〉，《世界宗教研究》1982 年第 4 期，頁 48～55。

〔註 50〕尙永琪〈3～6 世紀的佛教邑義與北方村落及地方政權之關系〉，收入《1～6 世紀中國北方邊疆·民族·社會國際學術研討會論文集》（吉林：吉林大學，2006 年）。

〔註 51〕侯旭東，〈造像記與北朝社會史研究的回顧與展望〉，《中國史研究動態》1999 年第 1 期，頁 4～5。

將造像記視爲民眾生活的反映進行探討的是日本學者，塚本善隆蒐集龍門石窟的造像記，依據造像者的身份而劃分不同的類型，並將造像記視爲庶民生活的反映。〔註 52〕塚本善隆的研究相當具有學術價值，一則開始強調造像記在歷史研究的重要性，一則將關注的研究對象從菁英轉移至庶民生活，使歷史圖像更完整。1970 年代，佐藤智水〈北朝造像銘考〉整理北朝年間 1360 件有紀年的造像記，將年代變化、地域分佈、造像主的社會階層和祈願內容等統計分析，研究指出「皇帝崇拜」的願目過高，據以印證北魏國家佛教的特質。〔註 53〕又佐藤智水的另一篇文章〈雲岡仏教の性格——北魏国家仏教成立の一考察〉中，探討雲岡石窟的開鑿過程，各尊像的形象與意涵，並說明北魏以「釋迦——彌勒」造像爲中心的國家佛教性格。〔註 54〕佐藤智水的研究取向與成果奠定了造像記全面研究之基礎。侯旭東《五、六世紀北方民眾佛教信仰：以造像記爲中心的考察》是目前學界研究造像記極富盛名的學術專著，侯氏蒐集五、六世紀北方造像記有 1603 件，以統計數據全面綜合分析造像主的社會階層、造像時間先後與地域分布，歸納民眾信仰的內容與演變，該書是研究此領域者必得拜讀的著作。侯氏除了對北朝造像記的統計與分析戮力甚深之外，並且對於佛教流行於北方社會的歷史背景，民眾佛教修持方式的特點與佛教信仰的社會影響等，皆有相當細膩的勾勒與探析。〔註 55〕雖侯氏僅著眼於北方佛教，略於南方，然對筆者更深入掌握北朝佛教的特色、型態，爲本文的比較工作奠定更堅實的基礎。利用造像記進行研究的另有盧建榮和何亞宜。盧建榮〈從造像銘記論五至六世紀北朝鄉民社會意識〉一文以造像資料說明此時期北朝鄉民的祈福意向，約有四類型：對家族、對全體人類、對國家，以及對前三者的一體祈福等。一般庶民大眾或無特定政權的認同，他們只在乎對國家的仰賴；且盧氏由鄉民具有爲眾生祈福的利他意識，推論此意識是從中國傳統家族觀念延伸出的「倫理普遍主義」。〔註 56〕

〔註 52〕塚本善隆，〈龍門石窟に現れたる北魏佛教〉，收入氏著，《北朝仏教史研究》，頁 243～461。

〔註 53〕佐藤智水，〈北朝造像銘考〉，收入許洋主等譯，劉俊文主編，《日本中青年學者論中國史・六朝隋唐卷》（上海：上海古籍，1995 年），頁 56～115。

〔註 54〕佐藤智水，〈雲岡仏教の性格——北魏国家仏教成立の一考察〉，《東洋學報》1977 年 10 月總第五十九卷第 1～2 期，頁 27～66。

〔註 55〕侯旭東，《五、六世紀北方民眾佛教信仰：以造像記爲中心的考察》（北京：中國社會科學出版社，1998 年）。

〔註 56〕盧建榮，〈從造像銘記論五至六世紀北朝鄉民社會意識〉，《國立臺灣師範大學

前述學者的考察主要侷限北朝，且偏重造像記的內容，未結合造像行爲。何亞宜的碩士論文〈中國中古佛教造像活動〉則在先驅前輩的研究上，綜合造像記與造像行爲，討論造像的行爲變化，其次，時間拉長、視野擴大，將時代跨越整個中古造像興盛時期，藉以延伸出中古社會佛教盛行的意義。〔註 57〕何亞宜的研究對於筆者理解爲何南朝、北朝在造像活動的盛行程度有所不同，進而掌握佛教在南北朝佛教之異，裨益甚多。

再者，佛經中「福田」思想的傳播普及，鼓勵信徒從事社會福利事業。〔註 58〕與佛教相關的公共建設、社會救濟等方面的研究，日本學者起步甚早，如常盤大定、〔註 59〕道端良秀〔註 60〕等皆曾爲文討論中國佛教與社會福利事業的關係。佛教徒常以實踐福田的心理，彼此形成跨村落、跨族群的合作關係，形成一股強大的社會力量，可凝聚、動員地方基層，不僅彌補了政府在公共建設上的疏忽，更重要的是有助於佛教勢力的深入和擴大。塚本善隆研究北魏的「僧祇戶」與「佛圖戶」，指出僧祇戶與佛圖戶的供應使得僧團的經濟乃得獨立，並可將多餘的糧食出賑救濟，發揮佛教在社會事業的功能。〔註 61〕此外，就佛教與經濟方面而論，佛教與經濟結合

歷史學報》1995 年總第 23 期，頁 97～131。

〔註 57〕何亞宜，〈中國中古佛教造像活動〉（臺北：國立政治大學歷史所碩士論文，2010 年）。

〔註 58〕佛教的福田事業不僅包括修橋、造路、種樹、掘井等公共建設事業，另有和設置義塚、供應義餐以救濟飢民等社會救濟事業；兩者性質相同，而唯一不同的是佛教徒籌建公共建設事業是在短期內完成的，相對地社會救濟事業則通常是長期的，有的甚至持續了數十年之久。劉淑芬在，〈慈悲喜捨——中古時期佛教徒的社會福利事業〉，收入氏著《中古的佛教與社會》），頁 169。

〔註 59〕常盤大定，〈佛教的福田思想〉，《續支那佛教的研究》（東京，春秋社，1941 年），頁 473～498。

〔註 60〕道端良秀，〈支那仏教社会経済史の研究について〉，《支那仏教史学》，1937 年第一卷第 2 號，頁 111～125。道端良秀持續針對中國佛教在社會經濟層面的作用研究，成果頗豐，後來出版專著《中国佛教と社会福祉事业》，並有中文譯本問世。見道端良秀著，關世謙譯，《中國佛教與社會福利事業》（高雄，佛光出版社，1986 再版）。

〔註 61〕在〈北魏の僧祇户・仏圖户〉一文中，塚本善隆主要討論到七個問題：（1）《佛祖統紀》以來平齊户解釋的錯誤；（2）從平齊户到僧祇户；（3）僧祇户、佛圖户創設年代考；（4）僧祇户的性質與僧祇粟的運用；（5）僧祇户、佛圖户與佛教律制；（6）僧祇户、佛圖户的普及；（7）僧祇户、佛圖户的功罪影響。最後一項指出僧祇户、佛圖户的正面功能使得佛教社會事業的兩大目標——救濟與教化，皆得具備。參見塚本善隆，〈北魏の僧祇户・仏圖户〉，收入氏著，《北朝仏教史研究》，頁 97～140。

以後產生了寺院經濟，成爲中國中世一種特殊的經濟形式。寺院經濟是佛教僧團存在和發展的基礎，與世俗社會有著緊密的聯繫，兩者相互影響。對魏晉南北朝寺院經濟的重視肇始於本世紀三十年代，但直至八十年代初，發表的文章仍很少。〔註 62〕法國學者謝和耐的博士論文《中國 5～10 世紀的寺院經濟》〔註 63〕於 1956 年出版，其採用社會學的觀點，根據漢籍文獻、印度佛經、敦煌和其他西域文書，分析了中國自南北朝到五代這一時期的寺院經濟。謝和耐的獨到之處在於開創性地結合社會學來從事史學研究，他並沒有把佛教寺院經濟看成一個孤立的現象，而是將它置於廣闊的時代背景下，視爲社會現象的一部分加以綜合考察和分析。謝和耐的研究觀點給予筆者探討佛教在南北朝發展情形上，不侷限於宗教的角度，而嘗試將佛教帶給當時人們的影響視爲一種普遍的社會現象，時人身處其中，習以爲常，進而當史家撰史時，自然而然汲取佛教某些教義，使得史著中遂或多或少帶有佛教的影子。

近年來，學術界對寺院經濟的論題日益重視，一些學者將宗教史和經濟史結合起來加以考察，從不同的角度作了新的探索，使這項研究領域呈現出生機勃勃的學術氣象。其中，謝重光相當關注寺院經濟的論題，耕耘最深，發表了多篇論文，後收入《漢唐佛教社會史論》。〔註 64〕他在論著中著重探討了晉——唐時期寺院經濟的組成條件、特點和作用。另何茲全主編《五十年來漢唐佛教寺院經濟研究》〔註 65〕爲進一步探討中國中世寺院經濟的相關課

〔註 62〕在 1980 年代前研究魏晉南北朝寺院經濟較富盛名者有何茲全，〈中古大族寺院領户研究〉，《食貨》1936 年總第三卷第 4 期。何茲全，〈中古時代之佛教寺院〉，《中國經濟》1934 年總第二卷第 9 期。以及黃敏枝，〈南北朝寺院經濟的形成與發展〉，《思與言》1968 年總第六卷第 4 期。

〔註 63〕（法）Jacques Gernet（謝和耐）著，耿升譯，《中國 5～10 世紀的寺院經濟》（上海：上海古籍出版社，2004 年版）。

〔註 64〕謝重光，《漢唐佛教社會史論》（臺北：國際文化，1990 年）。

〔註 65〕何茲全主編，《五十年來漢唐佛教寺院經濟研究》（北京：北京師範大學出版社，1985 年版）。值得一提的是，日本學界以佛教經濟史爲題的研究成果洋洋大觀，《五十年來漢唐佛教寺院經濟研究》書後並附有《五十年來（1935～1981）日本學者研究中國漢唐寺院經濟論文目錄》，利用價值甚高，另外該書也收錄了《台灣、香港及東南亞地區學者研究中國漢唐寺院經濟主要論著目錄》，可從中瞭解、掌握到有關中國佛教經濟研究方面的學術動態。另外，白文固，〈八十年代以來國內寺院經濟研究述評〉亦可提供 1980 年代以來寺院經濟的研究概況。見白文固，〈八十年代以來國內寺院經濟研究述評〉《世界宗教研究》1998 年第 2 期，頁 144～149。

題，亦提供十分豐富的參考資料。〔註66〕

從上述文獻回顧，筆者除了可以藉由學者的研究成果認識魏晉南北朝時期，佛教在中國發展的概況和影響層面外，同時也掌握了歷來學者關注的重點，以及被學者忽視的空白領域，例如僧官制度、寺院經濟的研究。若疏於注意比較南朝和北朝的異同，則將無法洞察不同型態的僧官制度和寺院經濟其實是可以反映政權對教權的支配與干預，意即可得知佛教的獨立性多寡。〔註67〕又如僧人指導民眾推廣福田事業的種類與規模，可以反映出僧人的宣教方式是重視實踐還是強調義理；以及南北朝社會中，佛教具有何種功能，一定程度能顯示僧團對國家權力的從屬形態。藉由這些由小見大，從微見著，富有意義的觀察角度，能幫助於我們釐清佛教在南朝、北朝的發展有何差別，因此值得加以重視。

過去前輩學者論述南北朝佛教發展之異者，如前述湯用彤《漢魏兩晉南北朝佛教史》梳理佛教從漢代傳入至魏晉南北朝時期的發展，敘及南北朝部分，湯氏在書中將佛教畫分為南統與北統，分別介紹。大抵南方佛學乃士大夫所能欣賞者，而北方的佛學則深入民間、著重儀式，所以其重心為宗教信仰。〔註68〕其他如梁啓超指出南、北佛教的特性言：「兩晉以降，南北各有大師出。但衡大勢以相較，北方佛教多帶宗教色彩，南方佛教多帶哲學色彩。北人信神力堅，南人理解力強。北學尚專篤，南方尚調融。」〔註69〕錢穆亦

〔註66〕其餘研究魏晉南北朝寺院經濟的文章還有業露華〈北魏的僧祇戶和佛圖戶〉，《世界宗教研究》1981年3月；韓國磐，〈魏晉南北朝時寺院地主階級的形成與發展〉，《中國社會經濟史研究》1988年第1期；簡修煒、夏毅輝，〈南北朝的寺院地主經濟初探〉，《學術月刊》1984年1月第1期，頁25～27；簡修煒、莊輝明，〈北朝寺院地主經濟的發展及特點〉，《北朝研究》1989年第1期；簡修煒、莊輝明，〈南北朝寺院地主經濟與世俗地主經濟的比較研究〉，《學術月刊》1988年11月第11期；張弓，〈中國中古時期寺院地主的非自主發展〉，《世界宗教研究》1990年第3期；蔣福亞〈南朝寺院地主〉，《首都師範大學學報》1993年第4期。

〔註67〕關於南北朝的佛教，歷來認為南朝為貴族佛教，北朝為國家佛教，其區別很顯然是在皇帝權力與佛教團的關係上。北朝教團處於國家強力統治之下，而南朝教團相比之下則較有自律性。此差異來自於南北兩朝統治結構的差異，在南朝，皇帝權力受貴族勢力控制；而北朝，則並未確立皇帝統治的絕對權威。參見佐藤智水，〈北朝造像銘考〉，收入於劉俊文主編，《日本中青年學者論中國史・六朝隋唐卷》，頁56。

〔註68〕湯用彤，〈隋唐佛學之特點〉，收入氏著，《隋唐佛教史稿》（北京：北京大學出版社，2010年），頁254。

〔註69〕梁啓超，《佛學研究十八篇》（臺北：臺灣中華，1956年）第二篇〈佛教之初

嘗言：「南方佛法則多由士大夫自己研習，他們多用純哲學的探究，要想把佛教哲學來代替儒家思想，成為人生真理的新南針，他們大體都是居士而非出家的僧侶。因此北方佛教常帶政治性，南方佛教則多帶哲學性。北方佛教重在外在的莊嚴，南方佛教重在內部的思索。」〔註 70〕日本學界關於南北朝的佛教，主要認為南朝為貴族佛教，北朝為國家佛教。塚本善隆在〈魏晉佛教的展開〉一文中分析僧人在實踐宗教的方式存在著南、北差異，南方是方外的、貴族的、獨善的佛教，北方則富現實性和社會性，具有廣濟眾生的實踐宗教的熱情。〔註 71〕現今學者對於南北朝佛教發展之異的學術觀點，與上述前賢大同小異，意義不大。〔註 72〕本文對南朝、北朝佛教發展旨趣相殊的認識，主要借重前賢的研究成果，下文將在論述過程中，徵引前輩學者的重要見解。

最後，從 20 世紀 30 年代以來，很多學者利用敦煌文書展開各相關學科的研究，繼而吐魯番文書亦漸受重視，兩者由於在內容上主要集中於中古時期，涉及範圍相當廣泛，因此對於中古史各領域的研究具有相當高的史料價值。其中，佛書是敦煌吐魯番漢文文獻的主體，基於此而從事的佛教研究成果非常豐富。舉凡佛教史、佛教經典、佛教文學、佛教藝術、文化交流、僧團制度、佛教教團、寺院經濟、僧尼信眾的社會生活……等諸方面，中外皆有不少學者投入大量心力，獲致可觀的學術成就。〔註 73〕唯因此部分非本文主軸，故不具論，相關研究論述請參考引註中的文獻。〔註 74〕

傳入附錄 2：四十二章經辯僞〉，頁 10。

〔註 70〕錢穆，《中國文化史導論》，收入《錢賓四先生全集》（臺北：聯經印書館，1994 年）第二十九輯，頁 144。

〔註 71〕參見塚本善隆，〈魏晉佛教的展開〉，收入劉俊文主編，《日本學者研究中國史論著選譯：思想宗教卷》，頁 235～247。筆者按，塚本善隆分析僧人在實踐宗教的方式有別，不僅適用於東晉和五胡十六國時期，也同樣適用於南北朝時期。

〔註 72〕目前學界對南北朝佛教發展之異的看法基本上不脫湯用彤、塚本善隆等前賢的理論框架，難有超越。值得一提的是孔定芳專篇探討南北朝時期，宗教文化所呈現的南北地域分野，佛教之分為南統與北統，道教亦分為南宗與北宗，孔定芳皆詳盡論述其特色內涵，最後歸結析論南北宗教文化相異之因。雖然孔氏過分強調儒學對南北宗教文化的影響，但通篇緊扣宗教文化在南北朝所呈現的地域性差異，頗能集中焦點，深入比較與說明。孔定方，〈南北朝宗教文化之地域分野〉，《中州學刊》1998 年第 1 期，頁 127～132。

〔註 73〕佛教文獻外，敦煌吐魯番文書也保存其他諸如中國經、史、子、集和其他宗教等史料，故在經學、文學、史學、語言學、宗教、藝術、民俗、醫藥、天文曆法……等各方面，歷來皆有學者從事研究，獲致豐碩的學術成果。

〔註 74〕例如王重民，《敦煌古籍敘錄》（北京：中華書局，2010 年）；〔日〕池田溫著，

二、魏晉南北朝史學史研究

研究課題方面，過去魏晉南北朝史學史研究主要集中於：（一）中國史學史上魏晉南北朝的地位與其史學蓬勃發展的原因；（二）史官、史家與史籍；（三）史學思想（含史學本身，以及史學與其他學術的相互關係）；（四）史書體例和歷史編纂學的討論；（五）目錄學與歷史文獻學的討論；（六）史學傳承等六項課題。〔註 75〕在此筆者不欲逐條介紹上述六項課題的相關研究成果，以免流於泛觀、泛論，徒增贅文。以下擬就切合本文論題——佛教對魏晉南北朝史學發展之影響——的相關論著，加以介紹說明。

《隋書·經籍志》所顯示出魏晉南北朝史書的大量增加，使此時期在中國史學發展史上的地位，自 1920 年代以來，即受梁啓超、〔註 76〕鄭鶴聲〔註 77〕等的肯定。此後，在有關於中國史學史的專著中，其或專篇論述魏晉南北朝時期，或與兩漢、隋唐並而闡述者，大都給予魏晉南北朝在中國史學史上的地位相當正面的評價。這些研究多從整體的考察，即將魏晉南北朝的史學視爲一個完整的對象來探討；抑或是分別探討南朝史學、〔註 78〕北朝史學，〔註 79〕而較少將「南北朝史學」作爲一個獨立論題來探究，〔註 80〕甚至

張銘心、郝軼君譯，《敦煌文書的世界》（北京：中華書局，2007 年）；榮新江，《敦煌學十八講》（北京：北京大學出版社，2001 年）；劉進寶，《敦煌學通論》（蘭州：甘肅教育出版社，2002 年 9 月）；劉進寶主編，《百年敦煌學：歷史、現狀、趨勢》（蘭州：甘肅人民出版社，2009 年）；以及張弓主編，《敦煌典籍與唐代五代歷史文化（上、下卷）》（北京：中國社會科學出版社，2006 年）。

〔註 75〕楊惠如，〈1950 年以來兩岸三地魏晉南北朝史學史的研究〉，《景女學報》2002 年第 1 期，頁 85。

〔註 76〕梁啓超於《中國歷史研究法》中云：「兩晉六朝，百學無穢；而治史者獨盛，在晉尤著。讀《隋書·經籍志》及清丁國鈞之《補晉書藝文志》可見也。故吾常謂晉代玄學之外，惟有史學；而我國史學界，亦以晉爲全盛時代。」梁啓超，《中國歷史研究法》（臺北：臺灣商務印書館，1988 年臺八版），頁 25。

〔註 77〕鄭鶴聲在〈漢隋間之史學〉一文亦稱漢隋之間時期爲中國史學的「昌盛時代」。鄭鶴聲，〈漢隋間之史學〉，《學衡》1924 年總第 33 期，頁 44～66。

〔註 78〕如金仁義，〈東晉南朝史學與社會〉（北京：北京師範大學博士論文，2009 年）；盧超，《南朝政治影響下的史學〉（河北：河北師範大學中國古代史碩士論文，2011 年）；汪增相，〈佛教與南朝史學〉《學習與探索》2012 年第 10 期，頁 148～153。王堯，〈政治環境影響下的南朝史學民族觀〉，《綏化學報》2003 年第 3 期。鄭海韜，〈從南朝史官選任制度看政府對史學控制的加強〉，《唐山師範學院學報》2008 年第 1 期。張承宗，〈南朝史官制度述論〉，《揚州大學學報人文社會科學版》2004 年第 2 期。

〔註 79〕如王志剛，《家國、夷夏與天人：十六國北朝史學探研》（北京：北京師範大

鮮少將南朝、北朝史學並置，進行比較分析，如前述周一良〈略論南朝北朝史學之異同〉、馬豔輝〈制度、興亡、人物評價：南朝北朝史論異同辨析〉，胡寶國〈南北史學異同〉，皆誠屬鳳毛麟角。

再者，由於佛教在魏晉南北朝的興盛是一特殊且重要的歷史現象，應給予重視，〔註 81〕因此前輩學者對佛教和魏晉南北朝史學的關係已有所關注。這類探討的論述多從此時期佛教在魏晉南北朝的傳播作爲背景探討，進而從佛教史著的大量出現、〔註 82〕佛教經籍在目錄中的變化、〔註 83〕佛教對中國史學撰述〔註 84〕和史學思想的影響〔註 85〕等方面著手，關注佛教的興盛反映

學出版社，2013 年）；彭洪俊，〈北朝史學考論〉（雲南：雲南大學中國歷史所碩士論文 2010 年）；鄒邵榮，〈十六國北朝史學與 4～6 世紀的民族文化融合〉（北京：中國人民大學歷史所碩士論文，2005 年）；李峰，〈北朝史學的發展及特質〉《晉陽學刊》2007 年 3 月第 3 期；喬治忠和王秀麗合著，〈十六國、北朝政權的史學及其歷史意義〉，《齊魯學刊》2004 年第 4 期；汪增相，〈佛教與北朝史家的歷史撰述〉《安徽史學》2010 年第 6 期，頁 16～21；王記錄，〈北朝史學與北朝政治〉，《魯東大學學報（哲學社會科學版）》，1997 年第 1 期，頁 12～17；以及陳識仁，〈誰的歷史——十六國北朝史學史研究回顧與討論〉，《九州學林》2007 年 4 月總第五卷第 2 期，頁 162～201。

〔註 80〕魏晉南北朝時期少數民族在中國紛紛建立政權，民族的衝突與融合是魏晉南北朝相當顯著的時代特徵，此亦反映在對此時期的史學研究上。劉慶華則將時代斷限於南北朝，探討南北朝史學中所呈現的民族課題。劉慶華，〈南北朝史學的民族觀念〉（北京：北京師範大學歷史學碩士論文，2010 年）。詹土模則以李延壽所撰《南史》、《北史》與南北朝八部正史作比較，雖這些史書內容是敘述南北朝時期，但非皆完成於南北朝，其中只有《宋書》、《南齊書》和《魏書》是南北朝史家所撰，其餘皆爲唐初所修，作爲探討南北朝史學的代表性不足，且也非詹氏一文所側重者。詹土模，〈《南史》、《北史》與南北朝正史之比較〉，《嘉義技術學院學報》1998 年總第 58 期，頁 73～90。此外，樊霞研究中國佛教史學的發展，亦著眼於南北朝時期來論述。樊霞，〈南北朝時期中國佛教史學述論〉，《安慶師範學院學報社會科學版》2013 年 8 月總第三十二卷第 4 期，頁 114～117。

〔註 81〕錢穆言：「講魏晉南北朝到隋這一段的歷史，斷不能把佛教排斥在外，置之不論。……要研究思想史社會史文化史等，都不能把佛教放在門外邊。佛教在當時，是社會上一個重大的宗教，它有一套信仰，有一套作爲，時代固是影響著宗教，宗教也在那裡影響時代。」錢穆，《中國史學名著》，頁 126。

〔註 82〕魏晉南北朝時期，專門佛教史籍數量的增加可從《隋書．經籍志》反映得知，尤其在雜傳類、地理類和目錄類最爲顯著。

〔註 83〕中國傳統學術目錄對佛教經籍著錄在魏晉南北朝時期發生了三個較大的變化，包括出現了對佛教經籍的專門著錄，佛經於其中的地位經歷從附錄到正錄的變化，以及從原來置於道經之後再排列至道錄之前的調整。

〔註 84〕佛教對魏晉南北朝史學著述的影響，例如對正史內容的取向、正史中佛教典

在此時期史學的發展。除了一些中國史學史的專著對此論題闢有專章介紹外，單篇論文則有龐天佑〈佛教與魏晉南北朝時期的史學〉、〔註 86〕林國妮〈佛道二教的影響與魏晉史學的變化〉，〔註 87〕二文著墨之處大體相同，往往重覆論述，因襲堆砌。值得一提的是，汪增相〈佛教與北朝史家的歷史撰述〉〔註 88〕與〈佛教與南朝史學〉〔註 89〕兩篇文章，對筆者認識佛教與史學的關係深具啓發意義，提供許多思考問題的視角，本論文許多觀點乃受汪氏的啓發後所獲致。汪增相的論述相當強調南朝、北朝「佛教興盛」的時空背景，對中國史學造成的影響。如談到南朝史學，則指出在名僧輩出、寺塔林立、譯經眾多、西行求法活動流行、弘教護法著述大量出現等佛教興盛的背景下，刺激當時人們對這些盛況進行記載、紀念，以及爲教育信眾或方便研習佛法，或是因佛教勢力壯大招致批評而爲護教等，這些現象促使人們敘史存真，在史學中如實反映出來。因此汪增相研究以南朝而言，三部皇朝史（《後漢書》、《宋書》、《南齊書》）的內容都呈現對佛教的關注、專門佛教史籍撰述的發達，以及世俗目錄對佛典著錄的變化等三方面，顯見佛教對南朝史學的影響。而就北朝而論，同樣地由於佛教興盛的刺激，北朝史家對官修史書

志的出現，以及對促成雜傳、史注形式的變化等。見李小樹主編，《秦漢魏晉南北朝史學史稿》（北京：中國人民大學出版社，2007 年），頁 197～213。

〔註 85〕佛教對於有無、生滅、本末、體用、言意等方面的論述包含著豐富的辨證法，對於人們認識事物的發展變化，揭示現象與本質的區別和聯繫，把握語言形式如思想內容的複雜關係，具有重要啓迪。佛教理論是一種形而上學的體系，它採用條分縷析的論說方式，利用純粹思辨的分析分解事相，闡發宗教理論。佛典論藏的每一本書都是一個分析的理論體系，進行嚴密的邏輯分析，細緻的概念辨析，善於使用推理演繹。魏晉南北朝時期史注、史考的發達與這一時期佛教的邏輯分析、概念辨析及演繹推理所帶來的思維水準的提高，有著深刻的內在聯繫。見吳懷祺主編，龐天佑著，《中國史學思想通史·魏晉南北朝卷》（合肥：黃山書社，2003 年），頁 92。此外佛教對魏晉南北朝史學思想的影響包括爲現實服務思想的強化、宗教迷信色彩的加重、民族觀和世界觀的開闊等。李小樹主編，《秦漢魏晉南北朝史學史稿》，頁 213～221。

〔註 86〕龐天佑，〈佛教與魏晉南北朝時期的史學〉，《史學理論研究》2001 年第 2 期，頁 78～85。

〔註 87〕林國妮，〈佛道二教的影響與魏晉史學的變化〉，《蘭州學刊》，2009 年第 2 期，頁 58～60。林國妮的文章標題雖名爲對「魏晉史學」，但文章所論處處皆從魏晉南北朝著眼，所舉例的史書不乏南北朝的著述。

〔註 88〕汪增相，〈佛教與北朝史家的歷史撰述〉，《安徽史學》2010 年第 6 期，頁 16～21。

〔註 89〕汪增相，〈佛教與南朝史學〉，《學習與探索》2012 年第 10 期，頁 148～153。

記述內容特別留意佛教，甚至給予專篇介紹，魏收的《魏書・釋老志》即爲代表。此外，有《洛陽伽藍記》、《惠生行傳》等專門佛教史籍的撰述出現，以及北朝史家在歷史撰述的體例和體裁受到佛教合本子注的影響。汪增相緊扣佛教興盛的時代背景，對南朝、北朝史學各自受到佛教興盛的表現進行探究，可惜未能針對南朝、北朝佛教興盛之差異處再進行深入地較析，並將此差異細緻地觀照南朝、北朝史學發展之別，梳理兩者間的內在脈絡、聯繫。這一遺憾適成爲筆者欲持續探討的核心問題，是本論文的研究主軸。

最後，探討魏晉南北朝史學的思想趨勢與發展軌跡，「佛教史學」是其明顯的特點，具有深刻的時代烙印。瞿林東在《中國史學史・魏晉南北朝時期》中言：「正像認識這一時期的佛教是認識這一時期歷史的一個重要方面一樣，認識這一時期的佛教史學，是認識這一時期史學的一個重要方面。」〔註 90〕以下針對「佛教史學」的概念加以闡釋。「印度以重宗教之故，偏於出世，而略於世事之記載。印度所有之史書，或雜神話，或殘闕不全。歐西史家稱爲大恨。而我國當佛教興盛之時，史書並未受其影響。對佛教史料於中國則極意保存」。〔註 91〕中國古代史學發達，源遠流長。佛教在印度本無史學，東傳中土後，受到中國重史傳統的影響，亦發展出本教史學，即「佛教撰述借用了史書的形式和名稱表現出來，成爲一種特殊的史學」，〔註 92〕此之謂佛教史學。錢穆言：「中國佛教史學的產生，此即佛教之中國化，乃是說在宗教裡邊加進了中國文化傳統中的人文歷史觀點。」〔註 93〕故佛教史學實爲佛教中國化的表徵之一。嚴耀中將佛教史學分爲狹義與廣義兩種。狹義的佛教史學是專門關於佛教歷史的，一般指佛教史家的專著，或專門論述佛教的有關史著；廣義的內容則包括所有有關佛教歷史的記載和議論，此外，還應該包含史料學。〔註 94〕

兩漢之際，佛教初傳，關於佛教史的記錄零星片語，佛教史學尚未成型。隨著佛教傳播，佛教史學漸成。宋道發有言：「眞正的中國佛教史學，實發軔於南北朝之慧皎，中經唐代道宣、北宋贊甯和南宋宗鑒等諸家，而成熟於

〔註 90〕白壽彝主編，瞿林東著，《中國史學史》（上海：上海人民出版社，2006 年）第四卷《魏晉南北朝隋唐時期：中國古代史學的發展》，頁 23。

〔註 91〕湯用彤，《漢魏兩晉南北朝佛教史》，頁 574。

〔註 92〕白壽彝主編，瞿林東著，《中國史學史》第四卷《魏晉南北朝隋唐時期：中國古代史學的發展》，頁 23。

〔註 93〕錢穆，《中國史學名著》，頁 126。

〔註 94〕嚴耀中，〈試論佛教史學〉，《史學理論研究》2002 年第 3 期，頁 134。

南宋釋志磐。」〔註 95〕曹仕邦在《中國佛教史學史》中亦言：「沙門之天職非修史也，設若無時代之刺激，無護教之需要，沙門豈暇奮筆而仿班馬之所爲哉？」〔註 96〕伴隨佛教勢力的壯大，佛教史學迅速發展，至南北朝已蔚爲大觀，佛教傳佈與佛教史學存在著相輔相成的關係，〔註 97〕這是佛教史學的宗教功能，〔註 98〕此外佛教史學還具有歷史的功能。嚴耀中主張其可以補充傳統史學記載的不足，發展史學的表達形式（如傳紀、目錄、子注），以及促進歷史知識在社會基層的普及。〔註 99〕而以南北朝時期佛教史學的歷史特點來看，樊霞歸納有四點：其一，佛教史家團體擴大，僧俗學者紛紛著書立說；其二，佛教史籍數目龐大、體例繁多、內容繁雜；其三，佛教史觀既追

〔註 95〕宋道發，〈中國佛教史觀的形成與中國佛教史學的建立〉，《法音》1998 年第 12 期，頁 24。

〔註 96〕曹仕邦，《中國佛教史學史——東晉至五代》（臺北：法鼓文化，1999 年初版）〈自序〉，頁 8。

〔註 97〕由於南北朝特殊的時代背景，促使了這一時期佛教的廣爲流傳，進而促進了佛教史學的興盛繁榮，而佛教史學的繁榮反過來又促使佛教之興，佛教的廣爲流傳與佛教史學的發展之間存在著一種良性循環的關係。見樊霞，〈南北朝時期中國佛教史學述論〉，《安慶師範學院學報社會科學版》2013 年 8 月總第三十二卷第 4 期，頁 115。佛教史學的宗教功能表現在對中國佛教的形成與存在有著十分重要的影響，具體有以下幾項表現：佛教史學爲佛教在中土傳播的情況留下了清晰而可靠的脈絡、成爲締造佛教各宗的要素、爲佛教教團乃至所有信徒樹立一種形象規範、佛教史學中的史料學任務之一是甄別僞經和批判異說，最後則是佛教史學乃是佛教與中國傳統文化相結合的產物，它就自然而然地成爲連接二者的紐帶。參見嚴耀中，〈試論佛教史學〉，《史學理論研究》2002 年第 3 期，頁 135～136。

〔註 98〕佛教史學的宗教功能表現在對中國佛教的形成與存在有著十分重要的影響，具體有以下幾項表現：佛教史學爲佛教在中土傳播的情況留下了清晰而可靠的脈絡、成爲締造佛教各宗的要素、爲佛教教團乃至所有信徒樹立一種形象規範、佛教史學中的史料學任務之一是甄別僞經和批判異說，最後則是佛教史學乃是佛教與中國傳統文化相結合的產物，它就自然而然地成爲連接二者的紐帶。參見嚴耀中，〈試論佛教史學〉，《史學理論研究》2002 年第 3 期，頁 135～136。

〔註 99〕錢穆認爲魏晉之後佛寺和僧侶掌握了社會大眾的教育權。見錢穆，《中國文化史導論》，頁 146。寺院教育的內容中，僧傳、寺記、故事等佛教知識是重要的組成部分，敦煌文書中還有不少出自寺藏的史書抄本和方志抄本，鑒於這些知識關聯著整個中國歷史，因此人們在寺院中接受教育的同時，也間接地接受了中國歷史的教育。所以說中國歷史在社會基層中有相當的普及，佛教史學也有它一份功勞。見嚴耀中，〈試論佛教史學〉，《史學理論研究》2002 年第 3 期，頁 137。寺院藏書豐富，且僧侶在寺院所學習的外學包括史學，因此僧人自然從中接受史學薰陶，接觸各種歷史知識，而僧人又是佛教傳播的重要媒介，彼在傳教過程中或多或少借助歷史知識作爲傳教之具。

求宗教信仰，又追求如實直書；其四，南北朝佛教史學具有承前性和開創性。可見佛教史學的誕生與發展無疑爲傳統史學注入了新鮮血液，新的史家、體裁、內容、觀念的加入，極大地豐富了傳統史學。〔註 100〕樊霞之論頗有參考價值，筆者接踵其腳步，認爲上述四個面向堪值擴大探討。

佛教史學既然是在中國史學傳統下孕育而生，則必然有其追求宗教信仰，弘揚佛法的一面；但相對於史學層面而言，其史家意識、史家道德亦是始終貫徹其中。因而佛教史學便在很大程度上兼具宗教信仰和史學求眞的雙重特性，在南北朝時期這一特性即已相當明顯。〔註 101〕有關佛教史學中，宗教和史學的比例表現爲何，意即那些屬於宗教神祕、世俗理性認爲不可能的事，僧俗史家如何處理，這是筆者深感興趣的問題。由於樊霞的研究仍然對南北朝佛教採用一種總體、印象式的觀察，沒有將南朝佛教、北朝佛教作爲雙重視野來進行各自的考察，之後再結合史學從事比較性的探究，故此是筆者認爲猶可著墨的地方。最後，王志剛在《家國、夷夏與天人：十六國北朝史學探研》一書中探討《法顯傳》、《洛陽伽藍記》至《魏書．釋老志》的著述演變，發現從十六國至北朝，逐漸形成中國佛教史學上不同於僧人修史傳統的著述取向。〔註 102〕王志剛的研究也刺激筆者思考佛教史學與傳統史學的關聯，以及僧人史家與俗人史家在撰史動機與呈現方式的異同。這對於本文研究對象的擇取頗具參考價值。

綜上所述，在學者前仆後繼的努力下，魏晉南北朝佛教與史學史研究領域的收穫不少，爲日後持續的探討奠定基礎。然而，在過去的研究中也存在一些不足，例如宏觀研究的成果不多，微觀研究的進展狀況不夠平衡。有的選題過於集中，有的空白無人問津；以及某些領域發表的著作，重複論證、

〔註 100〕參見樊霞，〈南北朝時期中國佛教史學述論〉，《安慶師範學院學報社會科學版》2013 年 8 月總第三十二卷第 4 期，頁 115～117。

〔註 101〕如南朝梁釋寶唱的《尼傳》中言：「比事記言之士，庶其勸誡後世。故雖欲妄言，斯不可已也。」又曰：「自拘尸滅影，雙樹匿跡，歲曆蟬聯，陵夷訛紊。於是時澆信謗，人或存亡。微言興而復發者，不肖亂之也；正法替而複隆者也，賢達維之也。」寶唱並非停留於意識層面，而是「博采碑頌，廣搜記集，或訊之博聞，或訪之故老，詮序始終，爲之立傳。起晉升平，訖梁天監，凡六十五人。不尚繁華，務求要實，庶乎求解脫者，勉思齊之德。」〔梁〕釋寶唱，《比丘尼傳校注》（北京：中華書局，2006 年），頁 1。

〔註 102〕王志剛，《家國、夷夏與天人：十六國北朝史學探研》（北京：北京師範大學出版社，2013 年）第十一章〈十六國北朝佛教史記述的樸素理性色彩〉，頁 207～224。

人云亦云的情況較多，意義不大。〔註103〕此外，魏晉南北朝長期處於動亂和分裂，佛教在中國傳播存在時間和空間上的差異，特別是南朝和北朝之間的對峙，導致二者在佛教與政治、社會和經濟方面的嶄趨不同，對此有所認知並且從事比較研究的文章相當有限，遑論將南、北佛教之異進一步應用於探討南、北史學之別，筆者認爲這是目前該領域研究上較爲薄弱的環節，是值得開拓的研究領域。

第三節　章節安排

本論文題目爲「佛教因素對南北朝史學發展之研究——以四部史書爲例」，主要分背景、差異與影響三個環節以求討論之完整，本文擬以下列章節依序展開論述。

第一章〈緒論〉：

首先，陳述本文之研究動機和問題意識，界定研究課題之範圍。其次對歷來研究進行回顧，除了介紹目前學界與本論題相關研究成果，說明前學對本研究的啓發，亦凸顯本文的研究價值。接著，介紹本論文的章節安排，並提挈各章的研究要點。其次，反省研究過程所採取的方法及遭遇的限制、困難。最末，說明本文的研究貢獻與意義。

第二章〈南北朝時期佛教的傳播〉：

說明漢至南北朝佛教在中國傳播的情形，討論佛教從方術到格義，從依附儒道到蔚爲大國的發展過程。其次，探究佛教在南北朝發展的差異，尤其表現在信仰方式，以及政教關係的不同。繼而從佛教的傳播媒介與受眾來探討，論述佛教如何藉由寺院與僧人（寺僧與遊方僧），以菁英或通俗的傳教策略，分別向社會上、下階層傳教；而佛教展現的神奇靈驗，以及宣揚轉世輪迴、因果報應、天堂地獄等觀念，是使社會各階層、各文化背景者都可廣泛接受的無窮魅力，也是吸引人心，擴大勢力的重要關鍵。佛教盛行所造成的社會、文化氛圍，身處其間的中國文人學者在從事學術相關著述時不免自覺或不自覺地受此氛圍的影響；如佛教的教義、解經的方法、弘法護教的方式等，都將對中國文化產生衝擊，這是兩種文化接觸時，必然會產生的現象。透過本章的研究結果以掌握佛教在南朝、北朝的發展情形，冀能作爲本文以

〔註103〕王朝暉，〈十五年來魏晉南北朝佛教研究〉，《歷史教學問題》1996 年總第 6 期，頁 58。

下諸章節論述之基礎。

第三章〈佛教的影響與南北朝史學的發展〉：

錢穆言：「中國史學發達，應始於東漢晚期，至魏晉南北朝大盛。」〔註 104〕中國史學在魏晉南北朝蓬勃發展，此一現象已屬定論。〔註 105〕與前學論述不同之處在於，筆者採用量化研究的方法，既可輔證宏觀概述魏晉南北朝史學興盛的情形，更重要的是利用表格對比與數據統計來突出南朝、北朝史學的發展異同。這樣的研究方法有別於過去學者在探討南北朝史學發展之異時，或是對比分析不夠充分，或是比較對象有限，〔註 106〕以及雖有學者研究佛、道二教對魏晉南北朝史學的變化，但在論述上是將南、北合而觀之，並沒有突出注意到南、北的差異〔註 107〕；而且分析佛教對史學的影響仍嫌片面，並沒有窮究其所以然。〔註 108〕因此筆者透過數據的統計、比較、

〔註 104〕錢穆，〈略論魏晉南北朝學術文化與當時門第之關係〉，收入氏著《中國學術思想論叢》（臺北：東大，1985 年），第三冊，頁 142。

〔註 105〕如萬繩楠，《魏晉南北朝文化史》，（臺北：昭明出版社，2000 年）、《魏晉南北朝史論稿》（安徽：安徽教育出版社，1983 年）；杜維運，《中國史學史》，（臺北：三民書局，1998 年）；邱敏，《六朝史學史》，（南京：南京出版社，2003 年）；楊翼驤，《中國史學史講義》，（天津：天津古籍出版社，2006 年）等，也都特別主張標舉此說。

〔註 106〕如前述周一良在探討南北朝史學的差異時，主要是將范曄《後漢書》、沈約《宋書》和魏收《魏書》中的序和論相比較。馬豔輝則將比較的對象擴充，除了范曄、沈約和魏收，還包括將蕭子顯、裴子野、袁宏、何之元、陸機、李公緒等諸多史家針對一些具體議題所闡述的史論一同進行比較。

〔註 107〕例如林國妮在〈佛道二教的影響與魏晉史學的變化〉，李小樹在《秦漢魏晉南北朝史學史稿》第八章〈佛道二教的影響與魏晉南北朝史學〉皆談到魏晉南北朝時期特定的時代背景，使佛教和道教獲得了廣泛傳播的社會心理基礎與政治功利基礎。而佛、道二教的迅速發展，對魏晉南北朝史學產生了極爲深刻的影響，這種影響在紀傳體正史、雜傳、史注以及史學思想等諸多方面都有明顯的表現。龐天祐在介紹佛教與魏晉南北朝時期的史學思想時，是從「儒玄釋相互影響下的史家」、「佛教與魏晉南北朝的理論思維」、「佛教對魏晉南北朝佛學的多重影響」等三方面說明，雖涉及佛教和玄學、儒家的交流所帶給史家和史學思想的影響。上述學者皆從魏晉南北朝著眼，並非鎖定南北朝作爲研究範疇，也未詳分南、北間的差異。

〔註 108〕例如林國妮、李小樹認爲佛教有助於中國史學思想中民族觀和世界觀的開闊，二人的論點皆著重於因爲佛教東傳，求法僧人西行，故使中國開始對域外情況有了更多的關注。參見林國妮，〈佛道二教的影響與魏晉史學的變化〉，《蘭州學刊》，2009 年第 2 期，頁 60；李小樹《秦漢魏晉南北朝史學史稿》，頁 219～221。但筆者認爲其中應結合思想史的研究，進而深入探討佛教世界觀對儒家天下觀的衝擊，才能更深刻認識魏晉南北朝的史學何以有更開闊的

分析，從此時期史書的數量、種類、實際內容（質），藉以尋繹其中的趨勢。南北朝時期史著數量驟增，性質複雜多樣，若以史書數量和種類而言，有多少是和佛教直接、間接相關？和佛教相關的史書類別如何？這些和佛教直接、間接相關的史書有多少是出自僧尼之筆，又有多少是來自世俗史家之手？這項研究分析工作當以列表統計輔以圖示的方式爲佳，可更有助於掌握南北朝史學發展的各面向，及其與佛教的關係。

第四章〈佛教對南北朝正史的影響——以《南齊書》和《魏書》爲例〉：

爲究明佛教對南北朝史學發展之影響，筆者試舉南朝、北朝史書爲證，進行比較、分析。第四章先以正史作爲研究對象，擇取生存年代和成書時間接近的史家與正史著作——南朝蕭子顯（487 年～537）所撰的《南齊書》與北朝魏收（507～572 年）所撰的《魏書》，來加以對比、析論。本章重點置於探討蕭子顯、魏收這兩位史家的撰著《南齊書》和《魏書》的緣由、兩人的佛教信仰以及在史書裡如何呈現與佛教相關之思想、記載等，進而探析南、北佛教發展各自對南朝、北朝史家、史學產生的影響。

第五章〈佛教對南北朝其他史書的影響——以《世說新語注》和《洛陽伽藍記》爲例〉：

有關南北朝至今仍保存完整的傳統史書不足，致使筆者想深入瞭解佛教對南北朝史學之影響時，不免有捉襟見肘之憾。彌補之道，則是擴大研究對象。相較第四章是以中國傳統史學中的正史作爲比較分析的對象，第五章則是以正史之外的其他史書來進行探討。劉孝標《世說新語注》是南北朝時期史注學的代表成就之一，劉孝標以注史的態度、方式注釋《世說新語》，〔註 109〕是爲他書作注。而《洛陽伽藍記》的作者楊衒之於書中正文之下，以子注方式附繫大量史事，親自爲所撰之書注解，這是一種自注。〔註 110〕筆者從史注的觀點，在此章將《世說新語注》和《洛陽伽藍記》分別視爲南朝和北朝的史

民族觀和世界觀，以及這樣視野的變化又如何在當時的史學撰述中呈現。

〔註 109〕有關劉孝標擇史抑子，以注書的態度與方法爲《世說新語》作注，可參考林盈翔，〈裴松之與劉孝標史注學比較研究〉（花蓮：國立東華大學中國語文學系碩士論文，2009 年），頁 106～108。

〔註 110〕需要指出的是，自注是區別於他注的一個概念，而子注則是區別於所注正文的一個概念。而且，無論是劉孝標之爲他書作注（他注）和楊衒之爲自撰之書作注（自注），二人的注解方式、內容皆包括引書注和自注。前者是對史料的承繼與徵引，後者是作者針對史書所發表的一己之見，較能突顯史家自身的史觀、史識。

注撰述，置於同一平臺加以對照、探討，不失爲一觀察南北朝史學的特殊角度。

第六章〈結論〉：

綜合各章論述，爲本文研究成果作一總結。

第四節　研究方法與限制

爲避免時間縱度過長，招致大而失當，所論流於泛泛。故本文將探討的時空設定於南北朝。本文的問題意識在佛教對於中國南北朝時期史學的影響，研究上以文獻探討爲最主要的研究方法。在史料運用方面，由於涉及宗教領域，傳統正史方面的文獻資料仍嫌不足，因此，《大藏經》中的相關佛經是不可或缺的重要史料。〔註 111〕史料的蒐集與整理是撰述的準備工作。先廣泛蒐集相關原典資料及近人的著述；其次進入資料處理階段。處理上以原典的「解讀」、「歸納」、「比較」、「分析」爲初步工作，從中發現、確立問題，繼而致力回歸此問題的情境與歷史文化脈絡，以探求問題的前因後果，在史實的基礎上建立合理的歷史解釋。

再者，史學研究能妥善結合其他學科工具，當能收左右逢源之效。本文輔以統計的方法分析歷史事實、進行歷史研究，〔註 112〕期能歸納梳理出某種現象、特點，有助於在文字描述長篇累牘外，御繁就簡，方便善巧地濃縮、歸結、呈現大量資料，使研究所得進一步精確化，迅速掌握要點，一目了然；同時，也有助刺激吾人在研究歷史時獲得思考的線索，釐清隱晦不明的現象。此外，比較史學是從事歷史比較研究的史學。歷史比較研究，是指通過兩種或兩種以上的歷史現象的比較來加深、擴大和驗證對歷史的認識的一種方法。〔註 113〕筆者自比較史學汲取啓示，認爲佛教對南北朝史學發展的影響應

〔註 111〕本文引用的《大藏經》是以高楠順次郎和渡邊海旭組織大正一切經刊行會，小野玄妙等人負責編輯校勘，於 1934 年印行完成《大正新脩大藏經》（簡稱《大正藏》），其爲目前學術界應用最廣和比較完備的版本。本文所徵引《大正新修大藏經》的版本爲臺北大藏經刊行會出版，新文豐發行，1987 年出版。

〔註 112〕有關統計方法與量化史學的探討，請參見古偉瀛，〈史學量化及其應用於中國史料的一些考察〉，收入杜維運、黃俊傑編，《史學方法論文選集》（臺北：華世，1980 年），頁 581～605。

〔註 113〕比較史學的用途包括：可以使我們看到單一結構中不太明朗的問題；爲需要探討的歷史問題下更精確的定義；確定適合於某一歷史問題的史料和方法；

該可以更細膩具體，而非總體式地籠統而論，因此通過歷史比較來發現某一具體事實的特性與影響，這樣的研究方法應有益於分析佛教在南朝、北朝發展的不同，其是否、如何反映在南朝、北朝的史學差異。

最後，探討外來佛教對中國自身史學發展的影響，此乃文化史、思想史的研究領域，誠屬不易。本文處理「佛教與史學」的課題乃借助社會學「涵化」的觀點。在文化交流方面，「涵化」是指兩個或兩個以上的文化持續地接觸，形成一個文化接受其他文化的歷程和結果。兩個文化相接觸，其影響往往是雙向的。涵化研究的目的可以幫助了解不同文化間接觸與影響的狀況，研究時，對發生涵化的各個文化，首先辨析各自的形象與特質，次則歸納影響與變遷的內容，再分析文化間的接觸狀況、相互對待關係、交流方式與管道，進而探討文化流動或影響的過程，並加以解釋。〔註114〕藉由涵化的觀點，有助釐清佛教與中國史學的互動情形。

本論文在進行過程中所遭遇到的困難與限制則有：

1. 雖南北朝史書數量浩繁，然而亡佚者眾，僅據《隋書．經籍志》所載，恐無法全面掌握該時期的著作，進行比較。因此尚需借助其他文獻，如宗教目錄性質的《出三藏記集》、《歷代三寶記》等，和針對《隋書．經籍志》脫誤處進行補校者如清代章宗源《隋書經籍考證》、姚振宗《隋書經籍志考證》等。儘管筆者盡力蒐集，然不免掛一漏萬，如此一來，是否影響量化的可信度，鄙意以爲，史料難以周全雖可能造成研究上的缺憾，然而藉由量化的研究的確有助於將史料中的潛資訊呈現，如果統計結果得出趨勢，即使尋找再

對某一理論和歷史的因果關係作出說明。參見徐浩、侯建新著，《當代西方史學流派》（臺北：昭明，民2001年），頁389～422。

〔註114〕涵化與同化有異，「同化」是一種原素改變、合併於其他元素而成的過程。以社會學而言，所要研究的原素是文化，所要研究的過程是一種文化爲另一種文化所吸收及合併。同化亦可說是個人或團體習得其他團體的文化的過程，個人生活於原屬的團體之中，接受團體的態度和價值觀、思想和行爲模式，而同化於所屬的團體。一個團體接受另一團體的生活方式，而改變了原有的方式，是團體的同化。同化之前，有一相似的的過程，稱爲「涵化」（acculturation）。涵化是同化的初步，同化是涵化的最後階段。涵化之發生係當一文化團體與另一文化團體相接觸時，竊來或借入某些文化原素而併入本文化，並將本文化加以改變。兩個文化團體相接觸，其影響往往是雙向的。參見國立編譯館主編，《教育大辭書（三）》（台北市：文景，2000年），頁177～179；以及參見國立編譯館主編，《教育大辭書（七）》（台北市：文景，2000年），頁383～384。

多的例證，都沒有辦法更改這個趨勢，那麼資料不全則不代表無法進行研究，畢竟在史學研究裡面不可能將全部資料完全蒐羅和掌握。〔註 115〕儘量蒐羅史料是正確的，但「竭澤而漁」仍終究有「漏網之魚」。史料浩繁，研究者不必纖芥畢悉，而是只需掌握足夠的史料，以確立其中某些重要的、有意義的歷史訊息，得以有效解釋和論述即可。換言之，從事研究時殆不必將所有史料都蒐訪齊全，始得動筆；而是在所得史料已足夠建立自己的論據時，便可著手撰寫。抑且，筆者是以質化分析爲主，量化歸納爲輔，扣和時代背景與意義，尋繹南北朝史學發展的趨勢，觀察佛教對南北朝史學發展之影響。質言之，對本文而言，蒐集的書目總數重要的是呈現趨勢、反映現象，在論題的討論、分析上，並不會因爲書目數量的些微差距而有太大的影響，故仍具有一定的分類效度與參考價值。

2. 爲了能具體檢視佛教對南北朝史學發展的影響，故筆者於本文第四章、第五章採「舉證」較析的方式來加以說明。「舉證」乃是一種個案的研究，本文擇取「正史」與「史注學」兩種個案進行對比分析。考量作者生存時代和史著內容必須切合本文主旨與時間斷限，以及同時要具備並置、對照的可比較性，最後篩選出四位奉佛（或與佛教有密切接觸）的史家及其史著作爲研究對象，包括蕭子顯《南齊書》、魏收《魏書》兩部正史，以及劉孝標《世說新語注》、楊衒之《洛陽伽藍記》此兩部正史以外的史注學著作。雖然以四部史書來進行佛教因素對南北朝史學發展之研究，在涵蓋性上未免不足，但就「舉證」所欲達致的研究意義而言，實已充分。此外，由於爬梳、整理、研讀與比較工程頗爲浩大，筆者盡力爲之，將分析重點側重於作者生平以及書中涉及到和佛教、史學相關的議題、言論或思想等，此外擬不予細作深入析論。當然，利用這四部史書所做的對比研究，對於掌握佛教對南北朝史學發展的影響，其涵蓋面或許有限；但即使是以有限的情況而言，仍然值得做一個初步的嘗試，因本文的撰著目的在於提出一個值得研究的方向，往後在「佛教——史學——影響」的課題上可以持續深耕、探究。

3. 就中國史學史研究而言，每位研究者的學術關注點皆反應了一個不同的視角，史學史有諸多稜面可以呈現，不同研究者選擇某種稜面，作爲研究的切入角度。本文試從佛教、地域差異的角度考察「佛教對南北朝史學發展

〔註 115〕曹仕邦，《中國沙門外學的研究——漢末至五代》，（臺北：東初出版社，1994 年初版），頁 64。

的影響」，研究主體在於「南北朝史學發展」，乃是立基於史學史來思考「佛教——史學——影響」的論題。雖避免喧賓奪主，然對於佛教的認識、瞭解在本文研究中，亦扮演不可或缺的輔助性角色，因此倘若沒有一定程度的佛學素養，實難犀利地發現問題，提出鞭辟入裡的見解。以是之故，在不反客爲主，捨本逐末的前提下，加強和佛教相關的知識，正確有效地輔助本論文的研究，是筆者需要充實、提升的能力。

4. 本文著眼於區域空間的差異考察佛教在南、北發展之別是否、如何反映史學在南、北的不同。要特別說明的是，南朝、北朝佛教在學風與信仰方式的差異，所謂「南義、北禪」、「南統、北統」的區別是整體來看、相對而言，並非絕然畫分。〔註 116〕筆者採用這樣的區別，用以觀察、檢視佛教與史學在南、北的不同特色，究明其是否類似、吻合南、北各自深義文化的特質，以及確認佛教與史學的關聯性，在研究上仍然有其參照價值。此外，佛教在南、北的差異並非只有信仰方式，若僅就南義北禪來區別佛教因地制宜的發展，實顯粗略籠統，故筆者針對佛教在南、北發展的差異當從其他面向多方探討，以求論述完備。

5. 本文借助「涵化」的觀察視角來研究「佛教與史學」，主軸是中國史學，但非謂中國史學單向受佛教作用而有如何之發展，實則外來佛教與中國史學的互動下，影響是雙向的，難以斷然言之；然而爲恐牽涉既廣，論列漸繁，因此筆者聚焦論述，主要著墨於佛教因素對中國史學的作用。

第五節　研究貢獻與意義

中國史學至魏晉南北朝時期發展興盛，官私修史蔚然成風，無論是在史著的數量和種類增加、史官制度的完善，還是史書體例的完備等方面，均明顯超越前一時期，在中國史學史上具有承先啓後的重要地位，因此歷來研究魏晉南北朝史學的著作甚多。另就佛教史而言，魏晉南北朝亦是佛教在中國勢力急速擴張的關鍵期，佛教不再依附儒、道而蔚成大國，對於菁英文化或是庶民文化，佛教的影響力皆相當深遠廣泛。因此，既然史學與佛教都爲魏晉南北朝時期留下顯著的時代烙印，則史學與佛教二者間存有何種內在聯

〔註 116〕湯用彤雖主張南北朝時期，佛教有南統、北統的區別，南義、北禪的畫分，但同時指出北朝亦講佛學義理，然沒有南朝的普遍、崇向和表現出色；同樣地，南朝也有禪法，但不若北朝的重視和提倡。

繫，便相當耐人尋味。目前學界在佛教對魏晉南北朝史學之影響的整體研究，已有成果；不過，就佛教對於南北朝史學，乃至針對南朝、北朝各自史學發展的影響比較，仍然關注不夠，使得此一學術議題仍有深入探討、充實的空間。

唯要強調的是，文化交流是一複雜的課題，在交流過程中，影響是雙向的，不同文化各自扮演「授」與「受」的雙重角色。周一良所謂「深義文化」，〔註 117〕其實正是各文化領域交互作用、彼此交流影響所致，是以佛教影響史學，史學亦會影響佛教。〔註 118〕限於篇幅與學力，筆者非探求中國史學對佛教的作用，本文乃著重探討於佛教因素對中國史學發展之影響，尤其關注區域空間這項變因。造成南朝、北朝史學的差異，背後自當有許多原因，若欲深入探究則勢須有所取捨，筆者不欲一一處理探討，僅就佛教一項專力探求之。

再者，相較歷來學界在研究中國史學史時，較少將「南北朝」獨立出來討論，多視其爲魏晉南北朝的一部分，以及往往使南朝、北朝合觀論之，鮮少分別考察之、比較之、分析之。筆者則專注聚焦於南北朝，且著重探討佛

〔註 117〕周一良認爲文化可分三個層次：文學、藝術、思想等屬於狹義文化；這些之外再加上政治經濟制度以及食衣住行、生產工具等，可算廣義文化；而在一個民族的各不同文化領域內，還可能潛在一種共同的素質，貫串於各方面，名之爲深義文化。周一良，〈略論南朝北朝史學之異同〉，頁 370。筆者按周一良研究南朝北朝史學之異同，超越了史學史的層次，提昇到探討南北朝文化特質。南、北長期分隔，各自形成獨特的學術風貌。周氏指出南朝史家洞察力強，能宏觀的將時代聯繫起來考察；北朝史著則看不到敏銳深刻的高見卓識，予人識暗之感。這種南北史學的差異，與南北文風、南北佛道，以及南北儒學，可謂一脈相通。就文風言，南人文過其意，北人理勝其詞。就佛道言，南方重思索辨析，北方重修行實踐。就儒學言，「南人約簡，得其英華；北學深蕪，窮其枝葉」。南人偏於思而不學，北人偏於學而不思。周氏探討南北史學異同，並非僅局限於史學史，其可貴之處在於看問題並不單純只看表象，而會透視事物的背後，故周氏能藉南北史學的異同，鞭辟入裡一探該時代的「深義文化」。

〔註 118〕紀贇認爲中國素來有歷史記錄之傳統，此一點和印度迥乎不同。原因之一，在中國人的經驗世界裡時間是呈單維度線形發展的態度，而古印度的時間觀念呈現出可以重疊、具有循環性，並且可以共生同時的複雜面貌。例如在佛教的教義裡，時態有過去、現在和未來三時，但這三時卻非線性展開，而是呈平面鋪開。思維方式的不同，使中國很早就發展出史學傳統。佛教進入中國後，作了很多適應中土習俗的變化，比如與印度不同，中國很早就形成了極爲發達的佛教史學。參見紀贇，《慧皎《高僧傳》研究》（上海：上海古籍出版社，2009 年 3 月第一版），頁 49～50。

教和史學分別在南朝和北朝發展的情形，找出彼此的內在聯繫。如此一來，將有助於吾人在看待南北朝史學時，不再一味流於籠統、概論式地泛論，而是更能細膩地注意到南、北地域的分野，反映在佛教與史學上所呈現的特色。目前學界於此部分的研究尚存在空白領域和薄弱環節，殊值進一步充實。

研究學問應當知其然並明其所以然。南北朝時期，史家與史籍風起雲湧，盛極一時，在許多方面推進中國史學，爲傳統史學奠定了基本規模和格局，〔註 119〕因此，南北朝史學的研究是相當值得深耕的學術園地。本文以佛教作爲觀察點，從佛教在空間地域的差異，探析其對史學的影響，這樣的研究方向，期能爲瞭解南北朝史學發展，提供更深刻的觀察與瞭解，並且希望藉由本篇論文，拋磚引玉，爲今後史學與佛教的綜合研究，尤其在關注於時間——空間——人類歷史，三者皆具的整體研究，開啓新的視野。

〔註 119〕吳懷祺主編，龐天佑著，《中國史學思想通史——魏晉南北朝卷》，頁 3。

第二章　南北朝時期佛教的傳播

有關佛教在中國傳播的情形與原因的討論，相關著作甚豐，可供參考，若徒臚錄文獻，恐成剪貼之文，故筆者不欲贅述。惟爲求敘述完整與脈絡的連貫，本文對南北朝時期，佛教影響中國學術發展的背景中，擇與本研究較有關聯者，下文進一步說明之。

第一節　漢至南北朝佛教在中國傳播的情形

一、方術到格義——漢至永嘉之亂前佛教在中國的發展

佛教發源於古印度，兩漢之際，傳入中國內地。〔註1〕據牟子《理惑論》載，漢明帝夢見神人，傳毅解爲天竺之佛，於是明帝派遣使者至大月支寫佛經四十二章而歸，並於洛陽城西門外起造佛寺，〔註2〕這是中國有佛經、佛寺

〔註1〕關於佛教傳入中國的途徑有陸路與海路兩種說法，長期以來學界針對此議題有相當豐碩的研究論述，可參考榮新江，〈陸路還是海路？佛教傳入漢代中國的途徑與流行區域研究述評〉，收入氏著，《中國中古史研究十論》（上海：復旦大學出版社，2005年），頁15～43。

〔註2〕〔漢〕牟子《理惑論》云：「昔孝明皇帝，夢見神人，身有日光，飛在殿前，欣然悅之。明日，博問群臣，此爲何神？有通人傅毅曰：「臣聞天竺有得道者，號之曰佛，飛行虛空，身有日光，殆將其神也！」於是，上悟，遣使者張騫，羽林郎中秦景，博士弟子王遵等十二人，於大月氏寫佛經四十二章，藏在蘭臺石室第十四間。時於洛陽城西雍門外起佛寺，於其壁畫千乘萬騎遶塔三匝。又於南宮清涼臺，及開陽城門上作佛像，明帝存時，預修造壽陵，陵曰顯節，亦於

最早的記載。東漢初年，上層權貴信仰佛教多依附於黃老祭祀，史載漢明帝時，楚王劉英「喜黃老，學爲浮屠，齋戒祭祀」。〔註3〕永平八年（65），楚王英奉縑贖罪，明帝詔曰：「楚王誦黃老之微言，尚浮屠之仁祠。潔齋三月，與神爲誓，何嫌何疑，當有悔吝！其還贖以助伊蒲塞桑門之盛饌」。〔註4〕據此，當時佛教的年三（月）齋、出家弟子（桑門）、在家弟子（伊蒲塞），以及供僧等制度，都已在中國流行。永平十三年（70），劉英獲罪被貶至丹陽涇縣，數千人隨行南遷，其中不乏佛教徒。東漢時一般人所認知的佛教，教義類似黃老之學，佛陀類似神仙。袁宏《後漢紀》言佛教「專務清靜」，「息意去慾，而慾歸於無爲也」，「佛身長一丈六尺，黃金色，項中佩日月光，變化無方，無所不入，故能通百物而大濟群生」。〔註5〕桓帝時襄楷上書曰：「又聞宮中立黃老浮屠之祠，此道清虛，貴尚無爲，好生惡殺，省慾去奢。」〔註6〕漢末三國時期，下層佛教信徒日漸增多，丹陽官吏笮融大起佛寺，建立可容三千人讀經的樓閣，浴佛設酒飯，「民人來觀及就食且萬人」。〔註7〕然而終漢之世，佛教的發展多附庸於鬼神方術，當時只爲祠祀、方術之一種。〔註8〕尚未形成一股強大的社會思潮。

外來文化必須適應本地的文化特性，並且順著這些特性的演變，才能與本地文化調和而得到進一步的發展。漢代是一個重陰陽五行、黃老方技的時

其上作佛圖像。」見〔漢〕牟子，《理惑論》收入〔南朝梁〕釋僧祐，《弘明集》卷一，T52/2102，頁4c～5a。以下T代表《大正新修大藏經》（臺北：新文豐，1987年），引用方式依序是T冊碼/經號，頁碼、a/b/c代表上欄/中欄/下欄。

〔註3〕〔南朝宋〕范曄撰，〔唐〕李賢等注，《後漢書》（臺北：鼎文，1978年）卷四十二〈楚王英列傳〉，頁428。

〔註4〕同上注。

〔註5〕《後漢紀》卷十〈孝明皇帝紀下〉「永平十三年十二月條」載：「西域天竺有佛道焉，佛者漢言覺也，將覺悟群生也，其教以修善慈心爲主，專務清淨，其精者號沙門，漢言息心，蓋息意去慾而歸於無爲也。又以爲人死精神不滅隨復受形，時所行善惡皆有報應，故所貴行善修道，以練精神而不已，以至無爲而得爲佛也。」〔晉〕袁宏撰，《後漢紀》（臺北：臺灣商務，1971年），頁121～122。

〔註6〕《後漢書》卷三十下〈襄楷列傳〉，頁1082。

〔註7〕東漢末年，丹陽人笮融興佛，時正值戰亂，笮融聚眾數百，依附徐州牧陶謙，「謙使督廣陵、下邳、彭城運糧。遂斷三郡委輸，大起浮圖寺。上累金盤，下爲重樓，又堂閣周回，可容三千許人，作黃金塗像，衣以錦綵。每浴佛則多設飲飯，布席於路，其有就食及觀者且萬餘人。」《後漢書》卷七十三〈陶謙列傳〉，頁2368。

〔註8〕參見湯用彤，《漢魏兩晉南北朝佛教史》，頁53～57。

代。因此佛教初傳必須適應這些特色，而以精靈起滅與浴神不死相結，以安般禪法與吐吶之術相輔，乃至佛老並祀祠以求延祚。因此，湯用彤認爲漢代的佛教是「佛道式的佛教」，是漢代流行的各種道術之一，人們因重方術而接觸佛教，這種情形待魏晉玄學興起，佛教改順應此種談玄理的潮流而轉入「佛玄式的佛教」。〔註 9〕湯用彤在《漢魏兩晉南北朝佛教史》第四章〈漢代佛法之流布〉總結說：

> 佛教在漢世，本視爲道術之一種。其流行之教理行爲，與當時中國黃老方技相通。其教因西域使臣商賈以及熱誠布教之人，漸布中夏，流行於民間。上流社會，偶因好黃老之術，兼及浮屠，如楚王英、明帝及桓帝是也。至若文人學士，僅襄楷、張衡略爲述及，而二人亦擅長陰陽術數之言。……及至魏晉，玄學清談漸盛，中華學術面目爲之一變。而佛教則更依附玄理，大爲士大夫所激賞。因是學術大柄，爲此外來之教所篡奪。而佛學演進已入另一時期矣。吾之視漢代佛教自成一時期者，其理由在此。〔註 10〕

在佛經傳譯方面，安息國僧人安世高於東漢桓、靈之世來到中國，系統翻譯介紹小乘經典及禪法。與此同時，月支僧人支婁迦讖來華傳譯大乘般若學經典及思想，從此大乘佛教傳入漢地。〔註 11〕三國時期，有魏人朱士行首次西行求法，當時佛學中心是在洛陽，佛僧支謙和康僧會先後來到孫吳首都建業，將中原佛學傳播到南方，二人譯經、立寺，對於佛教在南方的傳播有重要意義。

隨著佛經的傳譯漸盛，引起中國士人研究漢譯佛典的風氣。曹魏出現的玄學思潮是以老莊思想爲中心，以萬有之本體爲「無」，其與佛教之「空」及「無我」等思想吻合，這種藉由比附中國固有經典來解釋佛經的方式稱爲「格義」，是佛教在被中國士人接受的過渡時期所產生的學風。〔註 12〕西晉

〔註 9〕顏尚文，〈湯用彤的漢唐佛史研究〉，收入氏著，《中國中古佛教史論》（北京：宗教文化出版社，2010 年），頁 35。

〔註 10〕湯用彤，《漢魏兩晉南北朝佛教史》，頁 120。

〔註 11〕這個時期佛經翻譯的特色，主要有大小乘兩大系統：一是以安世高爲代表的小乘禪學派；一是以支婁迦讖爲代表的大乘般若學。因此早期傳入中國的佛經，可以說是大、小乘同時並行。

〔註 12〕陳寅恪〈支愍度學說考〉討論格義之學，陳氏引《高僧傳》卷四〈竺法雅傳〉言：「雅乃與康法朗等，以經中事數擬配外書，爲生解之例，謂之『格義』。」所謂「格義」即以內典與外書相配擬，後世所有融通儒釋之理論，皆爲格義

時，玄學更加盛行，玄學的發展爲佛教向知識階層的滲透打開大門，玄學家們發現佛學中頗有能與玄學契合的教理，知識分子和僧人互有往來，玄佛合流的趨勢日益明顯，當時竺法護、帛法祖、支孝龍、竺叔蘭等僧人皆爲名士所重。此外，相較於漢魏時翻譯經典，是由當時的西域及印度各地之僧人，將各自所傳承的毫無秩序地帶到中國來，故經典的內容並不統一；又翻譯者本身對於中國的語言並不熟悉，故此時的經典對於中國人來說仍難以理解；而西晉在譯經事業則大有進展，洛陽地區有竺法護、安法欽、法立、法炬，關中地區有帛遠、聶道眞、支法度、若羅嚴等，譯出的經、律和集傳等共二百七十五部，對佛教的傳譯大有貢獻，其中竺法護對「經法所以廣流中華者」尤其意義。〔註 13〕除了上層社會外，因爲僧人保護民眾、救濟社會，加上高僧的靈驗神異等，因此佛教在當時的民間也有相當程度的傳播力量。總括而言，西晉時朝野對佛教的信仰較漢代更爲普遍，「晉武帝之世，寺廟圖像，崇於京邑」，〔註 14〕西晉時代東、西兩京（洛陽、長安）的寺院一共有一百八十所，僧尼三千七百餘人。〔註 15〕

二、永嘉之亂加速佛教的傳播擴張

佛教眞正在中國傳播開來，勢力興盛，要到永嘉之亂後，東晉習鑿齒敏銳地觀察到佛教的盛況，在他給釋道安的信中即言：「道業之隆，莫盛於今」。〔註 16〕佛教在永嘉之亂後快速傳播的原因，主要是時局混亂。身處亂世，禍福無端，容易產生出宗教的情緒，希望對生命的本質得一解釋，在精神上覓

支流演變之餘。參見陳寅恪，〈支愍度學說考〉，收入《金明館叢稿初編》（上海：上海古籍出版社，1980 年），頁 99～114。以格義方式弘揚佛法是佛教融入中國文化的初期手段，代表人物有竺法雅、康法朗等。東晉釋道安最初亦以老莊義理講述佛教，注釋佛典，但後來因恐格義扭曲佛教教義，遂主張應以佛教原義正確翻譯佛典，並藉由佛典本身探究佛理。直到鳩摩羅什之後，中國佛教才正式擺脫格義的模式。

〔註 13〕竺法護（亦名曇摩羅刹），先世是月支國人，世居燉煌郡，精通三十六種西域諸國語言，開創傳語、筆受和勸進等分工合作的譯經體制，是西晉時代譯經有成，有助於佛教流佈的重要僧人，釋僧祐稱讚譽竺法護曰：「經法所以廣流中華者，護之力也」。〔南朝梁〕釋僧祐撰，蘇晉仁、蕭錬子點校，《出三藏記集》（北京：中華書局，1995 年 11 月初版，2008 年 7 月重印）卷十三，頁 518。

〔註 14〕同上註。

〔註 15〕〔唐〕釋法琳，《辯正論》卷三，T52/2110，頁 502c。

〔註 16〕釋僧祐，《弘明集》卷十二，T52/2102，頁 77a。

一寄託。五胡十六國時期，華北戰禍頻仍，人民向宗教尋求解脫，佛教撫慰了亂世苦難之人，而胡人君主面對血腥慘劇易受講求因果報應的佛教感化，並且他們也常冀望佛教相助，利用高僧的法術穩定統治，〔註 17〕此外也有借用外來佛教與漢文化相抗衡的目的。〔註 18〕在胡人君主大力支持，以及高僧輩出，從佛圖澄、道安、曇無讖，到鳩摩羅什及其門下僧肇、道生與僧叡等高足的出世，標誌著中國北方佛教弘傳的盛況。〔註 19〕

西晉後期，戰亂迭興，導致玄風南渡，南方佛教也因此獲得新的發展契機。東晉僑姓門閥主政形勢，爲玄學提供了廣大的生存、發展空間，佛學亦因士族、玄風之故而勢力更增，故錢大昕言「後漢明帝時，佛法始入中國，

〔註 17〕《資治通鑑》卷九十九〈晉紀〉「穆帝永和七年正月條」載：「人言冉閔初立，鑄金爲己像以卜成敗。」另《資治通鑑》卷一百五十二〈梁紀〉「武帝大通二年三月條」胡三省注解：「胡人鑄像以卜君，其來尚矣。」〔宋〕司馬光撰，胡三省注，《資治通鑑》（臺北：天工書局，1988 年），分見頁 3113、4740。此外，後趙石勒重用佛圖澄、前秦苻堅倚重釋道安、後秦姚興禮重鳩摩羅什，以及北涼沮渠蒙遜尊崇曇無讖等，皆多仰賴、借重高僧的神異。

〔註 18〕西元 335 年，後趙石虎遷都至鄴（河北省臨漳縣），當時，著作郎王度奏請依魏晉以前故事，「唯聽西戎人得立寺都邑，以奉其神，其漢人皆不得出家」，以體現「華戎制異，人神流別」。而當時的石虎卻下書曰：「度議云佛是外國之神，非天子諸華所可宜奉，朕生自邊壤，忝當期運，君臨諸夏，至於饗祀，應兼從本俗。佛是戎神，正所應奉。夫制由上行，永世作則，苟事無虧，何拘前代？其夷趙百蠻有捨其淫祀，樂事佛者，悉聽爲道。」參見〔南朝梁〕釋慧皎撰，湯用彤校注，《高僧傳》（北京：中華書局，1992 年版）卷九〈佛圖澄傳〉，頁 352。

〔註 19〕湯用彤綜論魏晉佛法興盛之因，包括五胡之禍使得民生凋敝，驗休咎報應，求福田饒益，當更爲平民之風尚，其他還包括魏晉之清談、胡人之統治，以及大師道安等人的傳教譯經。一般討論漢魏之際宗教發展情形的學者多會注意到二類歷史因素：一爲政治秩序混亂所造成的社會和經濟問題，包括各種天災人禍；一是居統率地位的儒家思想的式微和道、法、名家等各種思潮的興起。這些因素在民間造成了老百姓追求解脫世間苦痛的需要，在知識分子間則激起了追求解脫思想苦悶和懷疑的風尚。蒲慕州則研究指出任何一個正常發展的社會，其中所有的生老病死等問題，已經足以提供宗教發展所需的環境，因而在分析一個戰亂時代（如魏晉南北朝時代）的宗教發展時，我們固然要注意外在的社會環境的變動所可能帶來的影響，也不能忽略了社會本身的正常潛力。若從宗教心態的角度觀察，高僧們之所以出家求道，主要是個人的資質和好道，與個人的生活經驗較無關係；而一般人則爲了實際生活的好處。兩者均和「由個人生活之苦悶，苦痛，而尋求心靈上之出路」的說法不完全相同。參見蒲慕州，〈神仙與高僧——魏晉南北朝宗教心態試探〉，《漢學研究》1990 年 12 月總第八卷第 2 期，頁 149～175。

然中國無習之者，晉南渡後，釋氏始盛。」〔註 20〕佛學名僧慧遠、慧觀、竺道潛、竺法深、支遁等皆受時人敬重，與名士王導、庾亮、謝安、孫綽、謝靈運等交遊甚篤。〔註 21〕在玄學的帶動下，士人鑽研佛教教義，佛學與玄學的交流融攝，是佛教受到東晉士人信仰，在南方加速流行的原因之一。〔註 22〕此外，東晉君主對佛教的崇奉，亦促使佛教的盛行。史載「晉元、明二帝，遊心虛玄，托情道味，以賓友禮待法師。王公、庾公傾心側席，好同臭味也。」〔註 23〕簡文帝本人在佛學頗有造詣，當時高僧竺法深、支遁等常爲簡文帝的座上客，一同說玄論佛。〔註 24〕孝武帝「立精舍於殿內，引諸沙門以居之」，〔註 25〕除了君主，后妃亦多「深信浮屠道」。〔註 26〕可見佛教勢力已相當深入晉王室。不過，隨著佛教受到君主支持而興盛的同時，負面影響也開始出現。如孝武帝信奉佛教的程度已到了危害政治的地步，《晉書》載：

> 孝武帝不親萬機，但與道子酣歌爲務，姏姆尼僧，尤爲親暱，並竊弄其權。……又崇信浮屠之學，用度奢侈，下不堪命。〔註 27〕

東晉僧人道恒的《釋駁論》描述當時佛門的紊亂云：

> 營求孜汲，無暫寧息。或墾殖田圃，與農夫齊流；或商旅博易，與眾人競利；或矜恃醫道，輕作寒暑；或機巧異端，以濟生業；或占相孤虛，妄論吉凶；或詭道假權，要射時意；或聚畜委積，頤養有

〔註 20〕〔清〕錢大昕，《十駕齋養新錄》（北京：中華書局，1977）卷六「沙門入藝術傳始於晉書條」，頁 13。

〔註 21〕有關東晉時期名士與名僧的交往情形，可參考筆者的碩士論文〈東晉南朝江東士族與道教之關係——以葛洪、陸修靜與陶弘景爲中心〉（臺南：國立成功大學歷史學所碩士論文，2003 年）第二篇第二章〈東晉南朝士族的信仰〉，頁 74～87。

〔註 22〕嚴耀中認爲「佛教傳播到東晉有了一個飛躍，玄學則是這次飛躍得以產生的關鍵」。嚴耀中，《江南佛教史》（上海：上海人民，2000），頁 45。

〔註 23〕《世說新語．方正》第 45 條注引〈高逸沙門傳〉，見劉義慶編，劉孝標注，餘嘉錫箋疏，《世說新語箋疏》中卷〈方正〉，頁 323。

〔註 24〕《世說新語．文學》第 44 條載：「佛經以爲祛練神明，則聖人可致。簡文云：『不知便可登峰造極，不然，陶練之功尚不可誣。』」同上註，上卷〈文學〉，頁 229。

〔註 25〕〔唐〕房玄齡等撰，《晉書》（臺北：鼎文書局，1978 年）卷九〈孝武帝本紀〉太元六年春正月條，頁 231。

〔註 26〕《晉書．恭帝本紀》載：晉恭帝后「深信浮屠道，鑄貨千萬，造丈六金像，親於瓦官寺迎之，步從十許里」。《晉書》卷十〈恭帝本紀〉元熙二年夏六月條，頁 270。

〔註 27〕《晉書》卷六十四〈會稽王司馬道子列傳〉，頁 1733。

> 餘；或指掌空談，坐食百姓。〔註 28〕

帝王之過度崇信，僧尼之竊權干政，再由於逃避賦役而出家的僧眾不斷增加，且又遊食營利，凡此嚴重危害國家，故晉安帝隆安中，桓玄下令沙汰僧眾，指責他們：「京師競其奢淫，榮觀紛於朝市。天府以之傾匱，名器爲之穢黷。避役鐘於百里，道逃盈於寺廟，乃至一縣數千，猥成屯落，邑聚遊食之群，境積不羈之眾，其所以傷治害政，塵滓佛教，固已彼此俱弊，實汙風軌矣。」〔註 29〕有鑑於佛教已發展成一股強大的社會勢力，寺院和僧尼數量猛增，僧尼從事經濟經營、參與社會事務的現象相當普遍，僧尼僞濫穢雜、違戒犯律的情況日益嚴重，針對這種狀況至遲在東晉隆安三年（399）以前便設立僧官制度〔註 30〕加以管理。而在北方，後秦佛教鼎盛時，姚興「集沙門五千餘人，有大道者五十人，起造浮圖於永貴里，立波若台。居中做須彌山，四面有崇岩峻壁，珍禽異獸，林草精奇，仙人佛像具有，人所未聞，皆以爲稀奇」。〔註 31〕崇信佛教太過導致長安僧尼數以萬計，雜濫無綱紀，需要進行整頓。《高僧傳》卷六〈釋僧契傳〉描述姚興建立僧官制度曰：

> 姚萇、姚興早挹風名，素所知重，及僭有關中，深相頂敬，興既崇信三寶，盛弘大化，建會設齋，煙蓋重疊，使夫慕道捨俗者，十室其半。自童壽入關，遠僧復集，僧尼既多，或有愆漏，興曰：「凡未

〔註 28〕釋僧祐，《弘明集》卷六，T52/2102，頁 35b。。

〔註 29〕釋僧祐，《弘明集》卷十二載〈桓玄輔政欲沙汰眾僧與僚屬教〉，T52/2102，頁 85a。

〔註 30〕梁武帝時，僧遷爲荊州僧官，據《續高僧傳》載：「昔晉氏始置僧司，迄茲四代，求之備業，罕有斯焉。」見釋道宣，《續高僧傳》卷五〈釋僧遷傳〉，頁 168。「僧司」應是政府設置的僧官機構，所謂「迄茲四代」即指從東晉經宋、齊至梁的四代。另據《高僧傳·釋慧持傳》載，晉安帝隆安三年（399）慧持到蜀中時，即「有沙門慧岩、僧恭先在岷蜀，人情傾蓋……恭公幼有才思，爲蜀郡僧正。」僧正就是僧官。蜀郡於隆安三年已有了僧官，則東晉設置僧官，應當在隆安三年以前。見釋慧皎撰，湯用彤校注，《高僧傳》卷六〈釋慧持傳〉，頁 230。此外《高僧傳·竺道壹傳》卷五載晉孝武帝時，竺道壹「博通內外，又律行清嚴，故四遠僧尼鹹依附諮稟，時人號曰九州都維那……以晉隆安中遇疾而卒。」見釋慧皎撰，湯用彤校注《高僧傳》卷五〈竺道壹傳〉，頁 206。都維那是僧正之副職，當時人就用此職稱道壹，說明隆安時已有此僧官。東晉時，中央僧官機構泛稱爲僧司，亦可稱爲僧局、僧省，主管僧官可能稱爲僧主、僧端，副職爲都維那，還有若干屬吏，其時地方僧官也已產生。有關東晉時的僧官制度研究可參考謝重光，《中古佛教僧官制度和社會生活》，頁 11～13。

〔註 31〕〔宋〕宋敏求，《長安志》（北京：中華書局，1991 年）卷五，頁 63。

> 學僧未階，苦忍安得無過，過而不過遂多矣，宜立僧主以清大望。」因下書曰：「大法東遷於今爲盛，僧尼已多，應須綱領，宣授遠規，以濟頹緒。」僧法師學優早年，德芳暮齒，可爲國內僧主，僧遷法師禪慧兼修，即爲悅眾，法欽慧斌，共掌僧錄。〔註 32〕

弘始七年（405），姚興以鳩摩羅什的弟子僧略爲「僧正」，僧遷爲「悅眾」，法欽、慧斌爲「僧錄」，管理僧尼的事務。目的即在運用行政力量干預（管理）僧尼人數增加所導致的問題。

三、南北朝時期佛教勢盛蔚爲大國

佛教自漢代傳入中國，經過魏晉的傳播和發展，進入南北朝時已是崢嶸繁盛，特別是在南北朝的一百六十餘年間，佛教得到快速發展，不僅不再依附儒、道，反而呈現與儒、道一爭高下的局面。佛教的勢盛，與帝王的支持有著密切關係。以下筆者將南北朝時期各政權君主的奉佛事蹟統整爲表 2-1，藉此了解此時佛教在中國傳布的盛況。爲恐該表篇幅過大影響觀文流暢，故附於本節之後。

觀察表 2-1「南北朝君主奉佛之事蹟」，縱觀整個南北朝，絕大多數的帝王（包括毀佛的北魏太武帝和北周武帝早年也有奉佛舉措）對佛教都是採取扶持、利用的政策，箇中原因除了帝王內心深處眞心信佛、崇佛，甚至佞佛之外，爲了鞏固政權，維護統治應當才是最重要的考量。宋文帝與侍中何尚之、郎中羊玄保等議論佛法之用時云：

> 三世因果，未辯厝懷，而復不敢立異者。正以卿輩時秀，率所敬信故也。范泰、謝靈運常言：「六經典文，本在濟俗爲治，必求靈性眞奧。豈得不以佛經爲指南耶！」近見顏延之〈推達性論〉、宗炳〈難白黑論〉，明佛汪汪，尤爲名理並足，開奬人意。若使率土之濱，皆敦此化，則朕坐致太平，夫復何事。〔註 33〕

據此可知宋文帝篤信佛教和扶持佛教的動機是因爲他認爲佛教有助於民風的純樸、王法的施法與政權的鞏固。又如北魏明元帝「崇佛法，京邑四方，建立圖像，仍令沙門敷導民俗」。〔註 34〕由國家明令沙門在地方上從旁輔佐敷導

〔註 32〕釋慧皎撰，湯用彤校注，《高僧傳》卷六〈釋僧契傳〉，頁 240。

〔註 33〕釋慧皎撰，湯用彤校注，《高僧傳》卷七〈釋慧嚴傳〉，頁 261。

〔註 34〕〔北齊〕魏收，《魏書》（臺北：鼎文，1978 年）卷一百一十四〈釋老志〉，頁

民俗的任務，顯見君主肯定佛教具有教化民眾、穩定社會秩序的功用。〔註35〕

至於南北朝君主扶持佛教的方式，依表2-1「南北朝君主奉佛之事蹟」大致可歸納爲以下六項：

1. 經濟提供：包括設齋施食、供養僧尼、財物布施、捐施土地住宅、制度化保障支持寺院經濟〔註36〕等。
2. 文化事業：召開法會、邀請名僧說法、建立譯場、〔註37〕禮請僧人譯經、編纂佛教類書、派遣沙門西行求法，研讀佛經甚至親自參與講經、注經、著述等。
3. 建築工程：造像、立寺、起塔、開鑿石窟等。
4. 強化管理：南北朝都有一套較前更爲完整的僧官制度，〔註38〕並且制定規範（僧制）來約束僧尼。〔註39〕另外當佛教出現猥濫情況時，君

3030。

〔註35〕陳桂市認爲佛教不僅能普受民眾信仰，也能夠得到統治階層的支持，成爲神道設教、穩定人心的重要力量，這是佛教發展有利的一面。陳桂市，〈《高僧傳》神僧研究〉（新竹：國立清華大學中國文學所博士論文，2007年），頁3。

〔註36〕據《魏書·釋老志》載北魏文成時，沙門曇曜建議設立「僧祇户」和「佛圖户」以爲興隆佛法之資。僧祇户是將某一郡的郡户規劃爲特定户，將所應納於國庫的稅收改納入僧曹，以備饑饉時供給寺院僧眾或貸予貧民之用。而佛圖户是將罪犯或奴婢集中於寺院管理，從事寺院清掃或田地耕作等，同時接受佛法的感化。僧祇户和佛圖户構成北魏寺院經濟的組成部分，爲佛教的發展提供了比較穩定的經濟來源。此外，政府還允許寺院從事資金出貸和田地出租的事業。魏航，〈試析南北朝帝王對佛教發展的影響〉，《中華文化論壇》，2004年第1期，頁143。

〔註37〕南北朝時期譯經受到國家重視，開始出現較大規模的譯經組織，使譯經事業更加蓬勃。譯經師大都來自印度，精通梵文，兼解漢文。譯出的經典主要有大小乘經論、大小乘禪經、密教經、律典等，內容廣泛，涉及印度佛教各個流派，特別是當時在印度盛行的大乘空、有兩大學說，直接促進當時佛學思潮的發展。此期因國家的重視與護持，在龐大譯經組織的優勢下，高僧雲集，共襄助譯，故能發展到有系統譯介佛經，分判不同宗論著作。

〔註38〕據《魏書·釋老志》載道武帝皇始年間（396～397），爲了便於管理，便以著名僧人法果爲道人統，建立了獨具特色的僧官系統，這也是明確載之於史籍，最早的中國僧官名稱。隨著北魏境內僧尼增多，事務繁雜，北魏先是立監福曹，又改爲昭玄寺（昭玄曹），備有官屬，以斷僧務。監福曹、昭玄寺是中央一級的僧務機構，道人統是其主官，並有屬官副職（統、都維那）輔助，也設功曹、主簿員。而在南朝最高的僧官職位是僧正，下設知事、僧錄等一系列的職位。有關南北朝僧官制度研究可參考謝重光，《中古佛教僧官制度和社會生活》，頁18～86。

〔註39〕如梁武帝親自撰寫〈斷酒肉文〉，制定了中國僧尼茹素的制度；北魏孝文帝下

主會改革僧團，如汰簡僧尼、限制造寺和控管寺院經濟。

5. 禮敬僧人：贈號、召請、讚頌、參與機要。

6. 其他：度僧、八關齋、受菩薩戒、迎佛像（物）、捨身侍佛。〔註 40〕

為方便觀察、探討起見，筆者依上述六項復製成表 2-2「南北朝君主奉佛事蹟比較歸納表」。（置於表 2-1 後）相較而言，南朝君主在致力與佛教相關的文化事業方面，比北朝君主顯著許多。而北朝君主則在大規模造像、〔註 41〕開鑿石窟的建築工程，以及完善僧官制度和以國家力量支持保障寺院經濟（指設立僧祇戶、佛圖戶）等方面，較南朝君主明顯。

整體而言，南北朝君主皆大力支持倡導佛教，君主的護持之功，可從當時寺院數量具體反映出來，在南朝，蕭梁有「寺二千八百四十六所，僧尼八萬二千七百餘人」；〔註 42〕而在北朝，至北魏末，「略而計之，僧尼大眾二百萬矣，其寺三萬有餘。」〔註 43〕從這些數據大抵可窺見佛教在南北朝興盛的狀況。此外，南北朝佛教的盛行亦可從當時文人學者所撰寫的反佛文章得見。梁武帝時，郭祖深批評佛教說：「都下佛寺五百餘所，窮極宏麗，僧尼十餘萬，資產豐沃，所在郡縣，不可勝言」；「比來慕法，普天信向，家家齋戒，人人懺禮，不務農桑，空談彼岸」。〔註 44〕荀濟更是上書激烈反對佛教曰：

> （僧）竊盜華典，傾奪朝權，凡有十等：一曰，營繕廣廈，僭擬皇居也。二曰，興建大室，莊飾胡像，僭比明堂宗祐也。三曰，廣譯妖言，勸行流布，轢帝王之詔敕也。四曰，交納泉布，賣天堂五福之虛果，奪大君之德賞也。五曰，豫徵收贖，免地獄六極之謬殃，奪人主之刑罰也。六曰，自稱三寶假託四依，坐傲君王，此取威之術也。七曰，多建寺像，廣度僧尼，此定霸之基也。八曰，三長六紀，四大法集，此別行正朔，密行徵發也。九曰，設樂以誘愚小，

令詔立〈僧制〉四十七條等。

〔註 40〕捨身入寺，虔心伺佛以梁武帝最為有名，此外陳武帝也曾在大莊嚴寺捨身、陳後主在弘法寺捨身。至於北魏獻文帝僅在位六年便傳位元於太子宏，然後在皇寺中專研佛典，一心奉佛，也是另類的捨身侍佛。

〔註 41〕就筆者蒐羅資料製表 2-1 所見，發現南朝君主興建寺廟（寺中自當有佛像），但鮮少有如北朝建造規模宏大壯觀的佛像。

〔註 42〕釋法琳，《辯正論》卷三，T52/2110，頁 503b。

〔註 43〕《魏書》卷一百一十四〈釋老志〉，頁 3048。

〔註 44〕〔唐〕李延壽，《南史》（臺北：鼎文，1978 年）卷七十〈循吏列傳·郭祖深傳〉，頁 1720～1721。

俳優以招遠會，陳佛土安樂，斥王化危苦，此變俗移風徵租稅也。十曰，法席聚會，邪謀變通，稱意贈金，毀破遭謗，此呂尚之六韜祕策也，凡此十事不容有一。萌兆微露即合誅夷，今乃恣意流行，排我王化方，又擊鴻鍾於高臺，期闕庭之箭漏，掛旛蓋於長刹，倣充庭之鹵簿，徵玉食以齋會，雜王公之享燕，唱高越之贊唄，象食舉之登歌。嘆功德，則比陳詞之祝史；受儭施，則等束帛之等差；設威儀，則效旌旂之文物。凡諸舉措，竊擬朝儀云云。〔註45〕

荀濟的上書可作爲南朝反佛教者的代表，犀利地指出當時佛教在社會、經濟、政治各方面造成的負面影響。而在北朝方面，魏收在《魏書．釋老志》中全文收錄神龜元年（518）冬季，北魏司空公．尚書令任城王澄一篇長奏文，將北魏後期佛教勢力發展的種種弊端加以揭露，〔註46〕而魏收在全篇之末則寫下一段令人深思的結語，其云：

自魏有天下，至於禪讓，佛經流通，大集中國，凡有四百一十五部，合一千九百一十九卷。正光已後，天下多虞，工役尤甚，於是所在編民，相與入道，假慕沙門，實避調役，猥濫之極，自中國之有佛法，未之有也。略而計之，僧尼大眾二百萬矣，其寺三萬有餘。流弊不歸，一至於此，識者所以歎息也。〔註47〕

無論是郭祖深、荀濟憂心忡忡對梁武帝上疏直諫，抑或魏收在〈釋老志〉文末語重心長的作結，其實都可視爲南北朝佛教極盛的反證。

〔註45〕釋道宣，《廣弘明集》卷七，T52/2103，頁130c。

〔註46〕任城王元澄是反對佞佛崇法者，其曾先後兩次上表反對崇佛，一次是因靈太后繕興佛寺齋會，費損庫藏；另一次是神龜元年（518）上奏禁私造寺廟。參見《魏書》卷一百一十四〈釋老志〉，頁3026～3027。北朝從國計民生，從人民利益著想來反對佛教者還有陽固上書宣武帝曰：「絕談虛窮微之論，簡桑門無用之費，以存元元之民，以救飢寒之苦。」見《魏書》卷七十二〈陽尼列傳附陽固傳〉，頁1604。又如張普惠諫靈太后崇法造寺曰：「殖不思之冥業，損亙費於生民。減祿削力，近供無事之僧；崇飾雲殿，遠邀未然之報。……愚謂從朝夕之因，求祇劫之果，未若先萬國之忻心以事其親，使天下和平，災害不生者也。伏願量撤僧寺不急之華，遣復百官久折之秩。已興之構，務從簡成；將來之造，權令停息。」《魏書》卷七十八〈張普惠列傳〉，頁1737。筆者按《魏書．張普惠列傳》曰：「任城王澄爲司空，表議書記，多出普惠。」見《魏書》，頁1730。故元澄反佛的文章或許是出自張普惠之手。

〔註47〕《魏書》卷一百一十四〈釋老志〉，頁3048。

表 2-1　南北朝君主奉佛之事蹟

北朝君主奉佛之事蹟		南朝君主奉佛之事蹟	
北魏道武帝	◎平中山，經略燕趙，所逕郡國佛寺，見諸沙門、道士，皆致精敬，禁軍旅無有所犯。帝好黃老，頗覽佛經。《魏書．釋老志》 ◎帝遣使致書僧朗，以繒、素、旃罽、銀鉢爲禮。《魏書．釋老志》 ◎稱僧朗：「德同海嶽，神算遐長」，希望僧朗「助威謀」，使道武帝能夠平定天下。《廣弘明集》卷二十八〈北代魏天子拓跋書〉 ◎天興元年下詔在京城建寺，使信眾有所居止，「始作五級浮圖、耆闍崛山及須彌殿，加以繢飾，別構講堂、禪堂及沙門座，莫不嚴具焉」《魏書．釋老志》 ◎皇始年中，詔沙門法果擔任僧官沙門統，綰攝僧徒。法果每與帝言，多所愜允，供施甚厚。法果每言道武帝明叡好道，即是當今如來，沙門宜應盡禮。《魏書．釋老志》	宋武帝	＊敬重慧嚴，伐長安之際，與同行。《高僧傳》卷七〈釋慧嚴傳〉 ＊設齋內殿，釋道照陳詞，帝稱善。《佛祖統紀》卷五十一〈君上奉法〉 ＊延請釋智嚴還都，禮事甚殷。《高僧傳》卷三〈釋智嚴傳〉 ＊迎金像，入台供養。《高僧傳》卷十三〈釋慧力傳〉 ＊留子鎮關中，請釋僧導時能顧懷。《高僧傳》卷七〈釋僧導傳〉 ＊禮敬天竺僧佛馱跋陀羅，隨帝至建康居於鬥場寺。《南朝佛寺志上．鬥場寺》 尊崇法恭。《高僧傳》卷十二〈釋法恭傳〉 ＊雅相敬異業首尼。《比丘尼傳》卷二第十七 ＊瓦官寺有釋法和爲帝所重，敕爲僧主。《高僧傳》卷七〈釋法和傳〉
北魏明元帝	◎好黃老，又崇佛法，京邑四方，建立圖像，仍令沙門敷導民俗。《魏書．釋老志》 ◎泰帝年間，贈沙門法果老壽將軍，另加沙門曇證老壽將軍之號。《魏書．釋老志》	宋文帝	＊蕭摹之上奉，請文帝限制建寺造像，文帝不許。《高僧傳》卷七〈釋慧嚴傳〉 ＊資給遣沙門道普西行尋經。《高僧傳》卷二〈曇無讖傳〉 ＊禮重竺道生。《高僧傳》卷七〈竺道生傳〉 ＊求那跋摩敕住祇洹寺，供給隆厚，開講法華。《高僧傳》卷三〈求那跋摩傳〉 ＊受菩薩戒。《高僧傳》卷三〈求那跋摩傳〉 ＊遣道祐廣興創建，安三法身舍
北魏太武帝	◎初即位，亦遵太祖、太宗之業，每引高德沙門，與其談論。於四月八日，輿諸佛像，行於廣衢，帝親御門樓，臨觀散花，以致禮敬。《魏書．釋老志》 ◎神䴥年間，詔北涼沮渠蒙		

	遜，送沙門曇摩讖詣京師，不至。《魏書·釋老志》 ◎太延中，涼州平，徙其國人於京邑，沙門佛事皆俱東，象教彌增矣。沙門眾多，詔罷年五十已下者《魏書·釋老志》◎禮敬僧人惠始。《魏書·釋老志》		利。《佛祖統紀》卷五十三〈鄮山舍利〉 ＊湘州銅鑄丈六金像，宋文帝爲造金薄圓光安置彭城寺，請釋宏充爲綱領。《高僧傳》卷十三〈釋僧亮傳〉 ＊延請崇敬求那跋陀羅，聽求那跋摩講華嚴十地品。《高僧傳》卷三〈求那跋陀羅傳〉、《佛祖統紀》
北魏文成帝	◎興安元年，詔復佛法，州郡聽建佛圖一區。《魏書·高宗本紀》 ◎以師賢道人統。詔有司爲石像，令如帝身。既成，顏上足下，各有黑石，冥同帝體上下黑子。《魏書·釋老志》 ◎興光元年秋，鑄釋迦像，各長一丈六尺，用赤金二萬五千斤。《魏書·高宗本紀》 ◎太安年間，師子國沙門，奉佛像至京師。《魏書·釋老志》 ◎和平初，以師禮奉沙門曇曜。採曇曜議於京城西武州塞，鑿山石壁，開窟五所，鐫建佛像各一。雕飾奇偉，冠於一世。《魏書·釋老志》 ◎採曇曜議設立「僧祇戶」、「佛圖戶」。曇曜與天竺沙門譯新經。《魏書·釋老志》 ◎即起塔寺，搜訪經典。(曇)曜於北臺石窟，集諸德僧，譯經。《續高僧傳》卷一〈釋曇曜傳〉	宋文帝	＊釋僧睿善三論爲帝所重。《高僧傳》卷七〈釋僧睿傳〉 ＊新亭寺設八關齋。《南朝佛寺志上·新亭寺》、《南史》卷二〈宋文帝本紀〉 ＊器重僧弼，每延講說。《高僧傳》卷七〈釋僧弼傳〉 ＊雅重慧琳，琳得參機要。《宋書》卷七十三〈顏延之傳〉 ＊爲僧慧覽造定林寺。《南朝佛寺志上·定林寺》、《高僧傳》卷十一〈釋慧覽傳〉 ＊迎請釋元暢爲太子師。《高僧傳》卷八〈釋元暢傳〉 ＊文帝在位，情好尤密，每見弘讚問佛法。……慧嚴死，下詔褒念。《高僧傳》卷七〈釋彗嚴傳〉 ＊少從受業首尼。《比丘尼傳》卷二第十七 ＊敕尼寶賢爲京邑僧正。《佛祖統紀》卷五十一〈僧職師號〉
北魏獻文帝	◎覽諸經論，好老莊。每引諸沙門及能談玄之士，與論理要。《魏書·釋老志》 ◎天安元年，起永寧寺，搆七級佛圖，高三百餘尺，又於天宮寺造釋迦立像，高四十三尺，用赤金十萬斤，黃金六百斤。《魏書·釋老志》	宋孝武帝	＊孝建元年，文帝諱日，群臣並於中興寺八關齋。《南史》卷七十〈袁粲傳〉 ＊孝武起新安寺，僚佐多儭錢帛。《南齊書》卷四十一〈張融傳〉 ＊以僧釋法穎爲都邑僧正。《高僧傳》卷十一〈釋法穎傳〉

	◎天安二年，行幸武州山石窟寺《魏書·顯祖本紀》 ◎皇興四年，幸鹿野苑、石窟寺《魏書，顯祖本紀》 ◎皇興中，構三級石佛圖，榱棟楣楹，上下重結，大小皆石，高十丈，鎭固巧密，爲京華壯觀。《魏書·釋老志》 ◎曇曜續鑿石窟。《續高僧傳》卷一〈釋曇曜傳〉		⁕深加敬異慧益，致問殷勤，益死，帝爲設會度人。《高僧傳》卷十二〈釋慧益傳〉 ⁕孝武寵姬殷貴妃薨，爲之立寺。《南史》卷七十八〈天竺國傳〉 ⁕雅重慧琳，引見常昇獨榻。《高僧傳》卷七〈釋慧琳傳〉 ⁕敕道溫爲都邑僧主。《高僧傳》卷七〈釋道溫傳〉 ⁕徵請僧導於中興寺，鑾輦降蹕，躬出候迎。《高僧傳》卷七〈釋僧導傳〉 ⁕敕僧汪爲中興寺主。《高僧傳》卷七〈釋道汪傳〉
北魏孝文帝	◎踐履初，建鹿野佛圖於苑中之西山，巖房禪堂，禪僧居其中。《魏書·釋老志》 ◎延興二年，詔沙門不得浮遊民間，無籍之僧，精加隱括。又詔造立圖寺，但不得費竭財產。另將東平郡佛像變成金銅色，普告天下。《魏書·釋老志》 ◎承明元年八月，於永寧寺，設太法供，度良家男女爲僧尼者百有餘人，帝爲剃髮，施以僧服，令修道戒，資福於顯祖。是月，又詔起建明寺。《魏書·釋老志》 ◎太和元年二月，幸永寧寺設齋，赦死罪囚。《魏書·釋老志》 ◎太和元年三月，幸永寧寺，設齋聽講，命中、秘二省與僧徒討論佛義，施僧衣服、寶器。建思遠寺。《魏書·釋老志》 ◎太和四年，春正月丁巳，罷畜鷹鷂之所，以其地爲報德佛寺。《魏書·釋老志》	宋孝武帝	⁕敕道猷爲新安寺主，召猷法師內殿說法，四月八日內殿灌佛齋僧。《高僧傳》卷七〈釋道猷傳〉 ⁕大明四年因異僧而將中興寺改爲天安寺。《宋書》卷九十七〈天竺迦毗黎國傳〉 ⁕敕僧璩爲中興寺僧正。《高僧傳》卷十一〈釋僧璩傳〉 ⁕敕僧瑾爲湘東王師。《高僧傳》卷七〈釋僧瑾傳〉 ⁕雅重釋僧鏡，敕出京師止定林下寺。《高僧傳》卷七〈釋僧鏡傳〉 ⁕聞僧瑜佛法，爲之改容，甚相敬重。《高僧傳》卷十二〈釋僧瑜傳〉 ⁕嘗謂徐爰曰：「卿著宋書，勿遺釋曇遷。」《高僧傳》卷十三〈釋曇遷傳〉 ⁕雅相敬待，並常資給寶賢尼、僧念尼。《比丘尼傳》卷二第二十一
	◎太和十年，冬，簡遣僧尼。《魏書·釋老志》	宋明帝	⁕前廢帝毀廢新亭寺，驅斥僧徒，下令修復。《南朝佛寺志上·新亭寺》

	◎太和十六年，詔以四月八日和七月十五日，聽度僧尼。《魏書．釋老志》 ◎太和十七年，詔立〈僧制〉四十七條。《魏書．釋老志》 ◎太和十九年四月，帝幸徐州白塔寺。《魏書．釋老志》 ◎沙門道登，雅有義業，善涅盤法華，為高祖眷賞，恆侍講論。曾於禁內與帝夜談。登卒，帝甚悼惜之，詔施帛一千匹，又設僧齋，並命京城七日行道。《魏書．釋老志》、《高僧傳》卷八〈釋道登傳〉 ◎北魏孝文，詔德法師一月三入殿說法。《佛祖統紀》卷五十一〈君上奉法〉 ◎太和二十一年，詔於僧羅什舊堂所，建三級浮圖。《魏書．釋老志》 ◎開鑿石窟。《續高僧傳》卷一〈釋曇曜傳〉		＊帝以故宅起湘宮室，費極奢侈。以孝武莊嚴寺刹七層，帝欲起十層。《南史》卷七十〈虞愿傳〉、《南朝佛寺志上．湘宮寺》 ＊助修禪林寺。《南朝佛寺志上．禪林寺》 ＊深相崇篤釋道猛，創寺於建陽門，敕猛為綱領。《高僧傳》卷七〈釋道猛傳〉 ＊敕請法瑗於湘宮寺開講，帝降蹕法筵。《高僧傳》卷八〈釋法瑗傳〉 ＊尊崇法恭。《高僧傳》卷十二〈釋法恭傳〉 ＊禮敬釋宏充。《高僧傳》卷八〈釋宏充傳〉 ＊敕釋僧覆為彭城寺主。《高僧傳》卷十三〈釋僧覆傳〉 ＊敕僧瑾為天下僧主。《高僧傳》卷七〈釋僧瑾傳〉 ＊敕晉熙王從僧璩請戒。《高僧傳》卷十一〈釋僧璩傳〉 ＊釋智藏代帝出家。《續高僧傳》卷五〈釋智藏傳〉
北魏 孝文帝	◎釋曇度從僧淵法師受成實論，精通此部獨步當時，魏主元宏聞風餐挹。遣使徵請。既達平城大開講席。宏致敬下筵親管理味。《高僧傳》卷八〈釋曇度傳〉 ◎西域沙門跋陀（又稱佛陀）禪師，有道業，深為高祖所敬信。詔於少室山陰，立少林寺而居之，公給衣供。《續高僧傳》卷十六〈佛陀傳〉	宋明帝	＊請釋慧隆於湘宮室開講，負帙問道八百餘人。《高僧傳》卷八〈釋慧隆傳〉 ＊聞釋曇光唱導敕賜三衣瓶缽。《高僧傳》卷十三〈釋曇光傳〉 ＊敕普賢寺主比丘尼寶賢任都邑僧正。《比丘尼傳》卷二第二十一 ＊命陸澄編纂佛經目錄。《南史》卷四十八〈陸澄傳〉
北魏 宣武帝	◎篤好佛理，每年常於禁中，親講經論，廣集名僧，標明義旨。《魏書．釋老志》 ◎景明初，於龍門為孝文帝和文昭皇太后營石窟二所《魏	齊高帝	＊躬自降禮諮訪僧遠。《高僧傳》卷八〈釋僧遠傳〉 ＊高帝嘗幸莊嚴寺，聽僧達講維摩經。《南史》卷三十一〈張緒傳〉

	書·世宗本紀》 ◎景明四年，夏四月，南天竺國獻辟支佛牙。《魏書·世宗本紀》 ◎正始中，（孫惠蔚）侍講禁內，夜論佛經，有慨帝旨」。《魏書·孫惠蔚列傳》 ◎永平年間，於各州郡諸寺設三綱（三官），以上座、寺主、維那等任之。監管僧祇粟。《魏書·釋老志》 ◎永平二年，世宗爲諸僧、朝臣講維摩詰經。另沙門統惠深，請定僧尼法禁。《魏書·世宗本紀》、《魏書·釋老志》 ◎永平三年，迎置玉像於報德寺。《魏書·釋老志》 ◎延昌年間，李瑒言佛爲鬼教，罰金一兩。《魏書·李瑒列傳》		⁎建元寺，齊高帝踐阼時所置，以建元名其寺焉。《南朝佛寺志下·建元寺》 ⁎敕法穎爲京邑僧主。《佛祖統紀》卷五十一〈僧職師號〉
北魏孝明帝	◎不親視朝，過崇佛法，郊廟之事，多委有司。《魏書·張普惠列傳》 ◎即位之初，詔遣沙門惠生出西域取經律。靈太后令僧尼不得私度，犯者以違旨論。另於城內起永寧寺，立高四十餘丈的佛圖。《魏書·釋老志》 ◎神龜元年，夏，詔爲胡國珍設齋。《魏書·肅宗紀》 ◎神龜二年，皇太后登佛圖，崔光上表切諫，不從。《魏書·肅宗本紀》 ◎魏孝明帝夙承僧稠之德，前後三召。稠拒之，帝許焉，乃就山送供。《續高僧傳》卷十六〈釋僧稠傳〉	齊武帝	⁎永明中，釋法獻被敕與長干元暢同爲寺主，分住南北兩岸。《高僧傳》卷十三〈釋法獻傳〉 ⁎親臨幸會枳園寺訪神僧。《高僧傳》卷十〈釋法匱傳〉 ⁎華林園受八關齋，帝不豫，詔諸沙門祈佛七日，天香滿殿。《佛祖統紀》卷五十一〈君上奉法〉 ⁎齊安寺爲帝舊宅，踐阼後遂捨爲寺。《南朝佛寺志下·齊安寺》 ⁎禪靈寺爲帝所造，施捨傾貲，並敕謝籥作碑文。《南齊書》卷四十三〈謝籥傳〉 ⁎敕請妙智尼講勝鬘淨名開題，及講，帝數親臨，詔問。《比丘尼傳》卷二第五

西魏 孝武帝	◎魏孝武永熙元年，僧稠既召不出。亦於尚書谷中爲立禪室，集徒供養。《續高僧傳》卷十六〈釋僧稠傳〉	梁武帝	＊受菩薩戒，捨道入佛，唯佛教是正道 ＊建寺、造像 ＊譯經、佛教類書、佛律的編撰 ＊設四部無遮會 ＊捨身同泰寺 ＊升法座講涅槃、般若等經 ＊爲佛經注疏 ＊設齋、度僧 ＊敕僧尼朝廷職官 ＊撰〈斷酒肉文〉，倡放生禁殺、迎佛物 ＊禮敬供養僧尼 ＊發動朝中王公大臣群起壓制范縝的〈神滅論〉 註：梁武帝奉佛之事蹟於《梁書》、《南史》、《高僧傳》、《續高僧傳》、《南朝佛寺志》、《佛祖統紀》……等多可見，因史料龐雜繁多，故不一一臚列。〔註 48〕
東魏 孝靜帝	◎元象元年，凡城中新立寺者，皆毀廢。乂詔地方牧守令長，凡地方建造佛寺者以不問財之所出，並計所營功庸，悉以枉法論。《魏書．釋老志》 ◎興和二年春，詔以鄴城舊宮爲天平寺。《魏書．釋老志》 ◎武定六年，集名僧於顯陽殿，講說佛經。《北齊書》卷二十四〈杜弼傳〉 ◎尊曇鸞爲「神鸞」，敕住並州大嚴寺。《續高僧傳》卷六〈釋曇鸞傳〉		
北齊 文宣帝	◎天保元年詔高僧法常入內講涅槃經，拜爲國師。《續高僧傳》卷十六〈釋法常傳〉 ◎天保元年，詔置昭玄十統，以沙門法上爲十統之首，稱爲昭玄大統，其餘九人稱通統，所轄僧尼計四百餘萬，咸稟風教，帝築壇具禮，尊爲國師，布髮於地，令上統踐之升座，后妃重臣皆受菩薩戒。《續高僧傳》卷八〈釋法上傳〉 ◎天保二年詔僧稠入內敬受禪道。因從受菩薩戒法。稠留禁中四十餘日。《續高僧傳》卷十六〈釋僧稠傳〉	梁簡文帝	＊撰《法寶連璧》。《梁書．簡文帝本紀》 ＊大寶元年四月八日。詔度人出家。親制願文云。弟子蕭綱以此建齋度人功德。《佛祖統紀》 ＊釋僧旻深通禪理，簡文作成實論義疏序。《南朝佛寺志．大莊嚴寺》 ＊有重修湘宮寺碑文。《南朝佛寺志上．湘宮寺》 ＊爲母造善覺寺。《南朝佛寺志下．善覺寺》 ＊建齋度人，親爲願文。《佛祖統紀》卷五十一〈君上奉法〉

〔註 48〕梁武帝是中國歷史上著名的佛教皇帝，顏尚文所撰的《梁武帝》可說是目前研究梁武帝蕭衍之奉佛事蹟、探討其宗教與政治結合政策較爲詳盡的作品，值得閱讀參考。顏尚文，《梁武帝》（臺北：東大，1999 年）。此外趙以武，《梁武帝及其時代》（江蘇：鳳凰出版社，2006 年）則詳細介紹梁武帝一生的成敗得失，並於第七、八章深入探討其捨道事佛的前因後果亦可參考。

	◎天保三年下敕於鄴城西南八十里龍山之陽，爲僧稠構精舍，名雲門寺，請以居之，兼爲石窟大寺主。《續高僧傳》卷十六〈釋僧稠傳〉		
北齊 文宣帝	◎爲僧達於林慮山黃華嶺下立洪谷寺。《續高僧傳》卷十六〈釋僧達傳〉 ◎今以國儲分爲三分。謂供國自用及以三寶。自爾徹情歸向通古無倫。佛化東流此焉盛矣。《續高僧傳》卷十六〈釋僧達傳〉 ◎任命釋洪遵爲斷事法門。《續高僧傳》卷二十一〈釋洪遵傳〉 ◎天保十年，帝幸遼陽甘露寺，禪居深觀。《北齊書·顯祖紀》、《佛祖統紀》卷五十一〈君上奉法〉 ◎開鑿北響堂山石窟。《續高僧傳》卷十六〈釋明芬傳〉	梁元帝	＊撰《內典博要》。《梁書·元帝本紀》 ＊沙門釋亡名事梁元帝，深見禮待，有製新文，帝多稱述。《續高僧傳》卷七〈釋亡名傳〉。 ＊爲釋僧旻製碑文。《續高僧傳》卷五〈釋僧旻傳〉。 ＊帝爲湘東王時，撰棲霞寺碑文。《南朝佛寺志下·棲霞寺》 ＊曾言：「余於諸僧重招琰法師，隱士重華陽陶貞白，士大夫重汝南周弘正」。《陳書》卷二十四〈周弘正傳〉
北齊 武成帝	◎大寧二年，夏五月，詔以城南雙堂閏位之苑，迴造大總持寺。秋八月，詔以三臺宮爲大興聖寺。《北齊書·世祖本紀》 ◎詔藏法師。赴太極殿講華嚴經。《佛祖統紀》	陳武帝	＊捨身莊嚴寺，設四部大會。《陳書》卷二〈高祖本紀〉、《續高僧傳》卷七〈釋慧布傳〉 ＊詔出佛牙於杜姥宅，帝率群臣親出禮拜。《南朝佛寺志下·慶雲寺》、《佛祖統紀》卷五十一〈君上奉法〉、〈屢朝拜佛〉 ＊釋慧乘預帝所設齋席，對御論義，詞辯絕倫，帝許之。《續高僧傳》二十四〈釋慧乘傳〉 ＊陳武好異前朝，廣流《大品》，尤敦三論。《續高僧傳》卷一〈釋法泰傳〉 ＊安廩到楊都，武帝敬供相接，後並請入內殿，長承戒範。《續高僧傳》卷七〈安廩傳〉 ＊召瓊法師於重雲殿講《大品般若經》。《續高僧傳》卷七〈釋寶瓊〉

北齊後主	◎天統二年，詔以三臺施興聖寺。《北齊書．後主本紀》 ◎天統三年，悉蠲諸寺雜戶，一准平人。《北齊書．後主本紀》 ◎天統五年，春正月，詔以金鳳等三臺未入寺者，施大興聖寺。夏四月，詔以并州尚書省爲大基聖寺，晉祠爲大崇皇寺。《北齊書．後主本紀》	陳文帝	＊敕寶瓊爲京邑大僧統。《續高僧傳》卷七〈釋寶瓊〉 ＊文帝度僧，便預比較，釋慧頵蒙敕度，令住同泰。《續高僧傳》卷四〈釋慧頵傳〉。
北周太祖	◎立大中興寺安輯僧尼，任命釋道臻爲魏國大統，大立科條，重興佛教。《續高僧傳》卷二十三〈釋道臻傳〉 ◎又任命釋曇延爲國統。《續高僧傳》卷八〈釋曇延傳〉 ◎尊釋僧實爲國三藏。《續高僧傳》卷十六〈釋僧實傳〉 ◎太祖雅好談論，並簡名僧深識玄宗者一百人，於第內講說。又命愼等十二人兼學佛義，使內外俱通。由是四方競爲大乘之學。《周書》卷三十五〈薛善附弟愼傳〉	陳宣帝	＊每年三信參勞釋慧思，供塡眾積，榮盛莫知。《續高僧傳》卷十七〈釋慧思傳〉。 ＊詔曰：「(智顗)禪師佛法雄傑，時匠所宗、訓兼道俗，國之望也。《續高僧傳》卷十七〈釋智顗傳〉 ＊敕釋曇瑗爲國之僧正。《續高僧傳》卷二十一〈釋曇瑗傳〉 ＊北迎釋靖嵩，弘法論義。《續高僧傳》卷七〈釋智嵩傳〉 ＊召恆法師爲七廟講《大品般若經》。《佛祖統紀》卷五十一〈君上奉法〉 ＊遙敬寶塔，度二七僧。《高僧傳》卷三〈求那跋摩傳〉
北周武帝	◎任命釋曇崇爲周國三藏，並任陟岵寺主。《續高僧傳》卷十七〈釋曇崇傳〉 ◎天和五年任命釋僧瑋爲安州三藏，綏理四眾。《續高僧傳》卷十六〈釋僧瑋傳〉	陳後主	＊自賣佛寺爲奴以禳之，於郭內大皇寺起七層塔《南史》卷十〈陳後主本紀〉 ＊召群臣於開善寺，敕張譏豎義，開講。《南史》卷三十三〈張譏傳〉 ＊邀弔恭禪師建立攝山栖霞寺，結淨練眾。陳主諸王並受其戒，奉之如佛。《續高僧傳》卷七〈釋慧布傳〉 ＊建仁王齋集，百師百坐，釋智琰折機縱難，後主欣賞，百辟嗟稱。《續高僧傳》卷十四〈釋慧琰傳〉

			＊倚重釋智顗，並幸寺修行大施，起拜殷勤，爲太子授菩薩戒。《續高僧傳》卷十七〈釋智顗傳〉 ＊迎慧成法師，賜所住名禪慧寺。《續高僧傳》卷十六 ＊後主在東宮，徐陵爲講大品，義學名僧，群集講筵。《陳書》卷二十六〈徐陵傳〉。 ＊敕惠恆爲京邑大僧正。《佛祖統紀》卷五十一〈僧職師號〉

備註：有關表 2-1「南北朝君主奉佛之事蹟」的製作，參考史料包括《宋書》、《南齊書》、《梁書》、《陳書》、《南史》、《魏書》、《北齊書》、《周書》、《北史》（以上皆使用臺灣鼎文書局新校標點本，1978 年版）。以及釋慧皎《高僧傳》；釋寶唱《比丘尼傳》；釋道宣《續高僧傳》；釋志磐《佛祖統紀》；孫文川《南朝佛寺志》。

表 2-2　南北朝君主奉佛事蹟比較歸納表

項　目		北　朝　君　主	南　朝　君　主
一、經濟提供	設齋	北魏孝文帝、北魏孝明帝	宋武帝、宋孝武帝、梁武帝、梁簡文帝、陳武帝
	供養僧尼	北魏道武帝、北魏孝文帝、北魏孝明帝、西魏孝武帝、東魏孝靜帝	宋武帝、宋文帝、宋孝武帝、梁武帝
	財物布施（包括捐施地宅）	北魏孝文帝、東魏孝靜帝	齊武帝、梁武帝
	制度化保障支持寺院經濟	北魏文成帝、北魏獻文帝、北魏孝文帝、北魏宣武帝、北魏孝明帝	
二、文化事業	召開法會	北魏孝文帝	梁武帝、陳武帝
	聽經問道	北魏道武帝、北魏獻文帝、北魏孝文帝、北魏宣武帝、東魏孝靜帝、北齊文宣帝、北周太祖	宋文帝、宋孝武帝、宋明帝、齊高帝、齊武帝、梁武帝、梁簡文帝、梁元帝、陳武帝、陳宣帝、陳後主
	親講經論	北魏宣武帝	梁武帝
	支持譯經	北魏文成帝	梁武帝
	撰佛教相關著述（例如：注疏、願文、懺文……等）		梁武帝、梁簡文帝、梁元帝、陳文帝、陳宣帝

	派遣沙門西行求法	北魏孝明帝	宋文帝
	命人編佛教類書、目錄		宋明帝、梁武帝
三、建築工程	造像 建寺 起塔	北魏道武帝、北魏明元帝、北魏文成帝、北魏獻文帝、北魏孝文帝、北魏孝明帝、東魏孝靜帝、北齊文宣帝、北齊武成帝、北齊後主	宋武帝、宋文帝、宋孝武帝、齊高帝、齊武帝、梁武帝、梁簡文帝、陳武帝
	開鑿石窟	北魏文成帝、北魏獻文帝、北魏孝文帝、北魏宣武帝、北魏孝明帝、北齊文宣帝	
四、強化管理	改革僧團（例如：汰簡僧尼、訂定僧制……等）	北魏太武帝、北魏孝文帝、北魏宣武帝、北魏孝明帝、北周太祖、北齊後主	宋武帝、宋文帝、宋孝武帝、齊武帝、梁武帝、陳宣帝、陳後主
	任命、完備僧官制度	北魏道武帝、北魏明元帝、北魏文成帝、北魏孝文帝、北魏宣武帝、北齊文宣帝	宋武帝、宋文帝、宋孝武帝、宋明帝、齊高帝、梁武帝、陳文帝、陳宣帝、陳後主
五、禮敬僧人	贈號尊崇	北魏明元帝、東魏孝靜帝、北齊文宣帝	宋孝武帝、宋明帝、齊高帝、齊武帝、梁武帝、陳武帝
	召請	北魏孝明帝、西魏孝武帝 北齊文宣帝	宋武帝、宋文帝、宋孝武帝、梁武帝
	讚頌	北魏道武帝、北魏孝文帝 北魏孝明帝	宋文帝、梁武帝、梁元帝、陳宣帝、陳後主
	參與機要		宋文帝
六、其他	度僧	北魏孝文帝	梁武帝、陳文帝
	八關齋		宋文帝、宋孝武帝、齊武帝
	受菩薩戒	北齊文宣帝	宋文帝、梁武帝、陳後主
	迎佛像（物）	北魏宣武帝	宋武帝、宋文帝、梁武帝、陳武帝
	捨身侍佛	北魏獻文帝	梁武帝、陳武帝、陳後主

第二節　佛教在南北朝發展的差異

一、信仰方式南北有異

南北朝時期，佛教在各帝王的支持、擁護下，寺院僧尼急遽增多，佛經翻譯更爲隆盛，大、小乘經論弘傳，學派紛立，是佛教在中國發展極爲快速的時期，且此時南朝、北朝因民族、政治、文化及地理環境的差異，對佛教的信仰需求有所不同，漸漸形成各自的特色。上節表 2-1「南北朝君主奉佛之事蹟」、表 2-2「南北朝君主奉佛事蹟比較歸納表」除了提供我們掌握當時佛教的盛行情況外，同時我們也能從中發現到佛教在南北朝發展的若干差異。

北朝民族性多質樸粗獷，加上戰亂頻繁，社會動盪不安，從而歸心佛教，尋覓心靈寄託，〔註 49〕由於冀能往生西方極樂淨土，以及末法思想盛行、僧人遊方教化，〔註 50〕加上某些佛教經典鼓勵造像，以及修行方法和儀式上的需要等因素，〔註 51〕促成了北朝人民對佛教的信仰偏重祈福行善，傾向以立寺、造像等具體可見的功德事業來表現奉佛，因此北朝寺院的數量遠勝南朝，且許多舉世聞名的石窟，如雲岡、龍門、響堂山等皆在北朝時開鑿，造像規模亦較南朝來得宏偉壯觀，如北魏文成帝「於京城西武州塞，鑿山石壁，開窟五所，鐫建佛像各一。高者七十尺，次六十尺，雕飾奇偉，冠於一世」〔註 52〕、孝明帝在洛陽城內「起永寧寺，靈太后親率百僚，表基立剎。佛圖九層，高四十餘丈，其諸費用，不可勝計」〔註 53〕。此外，表 2-1 中的北朝諸帝中，北魏獻文帝、孝文帝、宣武帝、北周太祖宇文泰、北齊文宣帝不僅聽僧說法，甚至能與僧徒談論佛義、親講經論。〔註 54〕不過其餘皇帝的佛學

〔註 49〕北朝的造像風氣爲何熾烈興盛，王昶在〈北朝造像總論〉文中認爲：此係由於自西晉以後戰亂連連，人民苦於干戈亂離，從而歸心佛教，傾力造像。見王昶，〈北朝造像總論〉，《金石萃編》收入《石刻史料新編》（臺北：新文豐，1977 年）第一輯卷三十九，頁 16～17。湯用彤引王昶之說以解釋北朝造像的盛行，見湯用彤，《漢魏兩晉南北朝佛教史》，頁 509～511。

〔註 50〕何亞宜認爲北魏太武與北周滅佛更促成末法觀盛行，人們基於佛法將滅的恐懼，多造佛像、營功德、做善事，是造成造像盛行的原因之一。此外僧人在地方社會宣揚佛法、參與指導造像，亦影響造像大興。參見何亞宜，〈中國中古佛教造像活動〉，頁 20～22。

〔註 51〕有別王昶、湯用彤從政治社會的外在因素觀察，劉淑芬則從佛典內部因素主張造像風氣蓬勃興盛是由於佛教經典的鼓勵造像，以及「觀佛」的修行方法和浴佛、行道等儀式需要所致。參見劉淑芬，〈五至六世紀華北鄉村的佛教信仰〉，《中央研究院歷史語言研究所集刊》1993 年 7 月，總第 63 本第 3 分，頁 501～506。

〔註 52〕《魏書》卷一百一十四〈釋老志〉，頁 3037。

〔註 53〕同上註，頁 3043。

〔註 54〕《魏書》載宣武帝：「篤好佛理，每年常於禁中，親講經論，廣集名僧，標明義旨。」《魏書》卷一百一十四〈釋老志〉，頁 3042。以及「帝於式乾殿爲諸僧、朝臣講《維摩詰經》。」《魏書》卷八〈宣宗本紀〉永平二年冬十月條，頁 209。

造詣則有限，其多著重於供養僧人、聽經禮佛、大規模開窟、建寺、造像等，不若南朝皇帝多喜聽經問道，廣開經筵，既可研讀又能親自注解佛經，或是撰寫願文、爲經疏作序等，佛學素養較深，且支持佛教相關文化事業，如譯經、編纂類書等，呈現了「南文北質」不同的文化氣息。

君主的奉佛行爲是社會整體民眾奉佛情形的縮影。北方由少數民族入主中原，使北方文化置於一種迥異於南方的特殊政治氛圍中，促成北方漢族士人治學仍多偏重儒學，社會實踐性強，重實務入世，強調力行與踐履而不務空言。南方占統治地位的文化是漢族文化，漢人悟性早啓，文化昌盛，士大夫文化素質足以使其開展學術性的文化研究，故思辨見長。因此，南朝王公名士承玄學、清談之風，雅好玄思，而皇帝也多喜問道，甚至有僧人預聞政治之事，〔註 55〕所需於佛教者，較之北朝傾向義學。〔註 56〕塚本善隆認爲在南方貴族的玄學清談社會所勃興的佛教，雖然相當盛大，但畢竟只是提供貴族生活所必要的教養知識的佛教，只是喜好貴族文化議論的佛教，它忘掉了實踐體悟，它沒有用方外的、個人的實踐體悟去教化山林清境的方外團體，或貴族社會的一部分，也沒有發展成實現於國家社會，和國民大眾一起實踐、體悟的佛教。北方佛教，不論是神仙道術式佛教，或是承認君主專制、依附國家權力弘法布教的道安和鳩摩羅什的佛教，都比江南方外的、貴族的、獨善的佛教更富現實性和社會性，具有廣濟眾生的實踐宗教的熱情。現存南北朝佛教徒的著作，大半出於南朝，南朝有關佛教教義的研究及佛教禮儀的創製都很興盛，但卻未曾出現過有號召力的實踐的宗教運動。如支遁和竺道潛等依附於江南門閥，甘爲其方外清談生活的師友，享受悠哉的生活，而道安卻常處在有生命危險的地方，不得不爲自己和門徒的生存奮鬥，時刻不忘實踐求道與弘法。〔註 57〕塚本善隆之說眼光獨到，有其洞見之功。這樣的分析

〔註 55〕《宋書》載：「時沙門釋慧琳，以才學爲太祖所賞愛，每召見，常升獨榻。」〔南朝梁〕沈約，《宋書》（臺北：鼎文，1978 年）卷七十三〈顏延之列傳〉，頁 1902。宋文帝寵信慧琳，使其與聞政治，「元嘉中，遂參權要，朝廷大事皆與議焉。賓客輻湊，門車常有數十兩。四方贈賂相系，勢傾一時。方筵七八，座上恒滿。琳著高屐，披貂裘，置通呈書佐，權侔宰輔。會稽孔覬嘗詣之，遇賓客塡咽，暄涼而已。覬慨然曰：『遂有黑衣宰相，可謂冠屐失所矣。』慧琳受帝王恩寵，時人稱爲「黑衣宰相」。分見《高僧傳》卷七〈釋道淵傳附慧琳傳〉，頁 268、《南史》卷七十八〈夷貊列傳上附釋慧琳傳〉，頁 1964。

〔註 56〕「義學」乃在探究經文背後之「義理」。「義理」乃經文底層的意義眞理，其具有超越表面文字的抽象性，並可令文句間建立更密切的組織性及邏輯性。

〔註 57〕參見塚本善隆，〈魏晉佛教的展開〉，收入許洋主等譯，劉俊文主編，《日本學

不僅適用東晉和五胡十六國時期，也能說明南北朝時期僧人在實踐宗教的方式上存在著南、北差異。

由於南、北環境不同，文化風尚殊異，爲成功護教弘法，僧人必須因地制宜。以是之故，南朝僧人多爲義學僧人，名僧與名士交遊甚密，蔚爲風尚，不論是由北而南的道安、慧遠諸輩，抑或世居南方的梁代三大法師僧旻、法雲、智藏等人，在南方玄風相煽的學術文化氛圍裡，自然以義學相尚，「孜孜爲道，務在弘法」。〔註 58〕不同於與南朝佛教重視義學，北朝的佛教則是注重禪定修行，上至統治者的態度，下至社會風氣皆如此。〔註 59〕湯用彤指出北方禪法偏盛，影響之一便是「北土佛徒深怵於因果報應之威，汲汲於福田利益之舉。塔寺遍地，造像成林，不問其財帛之來源，而大作功德。不知檀密之義，而僅知布施。」〔註 60〕重視禪法也呈現在北朝僧官的選任。《魏

者研究中國史論著選譯．思想宗教卷》，頁 235～247。

〔註 58〕湯用彤，《漢魏兩晉南北朝佛教史》云：「慧遠雖遁跡廬山，而孜孜爲道，務在弘法。」見湯用彤，《漢魏兩晉南北朝佛教史》，頁 357。

〔註 59〕楊衒之《洛陽伽藍記》卷二「崇眞寺條」記載：「比丘惠凝，死經七日還活。經閻羅王檢閱，以錯召放免，惠凝具說：『過去之時，有五比丘同閱。一比丘云是寶明寺智聖，坐禪苦行，得升天堂。有一比丘是般若寺道品，以誦四十卷《涅槃》，亦升天堂。有一比丘云是融覺寺曇謨最，講《涅槃》、《華嚴》，領從千人。』閻羅王曰：『講經者心懷彼我，以驕淩物，比丘中第一粗行。今唯試坐禪、誦經，不問講經。』其曇謨最曰：『貧道立身以來，唯好講經，實不闇誦。』閻羅王敕付司，即有青衣十人，送曇謨最向西北門，屋舍皆黑，似非好處。有一比丘云是禪林寺道弘，自云：『教化四輩檀越，造一切經，人中金象十軀。』閻羅王曰：『沙門之體，必須攝心守道，志在禪誦，不幹世事，不作有爲。雖造作經像，正欲得它人財物；既得它物，貪心即起，既懷貪心，便是三毒不除，具足煩惱。』亦付司，仍與曇謨最同入黑門。有一比丘云是靈覺寺寶眞，自云：『出家之前，嘗作隴西太守，造靈覺寺。寺成，即棄官入道。雖不禪誦，禮拜不缺。』閻羅王曰：『卿作太守之日，曲理枉法，劫奪民財，假作此寺，非卿之力，何勞說此！』亦付司，青衣送入黑門。時太后聞之，遣黃門侍郎徐紇依惠凝所說，即訪寶明寺。城東有寶明寺，城內有般若寺，城西有融覺、禪林、靈覺等三寺。問智聖、道品、曇謨最、道弘、寶明等，皆實有之。議曰：『人死有罪福。即請坐禪僧一百人，常在殿內供養之。』詔：「不聽持經像沿路乞索，若私有財物，造經像者任意。』凝亦入白鹿山，隱居修道。自此以後，京邑比丘皆事禪誦，不復以講經爲意。」（北魏）楊衒之撰，周祖謨校釋，《洛陽伽藍記校釋》（北京：中華書局，2010 年 9 月重印）卷二「崇眞寺條」，頁 59～62。這個故事雖屬杜撰，卻能反映當時統治者注重坐禪誦經，不喜講經論法，以及揭露出當時北方大量造作佛寺經像，廣營佈施、貪斂財物的社會風氣。

〔註 60〕湯用彤，《漢魏兩晉南北朝佛教史》，頁 797。

書・釋老志》所記載的北魏歷屆最高僧官，如最初的道人統法果，以「誠行精至」〔註61〕聞名，而「沙門道順、惠覺、僧意、惠紀、僧范、道弁、惠度、智誕、僧顯、僧義、僧利」等則是「以義行知重」、〔註62〕或因「深敏潛明，道心清亮」〔註63〕受到肯定，其皆偏於禪定修行、興福造寺的禪僧，並非以義學見稱的僧人。乃至孝文帝和孝明帝在位時沙簡僧人、整頓教團的標準是以僧人是否「道行精勤」，〔註 64〕衡量其實踐修行的專心勤勉程度，而非其對佛經義理研究參悟的深淺。此外，「佛淪廢終帝世，積七八年。然禁稍寬弛，篤信之家，得密奉事，沙門專至者，猶竊法服誦習焉。」〔註65〕當太武帝禁佛之令稍加寬弛後，沙門復能從事佛教活動者，仍專以「法服誦習」爲主。可見北朝佛教風氣的確側重禪法，重視誦經。

湯用彤在〈隋唐佛學之特點〉一文中指出爲因應南、北的文化環境特性、文化意識強弱，乃漸形成各自特色：

> 漢朝的佛教勢力很小，到了魏晉南北朝雖然日趨興盛，但是南北漸趨分化。南方的文化思想以魏晉以來的玄學最占優勢，北方則多承襲漢朝陰陽、讖緯的學問。……佛學當時在南北兩方，因受所在地文化環境的影響，也表現同樣的情形。北方佛教重行爲，修行、坐禪、造像。北方因爲重行爲信仰，所以北方佛教的中心勢力在平民。北方人不相信佛教者，其態度也不同，多是直接反對，在行爲上表現出來。……南方佛教著重它的玄理，表現在清談上，中心勢力在士大夫中，其反對佛學不過是理論上的討論，不像北方的殺和尚、毀廟會那樣激烈。並且南方人的文化意識和民族意識也不如北方那樣的強，對外來學問採容納同化的態度，認爲佛教學理和固有的玄學理論並沒有根本不同之處。換言之，南方佛學乃士大夫所能欣賞

〔註61〕《魏書》卷一百一十四〈釋老志〉，頁 3030。

〔註62〕同上註，頁 3040。

〔註63〕孝文帝對僧顯的讚語，見釋道宣，《廣弘明集》卷二十四，T52/2103，頁 272c。

〔註64〕《魏書・釋老志》載：「孝文帝太和十年冬，有司又奏：『前被敕以勒籍之初，愚民僥倖，假稱入道，以避輸課，其無籍僧尼罷遣還俗。重被旨，所檢僧尼，寺主、維那當寺隱審。其有道行精勤者，聽仍在道；爲行凡粗者，有籍無籍，悉罷歸齊民。』又載「孝明帝熙平二年春，靈太后令曰：『年常度僧，依限大州應百人者，州郡於前十日解送三百人，其中州二百人，小州一百人。州統、維那與官及精練簡取充數。若無精行，不得濫采。』」《魏書》卷一百一十四〈釋老志〉，分見頁 3039、3042。

〔註65〕同上註，頁 3035。

者，而北方的佛學則深入民間、著重儀式，所以其重心爲宗教信仰。〔註66〕

就整體風格而言，佛教在南朝、北朝的發展各異其趣，有所謂「南統」與「北統」之分，及「南義」、「北禪」之別。表現在禪法上，南方看重思維形式之探討，頓漸之爭聚訟紛紜；北方則盛行「像教」，坐禪篤信而少涉足頓漸之訟。釋家在南朝士人中爲學問，談論相高；在北朝士人中屬宗教，重在戒行。〔註67〕誠如湯用彤所指出北朝佛教的特點在於側重實踐修行，而非空談理論，因此表現於外的宗教行爲便是大規模的立寺、造像。據《洛陽伽藍記》所述，在晉永嘉時期洛陽只有四十二所寺廟，但到北魏末期洛陽城內外的寺廟便高達一千餘寺，且「逮皇魏受圖，光宅嵩洛，篤信彌繁，法教逾盛。王侯貴臣，棄象馬如脫屣；庶士豪家，捨資財若遺跡。」〔註68〕可見從王侯貴臣到一般民眾皆投入大量的錢財與心力於宗教活動。在皇室的主導下，雲岡、龍門兩處石窟前後的開鑿，帶動了全民造像風氣，佐藤智水認爲北朝造像之盛是源於民眾對佛教強大法力的信賴，對民眾而言，建造佛像是一種積善行爲；所謂造像，就是通過塑造佛的眞容，附加因果報應的意義祈禱誓願實現。要之，北朝造像之盛乃源於對佛教的神奇功能的信賴。〔註69〕上行下效、朝野風靡造像活動，同時伴有造像題記產生，目前傳世的許多南北朝的造像記以北朝居多，〔註70〕也充分顯露北朝重視以具體可見的功德事業來表達宗教的虔誠。

〔註66〕見湯用彤，〈隋唐佛學之特點〉，收入《隋唐佛教史稿》，頁253～254。

〔註67〕孔定方，〈南北朝宗教文化之地域分野〉，《中州學刊》1998年第1期，頁127。

〔註68〕楊衒之撰，周祖謨校釋，《洛陽伽藍記校釋·序》，頁22～23。

〔註69〕佐藤智水，〈北朝造像銘考〉，收入許洋主等譯，劉俊文主編，《日本中青年學者論中國史·六朝隋唐卷》，頁85～87。

〔註70〕南方造像行爲不如北方上行下效、朝野風靡，大抵因南方石材難尋，且南方帝王師以興建規模宏偉的寺塔爲功德，至於寺院中供養的佛像則以泥塑夾紵、金、銅爲主，流傳至今的南方造像記爲數不多。參見馬世長、丁明夷，《中國佛教石窟考古概要》（北京：文物出版社，2009年），頁271～272。何亞宜則認爲南方亦重視造像。何氏從佛像佈置的功能研究，認爲北朝造像位於大道通衢或石龕，乃爲求功德而要刻記留世；而南方多將佛像置於寺院或家中，功能以燒香禮拜爲主，並非刊刻記銘留世之用，且北方較南方乾燥，較易保存石刻與金屬，南方佛像的材質以金屬爲主，兼有錢幣等金屬他途，易被銷毀另用（如會昌滅佛將士庶家中佛像送往官府鎔鑄）故南方造像史料留存少。參見何亞宜，〈中國中古佛教造像活動〉，頁60～62。

二、如來皇帝與皇帝菩薩

南北朝是佛教在中國立足發展的關鍵期，出現許多護持佛教、尊崇佛教，甚至是藉由佛教來鞏固其統治基礎的君主，遂令佛教依附政權以發展成爲這個時代的特色。相對於南朝，北朝君權較強而有力，使得佛教不得不緊緊依靠世俗的君權。北朝僧人多主動依附君權，此與南朝僧人爲堅持佛教的特殊禮儀及教權的相對獨立性，而多與君權相抗衡是大異其趣的。《魏書・釋老志》載：「法果每言，太祖明叡好道，即是當今如來，沙門宜應盡禮，遂常致拜。謂人曰：『能鴻道者，人主也；我非拜天子，乃是禮佛耳。』」〔註 71〕這顯然是遵循道安所說的「今遭凶年，不依國主，則法事難立」〔註 72〕的辦法。而在南方，君權不如北方強盛專制，佛教在士族的支持下，具有相對的獨立性。因此自東晉慧遠開始，南朝僧人就不屈不撓地堅持沙門不敬王者的傳統，主張沙門既已出家，便爲世外之人，不應以世俗的禮法來要求。再者，南朝梁武帝想自爲「白衣僧正」卻受到智藏的堅決反對而作罷，〔註 73〕並歷經多方努力才勉強說服僧人，推動僧尼茹素的制度；〔註 74〕但是北方僧人卻較易服從於君主主導下制定的規範，如北魏孝文帝御制的〈僧制〉四十七條；以及沙門統惠深制定了一系列限制沙門日常行事和宗教活動的條文，以配合宣武帝整頓僧團的工作。〔註 75〕質言之，北朝的國家政權對佛教的控制較南朝強烈。古正美認爲中國中世佛教發展，與帝王使用「佛教意識形態治國」的活

〔註 71〕《魏書》卷一百一十四〈釋老志〉，頁 3031。筆者按，《魏書》於此句下曰「法果四十，始爲沙門」。法果四十歲才出家爲僧，意謂他在人情世故有一定的歷練，對世俗政治的感受應較深刻。因此法果說出「能鴻道者，人主也」，又稱太祖爲「當今如來」，不難看出法果飽經世故，處世經驗豐富，爲人有圓融通達之處。因此，法果的言論是否出自對北魏太祖信仰佛教，「明叡好道」的由衷肯定，筆者存疑。不過，法果之言對後來北朝政教關係影響甚遠，卻是不爭的事實。

〔註 72〕釋慧皎撰，《高僧傳》卷五〈釋道安傳〉，頁 178。

〔註 73〕智藏認爲「佛法大海非俗人所知」，公然表示反對梁武帝想自任爲「白衣僧正」領導僧團。有關白衣僧正論爭請參考釋道宣，《續高僧傳》卷五〈釋智藏傳〉，頁 145。

〔註 74〕參見顏尚文從梁武帝〈斷酒肉文〉爲背景探討所撰寫的〈梁武帝的君權思想與菩薩性格初探〉一文，收入於氏著，《中國中古佛教史論》，頁 119～170。

〔註 75〕南朝、北朝皆各自有僧官制度，然北朝僧團較龐大，使其僧官制度較南朝更加組織嚴密，職權分明，而且北朝君主對僧官制度的調整和強化亦較南朝頻繁、顯著。參見謝重光，《中古佛教僧官制度和社會生活》，頁 18～37、51～86。

動有密切的關聯。〔註 76〕受古氏理論之啓發，在此節，筆者試從政權與教權的關係著眼，再進一步探析佛教在南北朝發展的情形。

（一）北朝如來皇帝實行政教合一

永嘉之亂後，南、北兩地的佛教因現實環境與條件的不同，開始出現較大差異的發展。北方胡族的統治者，為了懷柔胡漢民族的衝突，緩解長年爭戰下的亂世人心，遂借助中國人眼中所謂「戎神」的佛教來維繫政權和恢復秩序，藉由宗教信仰來鞏固自己的政權。因此聽任佛教在其民間社會中自由流傳，甚至有些統治者本身扮演護持佛教事業的角色。所以佛教的教團勢力對統治者來說，一方面可拉攏之，做為統治的後盾，另一方面又可藉由已經蓬勃興盛的佛教力量，達成籠絡人心、安定社會的重要目的。

五胡諸國君主，已多信奉佛教，與高僧互動密切，如後趙、前秦、後秦、北涼等。後趙時期，「百姓因澄故多奉佛，皆營造寺廟，相競出家，眞僞混淆」，〔註 77〕石虎下詔中書省詳議其事。當時中書著作郎王度、中書令王波奏陳曰：「佛出西域，外國之神，功不施民，非天子諸華所應祠奉。」〔註 78〕並指出漢、魏以來只許西域人在首都建寺、奉佛，不許漢人出家，今趙承漢、魏，應該禁止趙人詣寺燒香禮拜。石虎卻認為：

> 朕生自邊壤，忝當期運，君臨諸夏。至於饗祀，應兼從本俗。佛是戎神，正所應奉。夫制由上行，永世作則，苟事無虧，何拘前代。其夷趙百蠻，有捨其淫祀，樂事佛者，悉聽為道。〔註 79〕

石虎原即尊崇龜茲僧人佛圖澄，對佛教的態度自然友善，但其中亦出自政治

〔註 76〕古正美將不同歷史時期的大乘佛教經典，作為一種記錄歷史的材料，從而解讀歷史上帝王發展佛教意識形態治國時的教化內容和方法，得出其發展模式的演變過程。古正美認為阿育王是最早將大乘佛教作為治國理念，形成了以佛教轉輪王為中心的模式，並有一套中央與地方的施行內容與方法，例如翻譯經典、剃度僧人、提倡彌勒信仰、建造塔寺及開窟造像等。故阿育王乃是歷史上首位奠立及使用佛教意識形態治國的君主。隨著佛教向外傳播，這套佛教意識形態治國的理論也廣泛影響到每個信仰大乘佛教的地區。參見古正美，《貴霜佛教政治傳統與大乘佛教》（臺北：允晨文化實業股份有限公司，1993）。古正美沿續佛教治國意識形態的觀點，考察了中國中世利用佛教意識形態治國的不同發展模式，分析了從天王模式向佛王模式轉變的歷史過程，另出版《從天王傳統到佛王傳統——中國中世佛教治國意識形態研究》（臺北：商周出版，2003 年）一書。

〔註 77〕《晉書》卷九十五〈藝術列傳・佛圖澄傳〉，頁 2487。

〔註 78〕釋慧皎撰，湯用彤校注，《高僧傳》卷九〈佛圖澄傳〉，頁 352。

〔註 79〕同上註。

的考量。他自豪於君臨諸夏，反對王度等人以華夏爲正統文化的觀點。佛既是戎神，當時又已流行民間，正可作爲結合胡人和漢民，共載胡人君王的宗教信仰。後趙石虎於其攝政的第三年（336）決定「去皇帝號」，做「大趙天王」，以佛教意識形態治國之後，中國北方的少數民族統治者，很多都步石虎的後塵使用天王制，以佛教意識形態治國，〔註 80〕例如後秦姚興、〔註 81〕北涼沮渠蒙遜等。〔註 82〕而爲了在亂世中順利護教弘法，僧人亦謀求政治力量的支持，故道安曰：「今遭凶年，不依國主，則法事難立」；〔註 83〕僧肇對姚興讚美道：「叡哲欽明，道與神會，妙契環中，理無不曉，故能遊刃萬機，弘道終日」，〔註 84〕視篤信佛教的姚興爲能領會佛理，弘道終日的聖君。這種佛教結合政治，使佛教輔翼王政的方式，影響了後來的北朝統治者。

據《魏書．釋老志》載，拓拔氏原先建國於漠北，對佛教所知甚少。西元 386 年，道武帝拓跋珪稱王，經略燕、趙，大批佛教信徒納入其統治。道武帝善於運用征服地區原有的制度文化與宗教。他一方面接受儒教，如立學校、安撫博士與儒生，用漢人爲官，採官僚體制；另一方面對於民間流行的佛教也十分重視。西元 398 年，道武帝建都平城時，便下令在城內興建佛寺，

〔註 80〕古正美在〈東南亞的「天王傳統」與後趙石虎時代的「天王傳統」〉一文中主張石勒使用「天王號」不久，因群臣的建議而改做「中國皇帝」，行天王制的時間約僅九個月，較無特別建樹。相對來說，石虎採用佛教意識形態治國較爲長久且明顯，例如石虎用九龍灌頂的儀式登轉輪王之位，及爲傳播佛教，有一系列的教化行動，如剃度僧人、用特定的傳教方法「格義」法傳教、建造塔寺及造像活動，還有提倡彌勒信仰等。參見古正美，《從天王傳統到佛王傳統——中國中世佛教治國意識形態研究》第二章〈東南亞的「天王傳統」與後趙石虎時代的「天王傳統」〉，頁 65～103。

〔註 81〕周伯戡參照 400 年左右佛教在中國所流行的教義與神話，佛教文獻對姚興的記載，及佛教文化圈內的君主觀，指出姚興稱天王乃是受佛教帝釋的啓發，其統治行爲也與佛教帝釋觀吻合。
見周伯戡，〈姚興與佛教天王〉，《臺大歷史學報》2002 年 12 月總第 30 期，頁 207～242。

〔註 82〕古正美認爲北涼沮渠蒙遜重用曇無讖所發展的佛教，是具有技術性及組織性的佛教，是後貴霜王在犍陀羅及罽賓地區發展佛教意識形態時，所使用的佛教信仰及造像模式。這種模式的運用，包括翻譯經典、剃度僧人、提倡彌勒信仰、建造塔寺及開窟造像這些技術性的活動。古正美進一步指出，太武帝積極想獲得曇無讖便是因爲企圖在北魏發展北涼的佛教教化模式。參見古正美，〈北涼佛教與北魏太武帝的佛教意識形態發展歷程〉，收入於氏著，《從天王傳統到佛王傳統——中國中世佛教治國意識形態研究》，頁 105～153。

〔註 83〕釋慧皎撰，湯用彤校注，《高僧傳》卷五〈釋道安傳〉，頁 178。

〔註 84〕同上註，卷六〈釋僧肇傳〉，頁 251～252。

並任命高僧法果爲道人統，統攝僧徒，這是北魏中央任命的第一位僧官。法果則稱道武帝爲當今如來，沙門禮拜皇帝便如同禮佛，遂使皇帝不僅取得了「當今如來」的尊號，並使他的地位提升至胡漢共戴的「佛王」。〔註85〕繼任的明元帝於「京邑四方，建立圖像，仍令沙門敷導民俗」，〔註86〕陳華認爲從明元帝的舉措可見官修之佛寺已從中央延伸到地方，而明令以沙門敷導民俗，有賴於地方僧侶或遊方僧，可見由帝王至僧官、僧侶之支使運用已有加強，更重要的意義是帝王詔令以佛法教化民眾。〔註87〕下至太武帝，是佛教在北魏發展的一大重挫，有關太武帝的毀佛，歷來學者討論甚多，言之已審，恐其橫生枝節，喧賓奪主，故此處不再贅述，僅就與本文相關部分，略陳管見。

太武帝即位之初，對佛教的態度是秉遵太祖、太宗之業，故也「引高德沙門，與其談論。於四月八日，輿諸佛像，行於廣衢，帝親御門樓，臨觀散花，以致禮敬。」〔註88〕但從其「銳志武功，每以平定禍亂爲先，雖歸宗佛法，敬重沙門，而未存覽經教，深求緣報之意。」〔註89〕可知太武帝對宗教的態度應是務實取向，意即他是以軍國大業爲重，對佛教深意並未探索。古正美認爲太武帝之所以平北涼欲取曇無讖，乃是想借重曇無讖輔佐沮渠蒙遜以佛教意識形態治國的模式來實現佛王治理天下的計畫，〔註90〕筆者以爲這可以說明部分原因，但是不能涵括解釋全部原因。一個人的心理、人格特質反映在行爲往往有一貫的模式，從太武帝器重崔浩的善陰陽術數，每每向他諮詢軍國大事，〔註91〕以及太武帝重視自太上老君傳授服氣導引，辟穀長仙

〔註85〕陳華，〈王政與佛法——北朝至隋代帝王統治與彌勒信仰〉，《東方宗教研究》1988年第2期，頁54。

〔註86〕《魏書》卷一百一十四〈釋老志〉，頁3030。

〔註87〕陳華，〈王政與佛法——北朝至隋代帝王統治與彌勒信仰〉，《東方宗教研究》1988年第2期，頁54～55。

〔註88〕《魏書》卷一百一十四〈釋老志〉，頁3032。

〔註89〕同上註，頁3033。

〔註90〕參見古正美，〈北涼佛教與北魏太武帝的佛教意識形態發展歷程〉，收入氏著，《從天王傳統到佛王傳統——中國中世佛教治國意識形態研究》，頁105～153。

〔註91〕《魏書》載：崔浩「少好文學，博覽經史。玄象陰陽，百家之言，無不關綜，研精義理，時人莫及」、「太宗（明元帝）好陰陽術數，聞浩說易及洪範五行，善之，因命浩筮吉凶，參觀天文，考定疑惑。浩綜覈天人之際，舉其綱紀，諸所處決，多有應驗，恒與軍國大謀，甚爲寵密。」見《魏書》卷三十五〈崔浩列傳〉，頁807。至太武帝時，「浩明識天文，好觀星變。常置金銀銅鋌於酢器中，令青，夜有所見即以鋌畫紙作字以記其異。世祖每幸浩第，多問以異

之術，並和群仙結為徒友的寇謙之〔註 92〕來觀察，其實太武帝和沮渠蒙遜爭奪曇無讖，應是由於曇無讖「明解呪術所向皆驗，西域號為大呪師」。〔註 93〕當一心「銳志武功」的太武帝遇到國有大疑不決時，無論是崔浩、寇謙之抑或曇無讖，他們都具有徵驗的能力為太武帝提供意見，作為參考。因此太武帝理應不會有古正美所謂「佛教意識形態治國」的強烈觀念與貫徹決心。太武帝著眼於宗教者殆從實用功能出發，眩於長生仙化之法，〔註 94〕以及佛教盛行導致「政教不行，禮義大壞，鬼道熾盛，視王者之法，蔑如也」，〔註 95〕嚴重危及帝王的統治，故而尊道棄佛，甚至全面禁廢佛教。

興安元年（452），文成帝即位，下令復興佛教。為了避免復佛的舉措汙損前帝之名，因此復佛詔書先表明：「釋迦如來功濟大千，惠流塵境」有助王政，故「前代已來，莫不崇尚」，〔註 96〕接著解釋太武帝毀佛的原因云：「夫山海之深，怪物多有，姦淫之徒，得容假託，講寺之中，致有凶黨。是以先朝因其瑕釁，戮其有罪。有司失旨，一切禁斷」，〔註 97〕將毀佛歸罪於凶黨之瑕釁與有司之失旨。配合文成帝復佛的同時，即「詔有司，為石像，令如帝身」。〔註 98〕石像完成後，「顏上、足下各有黑石，冥同帝體上下黑子，論者以為純誠所感」。〔註 99〕興光元年（454）文成帝又在首都平城的五級大寺中，「為太祖（道武帝）已下五帝鑄釋迦立像五，各長一丈六尺，都用赤金二萬五千斤」，〔註 100〕在天下解禁，紛紛重塑佛像之際，這些或帶有「神蹟」的石像，或壯觀華麗的金像，可視作文成帝有意將過去以來「帝王即如來」的觀念落實。〔註 101〕筆者認為帝身猶如來，使後人不敢毀損，復佛的背後，

事」，並且崔浩屢次力排眾議，根據星象和人事判斷時機，使太武帝得以成功擊滅胡夏、北涼，進擊柔然，崔浩在天文、陰陽術數的長才使太武帝多所器重，敕諸尚書曰：「凡軍國大計，卿等所不能決，皆先諮浩，然後施行。」參見《魏書》卷三十五〈崔浩列傳〉，頁 818～819。

〔註 92〕參見《魏書》卷一百一十四〈釋老志〉，頁 3052～3053。

〔註 93〕釋慧皎撰，湯用彤校注，《高僧傳》卷二〈曇無讖傳〉，頁 76。

〔註 94〕《魏書．釋老志》載：「及得寇謙之道，（太武）帝以清淨無為，有仙化之證，遂信行其術。」見《魏書》卷一百一十四〈釋老志〉，頁 3033。

〔註 95〕同上註，頁 3034。

〔註 96〕同上註，頁 3035～3036。

〔註 97〕同上註，頁 3036。

〔註 98〕同上註。

〔註 99〕同上註。

〔註 100〕同上註。

〔註 101〕楊秀麗認為文成帝為了避免復佛的舉措汙損前帝，遂將過去以來「帝王即如來」

實則包括文成帝的即位經歷導致他必須極力鞏固政權，〔註 102〕以致需要強調帝王與佛法的結合。從這樣的角度思考，便可以瞭解爲何在文成帝的復佛詔令中，明顯地表示帝王對僧團與佛寺的限制。例如只許良家出身，性行素篤者出家；人數爲大州五十，小州四十。各州郡縣人口稠密處又僅准建佛寺一所。〔註 103〕太武帝的廢佛，給予文成帝一個重新整頓僧團的機會，在僧人的質與量上得以控制，使其能「助王政之禁律，益仁智之善性」。〔註 104〕僧官制度在此時也大爲完備，〔註 105〕尤可注意的是曇曜建議設立「僧祇戶」與「佛圖戶」，〔註 106〕文成帝下令二者皆歸屬僧曹、寺院管轄。希望藉由佛

的觀念落實，下詔造像要如帝王之身，甚至於五級大寺內，依開國五帝來鑄造佛像。故在曇曜奏請開鑿雲岡石窟之前，當時的京師平城（山西大同），就已經流傳以「帝王如來身」的佛像造像。楊秀麗，〈從雲岡曇曜五窟略探北魏的國家佛教政策〉，《史博館學報》2006 年 5 月總第 33 期，頁 44。藤堂恭俊亦認爲像文成帝這樣用佛像來表現帝王的肖像及列代帝王之像，藉以象徵王政與佛法一致的手法，正足以看出其「帝王即如來」的想法。〔日〕藤堂恭俊、塩入良道合著，余萬居譯，《中國佛教史（上）》（臺北：華宇，1985 年），頁 139。

〔註 102〕太武帝在正平二年（452）爲宦官宗愛所弒之後，宗愛便矯詔立南安王拓跋餘爲帝。後南安王謀奪宗愛權力，反被宗愛遣賈周所殺，後羽林郎劉尼聯絡尚書源賀、陸麗擁皇太孫拓跋濬入宮，殺宗愛、賈周，奉皇太孫即位，是爲文成帝。這一場宮廷政變的經過可詳參《魏書》卷十八〈南安王餘列傳〉，頁 434～435；《魏書》卷三十〈劉尼列傳〉，頁 721；《魏書》卷四十一〈源賀列傳〉，頁 925。

〔註 103〕《魏書》卷一百一十四〈釋老志〉，頁 3036。

〔註 104〕《魏書・釋老志》載：「釋迦如來功濟大千，惠流塵境，等生死者歎其達觀，覽文義者貴其妙明，助王政之禁律，益仁智之善性，排斥群邪，開演正覺。故前代已來，莫不崇尚。」同上註，頁 3035～3036。

〔註 105〕在中央設「監福曹」（後改爲昭玄寺，又稱昭玄曹），其長官爲「沙門（大）統」（即原來的道人統），副官爲「都維那），州設「僧曹」，其長官爲「州沙門統」，副官爲「州維那」。

〔註 106〕《魏書・釋老志》載：沙門統曇曜奏請：「平齊户及諸民，有能歲輸穀六十斛入僧曹者，即爲『僧祇户』，粟爲『僧祇粟』，至於儉歲，賑給饑民。又請民犯重罪及官奴以爲『佛圖户』，以供諸寺掃灑，歲兼營田輸粟。高宗（文成帝）並許之，於是僧祇户、粟及寺户，遍於州鎮矣。」《魏書》卷一百一十四〈釋老志〉，頁 3037。塚本善隆考證平齊户應設立於獻文帝皇興三年（469）平定青齊後，並認爲平齊户並非就地設平齊郡，而是將部分青齊人民遷到平城附近，立平齊郡，人民是爲平齊户。以及被徙到平城的青齊民户，主要是東陽、歷城、梁鄒等少數幾個城裡的土望、民望、族望，亦即上層人物，當然也有一部分下層人民則淪爲奴婢。參見塚本善隆，〈北魏の僧祇户・佛圖户〉，收入氏著，《北朝仏教史研究》，頁 97～140。塚本的見解影響學術界甚深，幾乎凡是談到北朝僧祇户、佛圖户的設立時間、背景者，皆沿用塚本的理論。然筆者認爲〈釋老志〉除了講平齊户還包括「諸民」，故僧祇户一開始應不限

教的教化，使民眾獻身教團，一則養善遷惡，〔註 107〕一則致力生產，有了僧祇戶與佛圖戶的供應，佛教寺院經濟得以更加獨立，進而社會事業的兩輪——教化與救濟，乃皆備焉，〔註 108〕同時也有助穩定國家的經濟和社會，以及文成帝的政權。曇曜所建議的「僧祇戶」與「佛圖戶」的確是對文成帝與佛教兩者相得益彰的措施，反映著北朝國家政權對佛教的影響力（控制力）。

曇曜的動機值得探討者還有文成帝和平初年，曇曜奏請文成帝「於京城西武州塞，鑿山石壁，開窟五所，鐫建佛像各一。高者七十尺，次六十尺，雕飾奇偉，冠於一世」，〔註 109〕更進一步地將北魏歷代帝王都納入造像之林。首度以國家的力量施工鑿窟，依帝王相貌來形塑佛像，此實爲北魏以前所無。如前述，太武帝廢佛之舉使文成帝有機會能整頓僧人，而整頓的過程其實就是深入君權對宗教的支配。相對地，太武帝對佛教的迫害亦刺激了僧人對君主的順從和附和心理，在廢佛後反省、調整教權與政權的關係，尋找佛教最安全、最適宜的生存發展方式。〔註 110〕因此，太武帝的毀佛，在事後更加強

於平齊户。宣武帝永平四年尚書令高肇奏言：「故沙門統曇曜，昔於（孝文帝）承明元年奏涼州軍户趙苟子等二百家爲僧祇户，立課積粟。」（《魏書》，頁3042。）可見曇曜所推動的僧祇户是不斷陸續增加，乃至「遍於州鎮矣」。其次，〈釋老志〉這段僧祇户、佛圖户的敘述是接在敘述開鑿雲岡石窟之後，而平齊郡是在山西平城附近，是否因此特別指出「平齊户」，而其實諸民（包括平齊户）只要符合「能歲輸谷六十斛入僧曹者，即爲僧祇户」。此外，由於雲岡石窟的開鑿極爲損耗國力，僧祇户設置的時間點乃因應鑿窟，如此一來可以輔助並穩定國家經濟。再者，〈釋老志〉敘述很容易使人以爲僧祇户和佛圖户同時設立，然如果不是，那麼設立的時間點就有更多討論空間。基於以上思考點，筆者對塚本之説持保留態度，殊難依以爲證，故本文中將僧祇户、佛圖户奏請設立的時間，仍按魏收《魏書》中所述定爲文成帝在位時。

〔註 107〕藉由佛教的教化，對於罪犯、戰俘施以輔導、管理，以他們的勞力爲寺院清掃或耕作，此爲引用自佛教律部所主張的「淨人」（雜役勞務者）和「園民」（田園耕作者）制度。他們不僅興隆三寶，並且經由佛門勞動作務的潛移默化，也使得心靈逐漸淨化，乃至爲己修福修慧，去惡養善。曇曜推動僧祇户、佛圖户，不僅使寺院有自給的經濟與人力，同時也可從事社會救濟，並爲社會民心注入一股安定、淨化的力量。

〔註 108〕陳華，〈王政與佛法——北朝至隋代帝王統治與彌勒信仰〉，《東方宗教研究》1988 年第 2 期，頁 58。

〔註 109〕《魏書》卷一百一十四〈釋老志〉，頁 3037。

〔註 110〕塚本善隆指出，復佛運動的僧侶領導者，直接體驗到君權滅佛的嚴重性，特別深刻反省如何防止帝王再度廢佛。中央的興佛政策指導僧侶，強調前代道人統法果的「皇帝即現在佛」之思想，並且把這「皇帝即如來觀」予以具體

化北朝國家政權對教權的控制，同時僧團在深刻明白成也帝王，敗也帝王的道理後，也更促使教權對政權的依附。質言之，對文成帝與曇曜而言，支持「王政與佛法合一」乃是對彼此最有利的政策。

筆者徵諸史籍，自法果在道武帝時提出「皇帝即如來」的觀念以來，無論是道武帝，抑或以下的明元帝、太武帝，對「皇帝即如來」並無進一步的說明，他們滿意於「皇帝即如來」的說法，但未必會進一步深究其於佛經中的根據。然而文成帝受到奉佛虔誠的父親恭宗與輔翼大臣影響而信仰佛教，〔註 111〕加上奏請開窟的道人統曇曜又爲一代高僧，〔註 112〕故文成帝應是有計畫、有系統地將帝王引入造像之列。據此，雲岡石窟中的造像應當有所本於佛經，而不僅是「籠統的如來觀念」。據佐藤智水調查，石窟中的五尊主像分別爲：

第十六洞	舉手佛立像	高約 14 米
第十七洞	交腳菩薩像	高約 16.3 米
第十八洞	舉手佛立像	高約 15.6 米
第十九洞	舉手佛坐像	高約 16.5 米
第二十洞	合手佛坐像	高約 13.4 米

化爲「帝王佛」的雕鑄上。雕刻「如帝身」的石佛，鑄造表現五帝的五釋迦佛且安置在中央的五級大寺中，一方面強化「皇帝即如來」思想，一方面避免北魏後代帝王、臣僚的侮辱、破壞「帝王佛」乃至於毀佛。參見塚本善隆，〈シナにおける仏法の王法〉，收入宮本正尊編，《仏教の根本眞理：仏教における根本眞理と歷史的諸形態》（東京：三省堂，1957 年），頁 697～698。

〔註 111〕湯用彤認爲文成帝「即位時年只十二歲，其父晃（恭宗）奉佛虔至，文成帝原必亦常得見玄高、曇曜等。即位約一年即下詔復法，年甚幼而作巨大之興革，必其左右之臣，及與接近之僧人所主張。」見湯用彤，《漢魏兩晉南北朝佛教史》，頁 497。曹仕邦則認爲幫助文成帝得位的大臣中如源賀深諳佛學、高允曾出家爲僧再還俗，故復佛也許謀出源、高二重臣。參見曹仕邦，〈太子晃與文成帝——英年早逝的天才父子政治家大力推廣佛教於北魏的功勳及其政治目的〉，《中華佛學學報》1996 年 7 月總第九期，頁 108～109。

〔註 112〕文成帝即位後，再興佛教，任命曇曜爲沙門統管理僧眾。曇曜綏輯僧眾，整修寺宇，道譽日高，帝事之以師禮。在曇曜主持下，開鑿大同雲崗石窟；其並建議於州鎮設僧祇户、僧祇粟及佛圖户之制，以爲興隆佛法之資。文成帝和平三年（462）召集諸德，譯出《大吉義神咒經》二卷、《淨度三昧經》一卷、《付法藏因緣傳》四卷。蓋魏地大法得以再振，毀壞之塔寺仍還修復，佛像經論又得再顯，曇曜居功厥偉。參見《續高僧傳》卷一〈釋曇曜傳〉，頁 11～12；《魏書》卷一百一十四〈釋老志〉，頁 3037。故筆者認爲曇曜輔佐文成帝復興佛法的舉措應當有佛經教義的根據。

其中值得注意的是第十七洞爲菩薩像，而其他各洞均爲佛像。佐藤智水認爲這些石窟的造像觀念，是以「釋迦、彌勒」來表示「過去帝、現在帝」，第十七洞之彌勒像即爲現今皇帝文成帝，四尊佛像則爲此前之四帝。這是北魏吸收了「彌勒下生」的信仰，認爲釋迦屬過去佛，彌勒爲未來佛，而與過去諸帝、現今皇帝作了相對的配置，亦是對「皇帝即如來」的觀念作進一步的解說。〔註 113〕從北朝開始，在中國流行的佛教中，彌勒（maitreya）信仰占有重要地位。佛經裡對彌勒有相當完整而豐富的記載，其中最主要的還是釋迦佛述說彌勒將於未來成佛而普度眾生的部份。其過程是彌勒菩薩將自兜率天（tusita）下生人間，經出家、修道而成佛，並在龍華樹下三度說法，點悟眾生。彌勒下生的國度是由一位轉輪王（cakravartin），名叫穰佉（`sankha）統治的一個人間淨土。因此彌勒下生故事中，除了有以慈悲爲懷普度眾生的新佛——彌勒外，還有理想的人間聖王與現世樂園的存在。北朝時，彌勒信仰所以流行的原因，一則是按照佛經上的記載，彌勒爲釋迦正法的傳人，甚至就是繼承釋迦地位的「未來佛」。二則是彌勒下生的信仰不僅提供信徒在宗教上得道的希望，同時也使世人對理想聖王與人間淨土有所期待；〔註 114〕而下生的觀念配合著轉輪王的正法治化，也指引出佛法與王政結合的途徑。

針對佐藤智水的研究，陳華有不同的看法。若以皇帝爲彌勒，其在佛經中有何依據，又其與現實政治上的配合是否恰當？陳華以此角度切入探討，質疑佐藤智水之見。陳華認爲在有關彌勒的幾部經典中，除了彌勒外，還有轉輪王（Cakravartin）這個重要角色。〔註 115〕彌勒從居於兜率天到下生人間，

〔註 113〕見佐藤智水，〈雲岡仏教の性格——北魏国家仏教成立の一考察〉，《東洋學報》1977 年總第五十九卷第 1～2 期，頁 31。

〔註 114〕據佐藤智水研究，雲岡及龍門塑像中，北魏時期彌勒像的數量居於第二位，僅次於釋尊，可見彌勒信仰流行之一斑。參見佐藤智水，〈北朝造像銘考〉，收入許洋主等譯，劉俊文主編，《日本中青年學者論中國史．六朝隋唐卷》，頁 56～115。此外，有關彌勒下生的經典，包括劉宋沮渠京聲譯《佛説觀彌勒菩薩上生兜率天經》，T14/452，頁 418b～420c；西晉竺法護譯《佛説觀彌勒菩薩下生經》（又稱《佛説彌勒下生經》），T14/453，頁 421a～423b；鳩摩羅什譯《佛説彌勒大成佛經》，T14/456，頁，428a～434a。（以上三經合稱「彌勒三部經」）；姚秦鳩摩羅什譯《佛説彌勒下生成佛經》，T14/454，頁，頁 423c～425b；佚名譯《佛説彌勒來時經》，T14/457，頁 434b～435a；元魏慧覺等譯《賢愚經》卷十二，〈波婆離品〉，T4/202，頁 429c～437b；東晉瞿曇僧伽提婆譯《中阿含經》卷十三，〈王相應品〉，T1/26，頁 506b～511c。

〔註 115〕「轉輪王」此詞在大乘佛教興起之後便常出現在大乘經中，是大乘佛教信仰

是爲了說法傳道，點化眾生，作的是「法身供養」的護法。而轉輪王則是供應彌勒適當的說法環境，作的是「生身供養」的護法。二者的結合，才能達成護法的工作。屬於涅槃系經典的各部《彌勒下生經》，所強調的便是此「護法」的觀念。因此彌勒下生的主要意義是在弘法，文成皇帝豈會以說經護法、助眾生成佛的彌勒自居？而皇帝運用權力與資財，廣造寺塔、供養僧侶獎勵譯經弘法，如印度阿育王所爲，都是屬「生身供養」的護法行爲，正可符合佛經中所稱的轉輪王特徵。〔註 116〕此外，古正美在〈彌勒下生信仰與護法思想的經文發展〉一文，認爲彌勒與轉輪王是屬於大乘涅槃經系「下生佛與地上王爲護法關係結合在一起的標準形態」，〔註 117〕曇曜與文成帝對於彌勒與轉

的重要課題。用古正美的研究說明轉輪王就是一位用佛教意識形態治國的帝王。轉輪王因用佛教信仰或十善法教化天下，因此也被稱爲「護法法王」或「法王」。古正美，《貴霜佛教政治傳統與大乘佛教》（臺北：允晨出版社，1993年），頁 24～87。在北魏菩提留支翻譯的《大薩遮尼乾子所說經》就把這些有關轉輪王的定義都記載在此經的〈王論品〉中。「大王當知，王有四種，一者轉輪王，二者少分王，三者次少分王，四者邊地王。有一轉輪王，謂灌頂刹利，統四邊畔，獨尊、最勝，護法法王。彼轉輪王七寶具足，何等七寶？一者夫人寶，二者摩尼寶，三者輪寶，四者象寶，五者馬寶，六者大臣寶，七者主藏臣寶。彼轉輪王如是七寶具足成就，遍行天下無有敵對，無有怨刺，無有諸惱，無諸刀仗，依于正法，平等無偏，安慰降伏。王言：大師云何名爲轉輪聖王統四邊畔？答言：以王四天下得自在故。王言：大師，云何名爲獨尊最勝？答言：大王，所出教令無違逆者。王言：大師，云何護法？答言：大王，修十善法不令邪法殺生等壞，名爲護法。王言：大師，云何法王？答言：大王，轉輪王以十善道化四天下，悉令受持，離十惡業，行十善道具足成就，名爲法王。」另所謂「十善法」乃指佛教的十種道德行法：不殺、不盜、不邪婬、不兩舌、不惡口、不妄言、不綺語、不貪、不瞋、不邪見。以上有關轉輪王的記載請參見北魏菩提留支譯，《大薩遮尼乾子所說經》卷三〈王論品〉第五之一，T9/272，頁 329b～332c。

〔註 116〕陳華，〈王政與佛法——北朝至隋代帝王統治與彌勒信仰〉，《東方宗教研究》1988 年第 2 期，頁 59～60。此外有關佛教中所謂「護法」包括法身供養、生身供養的理論主要依據北涼曇無讖譯的《大般涅槃經》卷三十一對護法的解釋：「護法者，所謂愛樂正法，常樂演說、讀誦、書寫、思惟其義。廣宣敷揚令其流布。若見有人書寫、解說、讀誦、讚歎、思惟義者，爲求資生而供養之。所謂衣服、飲食、臥具、醫藥，爲護法故不惜身命是名護法。」T12/374，頁 549b。曇無讖又在他所譯的《大方等大集經》卷一中，將此護法區分爲「法身供養」及「生身供養」兩種：「所有眾修立塔廟，供養眾僧，求無盡身，無苦惱身，所作供養皆作生身、法身。生身供養者即是塔像。法身供養者，書寫、讀誦十二部經。」T13/397，頁 214b。

〔註 117〕參見古正美，〈彌勒下生信仰與護法思想的經文發展〉，收入國科會研究計劃報告，計畫編號 NSC75-0301-H007-03 成果報告，2007 年，頁 95～121。

輪王的關係應該有所了解，因此要適合皇帝所作的「生身供養」的護法行爲，將之比擬爲轉輪王是比較合理的。按大乘佛教修行並於將來可以成就佛果位的修行者，亦稱菩薩。菩薩的修行只有「自覺」和「覺他」二品位，缺「覺行圓滿」，其成就次於佛。〔註 118〕以是之故，轉輪王表達了佛法與王政結合的觀念，而其地位相當於菩薩的地位，注定將由彌勒（未來佛）點化成佛。

爲了進一步探析「皇帝即如來」的內涵，以下再從造像記加以論述。佐藤智水在其另一篇專門研究北朝造像銘記的文章中指出，由北魏王公以迄庶人，爲自身或其家人祈福而營造的眾多佛像的銘文中來看，造像銘記裡常出現對皇帝的奉爲和對皇祚世世安寧的祈禱，許多在一開首即爲皇上祈福。〔註 119〕佐藤智水此番研究結果正可以從另一個角度釐清「皇帝」是否爲「如來」的論題，因爲如造像記這樣的史料更能眞實反映當時民眾如何看待皇帝。北朝有四分之一到三分之一的祈願是爲皇帝和國家，〔註 120〕如此高的比例讓我們不禁想問：倘若皇帝也是佛，民眾又何必爲「祂」祈福？而且從造像記中出現民眾願與皇帝「俱共成佛」〔註 121〕的字眼，以及當民眾爲皇帝祈禱時，往往會附記皇太后、皇太子來看，可說明造像者們意識到皇帝有其「家人親屬」的存在，〔註 122〕甚至到了東魏、西魏還出現了皇帝之後附

〔註 118〕蔣義斌研究指出大乘運動中，菩薩是不斷開發的過程，一切不著，過程是可以有「次第」，但次第並不是自我設限，故菩薩如佛，「如」可以解釋爲「相似」，則菩薩次佛，但也可解釋爲同一，故菩薩如同佛。參見蔣義斌，〈《大品般若經》與《大智度論》中的菩薩〉，收入張淑芳編，《佛教與中國文化國際學術會議論文集》（臺北：中華文化復興運動總會宗教研究委員會，1995 年），頁 186～187。

〔註 119〕參見佐藤智水，〈北朝造像銘考〉，收入許洋主等譯，劉俊文主編，《日本中青年學者論中國史・六朝隋唐卷》，頁 87～89。

〔註 120〕由於本文主要探討佛教與史學的關聯，故有關造像記的研究，筆者不另作統計分析，而採用學者的研究成果進行說明。有關南北朝造像記的蒐集、析論，請參考侯旭東，《五、六世紀北方民眾佛教信仰：以造像記爲中心的考察》、佐藤智水，〈北朝造像銘考〉，收入許洋主等譯，劉俊文主編，《日本中青年學者論中國史・六朝隋唐卷》，及何亞宜，〈中國中古佛教造像活動〉。

〔註 121〕例如北齊廢帝乾明元年（560）大交村的造像記：「乾明元年四月十五日，大交村邑義母人七十五人等，敬造雙觀世音像一軀，上爲皇帝陛下，師僧父母，法界眾生，俱共成佛。」見大村西崖，《支那美術史彫塑篇》（東京：佛書刊行會圖像部，1915 年），頁 327～328。

〔註 122〕鎌田茂雄觀察北朝造像銘文的內容，指出從皇帝以下，不但祈願這些統治者全族的平安和昌隆，更追福於父母祖宗先靈，乃至祈願一定的繁興。從這一點即可看出崇拜祖先與順從奉侍統治者，已被融合成一體化，鎌田茂雄著，

記掌握實權的高歡、高澄、宇文泰的造像記，〔註 123〕這些內容無疑反映出民眾並非認爲皇帝是「佛」，而是與一般人相同都是在追求淨土或冀望得道成佛的佛弟子。否則，當我們證諸史載，便不會看到如表 2-1「南北朝君主奉佛之事蹟」所呈現，由文成帝以下諸帝積極表現福報功德，向神明祈福求願的眾多奉佛行爲，凡此皆顯示了他們是以佛弟子自居，期待成佛，並不是自認爲下生佛。

不過，雖然皇帝與民眾都是佛弟子，但帝王的地位是凌駕在眾人之上，他扮演的乃是理想的人間聖王，提供人間淨土予以彌勒下生的轉輪王身份。佐藤智水在〈北朝造像銘考〉一文中提到整個北朝時期最引人注目的是佔團體造像總數一半的被稱作「邑義」的在家信徒組織，其從事的造像銘中以皇帝崇拜最多。佐藤智水對此現象的解釋乃認爲「這體現了邑師的教化，佛教教團作爲民眾教化的手段在結成邑義信仰組織、獎勵造像等奉佛活動中，孕育了奉仕皇帝的佛教信仰。在這種教團的布教方針下，王公貴族自不待言，就連僧尼、庶人的造像裡都出現了皇帝崇拜的祈願。……北魏的教團將出家人、在家信徒組織起來，同行皇帝崇拜、鎮護國家的祈願，這種情況與國家佛教的稱謂再匹配不過了。」〔註 124〕而教團倡導的皇帝崇拜的內容正是「王政與佛法和諧地融合在一起」。〔註 125〕佐藤智水將邑義中由僧人主導的造像銘多爲皇帝祈願視作是「國家佛教」的體現之一，呼應並印證他在該篇文章一

關世謙譯，《中國佛教通史》第一卷〈序章〉，頁 3。

〔註 123〕盧建榮分析北朝民眾既爲「太后」求福，也爲權臣造像，顯示民眾並非對特定政權的效忠或認同；民眾只是仰賴國家保護，寄託皇權之統治。民眾認可皇帝制度，而非認同皇帝。參見盧建榮，〈從造像銘記論五至六世紀北朝鄉民社會意識〉，《國立臺灣師範大學歷史學報》1995 年總第 23 期，頁 125～126。盧建榮的觀察有其細膩處，提供筆者探討北朝「皇帝即如來」時不同角度的思考面向。不過，從造像記的資料顯示，北朝人民所祈願之「皇帝」非爲單獨、具體之對象，而更常是包括皇室與實際掌權者，針對此一現象，筆者並不完全認同盧建榮所言乃是基於皇帝制度提供安穩生活保障因而做的祈願與嚮往。依筆者之見，廣大民眾一般皆缺乏自主意識，容易被動接受、承認傳統的、帶有權力支配的觀念，故慣性依循中國傳統「忠」的倫理觀念，以及人性弱點中對權威的順從、依附、支援，亦可用來解釋造像記。尤其北朝佛教的國家性格強烈，僧人受到君主（包括實際掌權者）較多的控制，自然懾於權威，進而當僧團領導民眾從事宗教行爲時，僧人自身的想法自然會影響到民眾，遂使得造像記中祈福對象不會僅只於單獨、具體的皇帝一人。

〔註 124〕佐藤智水，〈北朝造像銘考〉，收入許洋主等譯，劉俊文主編，《日本中青年學者論中國史．六朝隋唐卷》，頁 93。

〔註 125〕同上註。

開始所論述：「關於南北朝的佛教，歷來認爲南朝爲貴族佛教，北朝爲國家佛教，其區別很顯然是在皇帝權力與佛教團的關係上。」〔註 126〕筆者想藉佐藤智水的研究進一步指出的是，北朝佛教具有強烈的國家佛教性格，僧人受到帝王較深入的控制，故民眾對皇帝的認知受到僧人教團的影響，民眾如何看待皇帝反映了僧人如何看待皇帝，以及皇帝自身又希望僧人如何看待他。就以上所述，從符合佛經教義以及社會實況來說，文成帝以下的北魏諸帝應該是自比爲轉輪王，不再籠統地宣稱「皇帝即如來」，如此替皇帝在人間護法尋覓一適當地位，這除了表示帝王爲彌勒的弟子此一特殊關係外，同時強調了帝王以正法治國，從而有助於穩固政權。

以上花了較長的篇幅論述「皇帝即如來」的實際內涵，目的是想釐清北魏的皇帝是否自視爲釋迦牟尼佛，進而確認君權與佛教的關係。就筆者研究得知，北魏皇帝並未將自己視爲佛，儘管帝王自身信奉佛教，但因爲在中國儒家的天命之說已先成爲王權象徵，在佛教傳入中國之前早已是中國人牢不可破的信念。〔註 127〕而且，君權至上，不可侵犯、不容挑戰的觀念一向爲中國皇帝所捍衛，以是之故，對帝王（不論漢人或胡人）而言，承自天命才是君權最重要的基礎，也是無可撼動的最終權威，於是佛教毋寧只是帝王統御術之一。帝王透過僧團對廣大信仰佛教的臣民灌輸皇帝崇拜的觀念，倘若需要特別強化君權時，便採爲先帝修造佛身像作爲手段。從這樣的立論，我們便可以解釋爲何造像記中沒有任何一則是出自帝王身份所書寫，〔註 128〕以及說明北朝造像資料中敘及帝身如佛像的記載，往往是出現在歷經波折艱辛方

〔註 126〕同上註，頁 56。

〔註 127〕見于君方著，陳懷宇、姚崇新、林佩瑩譯，《觀音——菩薩中國化的演變》（臺北：法鼓文化，2009 年），頁 528。

〔註 128〕對於帝王而言，製作佛像僅意味做功德、佈施法界，卻不含祈福之意。身爲一位執掌天下權柄的帝王，祈王國泰民安、風調雨順的地點與場合並非佛像或石窟之前，而是封禪、祭祀之所。見饒宗穎，〈從石刻論武后之宗教信仰〉，《中央研究院歷史語言研究所集刊》1974 年總第 45 本第 3 分，頁 397～415。此外，何亞宜認爲北魏「帝王即如來」的觀念影響下，此身即佛身，作爲「我」這尊佛又何故需要向天上之他尊佛祈求功德福報？皇權並不接納作爲佛陀之精神權力淩駕於上，是故不透過佛陀象徵物之佛像祈願。見何亞宜，〈中國中古佛教造像活動〉，頁 34。針對帝王之身是否如佛身，筆者與何亞宜的看法有所出入，但何亞宜的見解啓發筆者思考佛教的影響力是否深遠強大到足以影響中國皇帝能爲了佛教，放棄長久以來中國本土儒家所奠定的天命觀，以及中國皇帝是否可以爲了佛教而動搖君權至上，不可侵犯、不容挑戰的觀念。

才即位的皇帝，爲其先祖、先皇修造佛像。〔註 129〕同時，我們也不難理解自太武帝尊崇道教，「親至道壇，受符籙。備法駕，旗幟盡青，以從道家之色也。自後諸帝，每即位皆如之」。〔註 130〕縱使文成帝復佛，但直到北魏滅亡，歷代皇帝即位都是親自到道壇接受符籙。要之，對帝王而言，可以強化君權、鞏固政權者，皆爲其利用之資。

孝明帝即位，胡太后臨朝稱制後，溺佛更盛。朝廷放鬆了對僧團的限制與監督，佛法乃漸喪失了輔翼王政，協助教化的作用，甚至侵蝕了統治的基礎。〔註 131〕由孝文帝以迄孝明帝之世，約四、五十年間，沙門叛亂層出不窮，〔註 132〕其中不乏想取代皇帝，遂利用宗教企圖建立領導者神聖地位的叛亂。〔註 133〕政治黑暗、社會動盪，讓人民產生「無佛感」，高僧曇鸞（476～542）便發出「五濁之世，無佛之時」〔註 134〕的感嘆。藤堂恭俊認爲，曇鸞的無佛感是一種與釋迦、彌勒二佛隔絕之後，在信仰上所產生的危機感。因此，曇鸞捨棄釋迦、彌勒世襲的佛陀觀。曇鸞得到《觀無量壽經》之後，轉向西方

〔註 129〕例如前述文成帝命人在平城造五尊仿帝王的釋迦立像，以及曇曜奏請合作開鑿修築的五尊佛和菩薩像外，就筆者蒐集的資料還包括北周孝明帝「爲先皇敬造盧舍那織成像一軀」，見釋法琳，《辯正論》卷三，T52/2110，頁 508a。史載北周孝湣帝宇文覺在位僅八個月便被宇文護所殺，世宗明帝即位依然受制於專權跋扈的宇文護，政治情勢並不樂觀。由於北周流行《華嚴經》，而《華嚴經》有一佛多身的信仰內容，其中象徵光明普照的盧舍那佛亦爲佛身之一。因此，筆者揣想，孝明帝特地爲宇文泰造佛像的時機點頗爲敏感，猶如北魏即位不易的文成帝爲強調君權而爲開國以來歷任皇帝鑄造釋迦像。。

〔註 130〕《魏書》卷一百一十四〈釋老志〉，頁 3053。

〔註 131〕西元 515 年發生於冀州的大乘之亂，首領爲沙門法慶，宣稱「新佛出世，除去舊魔」，「殺一人爲一住菩薩，殺十人爲十住菩薩」，所過之處，「屠滅寺舍，斬戮僧尼，焚燒經像」（有關法慶之亂見《魏書》卷九〈肅宗本紀〉熙平元年六月條，頁 222～223；《魏書》卷十九〈京兆王子推列傳〉，頁 445～446，顯示了叛變者對現存僧團寺院的強烈不滿。

〔註 132〕沙門叛變包括西元 473 年，沙門慧隱；481 年，沙門法秀；490 年，沙門司馬惠禦；499 年，明法皇帝王惠定；509 年，沙門劉豊汪；510 年，沙門劉光秀；514 年，沙門劉僧紹；515 年，沙門法慶；517 年，大乘餘黨；516 至 7 年，王買、月光童子劉景暉；524 年，馮宜都、賀悅回成。見張繼昊〈北魏的彌勒信仰與大乘之亂〉，《食貨月刊》第 16 卷，3～4 期，頁 59～79。並參見唐長孺〈北朝的彌勒信仰及其衰弱〉，收入《魏晉南北朝史論拾遺》，頁 196～207。

〔註 133〕西元 499 年幽州民王惠定叛變，自稱「明法皇帝」。十五年後同地沙門劉僧紹聚眾反，自號「淨居國明法王」。見張繼昊〈北魏的彌勒信仰與大乘之亂〉，《食貨月刊》總第十六卷第 3～4 期，頁 59～79。

〔註 134〕釋道宣，《續高僧傳》卷六〈釋曇鸞傳〉，頁 160。

淨土世界的阿彌陀佛（無量壽佛）信仰。他相信阿彌陀佛現在西方世界，而且以本願力故，不斷的救度一切眾生。無佛感的流傳，成爲曇鸞在北方建立宗教性較爲豐富的「淨土信仰」之基盤。〔註 135〕曇鸞出家弘法的時間主要是在北魏宣武帝至北齊末年，時局混亂的背景下，使他倡導發願往生西方極樂世界的主張吸引許多人附從。筆者認爲，人民流行尊奉何種佛像乃是時代背景的反映，因此和人民深覺現世淨土難尋的同時，彌勒信仰呈現漸趨衰微之勢，原因在於當時局混亂迫使人民意識到此世間其實沒有提供彌勒下生的淨土。〔註 136〕彌勒下生的信仰一方面提供信徒在宗教上得道的希望，另一方面也使世人對理想聖王與人間淨土有所期待。彌勒下生的國度是先有一轉輪聖王穰佉以「正法治化」來治國，倘若政治的黑暗，社會經濟的衰亂，使人民對朝廷裡的皇帝失去信心，那麼將意謂沒有轉輪王（理想聖王）、沒有護法、沒有淨土，當然也就沒有點化眾生的彌勒佛。於是，我們可以解釋爲何自宣武帝、孝明帝開始，彌勒造像逐漸減少，至東魏、西魏以後，以觀音爲中心的各種造像大爲盛行，勝過彌勒；並且阿彌陀佛的造像也較前流行。〔註 137〕觀念的存在與觀念的發揚是不同的兩件事，以觀音信仰而言，《法華經》與《華嚴經》皆是介紹觀音相當重要的佛經，兩者雖在北朝前已有漢譯本，〔註 138〕

〔註 135〕藤堂恭俊，〈江南と江北の仏教——菩薩弟子皇帝と皇帝即如来觀〉，《仏教思想史》1981 年總第 4 期，頁 18。

〔註 136〕中國彌勒淨土信仰廣泛流傳的原因之一，是彌勒境界所產生的強大吸引力。彌勒具有兩重身份，一是現今還在兜率天宮說法的彌勒菩薩，一是將來下生人間的彌勒佛。與這兩種身份相應也有兩種勝境，一是上生兜率天的天上勝境，一是下生成佛的人間勝境。參見方立天，〈人生理想境界的追求——中國佛教淨土思潮的演變與歸趣〉，《佛學會議論文彙編 1》（臺北：法鼓文化，1998 年），頁 289。《佛說彌勒大成佛經》就彌勒下生的人間淨土描繪說：「其地平淨如琉璃鏡。……大金葉華、七葉寶華、白銀葉華，華須柔軟，狀如天繒。生吉祥果，香味具足，軟如天綿。叢林樹華，甘果美妙，極大茂盛。……城邑次比，雞飛相及。……智慧威德，五欲眾具，快樂安隱（穩），亦無寒熱風火等病，無九苦惱（即九種災難），壽命具足八萬四千歲，無有中夭。人身悉長一十六丈，日日常受極妙安樂，遊深禪定以爲樂器。」T14/456，頁 429b。

〔註 137〕參見佐藤智水，〈北朝造像銘考〉，收入許洋主等譯，劉俊文主編，《日本中青年學者論中國史．六朝隋唐卷》，頁 72～75。侯旭東亦觀察到西元 520～530 年是彌勒造像與崇拜的分水嶺，與此彌勒造像減少的同時，觀音造像則逐漸增多。參見侯旭東，《五、六世紀北方民眾佛教信仰：以造像記爲中心的考察》，頁 108～115。筆者按，西元 520 年正是北魏孝明帝即位之始，之後胡太后主政，朝局每下愈況。

〔註 138〕《法華經》最早的譯本是西晉竺法護所譯，不過至鳩摩羅什的《妙法蓮華經》

但隨著北朝政局惡化，先有河陰之變，繼而東、西魏對峙，一連串的戰亂刺激民眾渴求能出現解救、解決生活中諸種苦難的「救世主」，因此促成觀音信仰的盛行。佛經中的觀音菩薩能幻化各種身形，觀聞各方苦痛，任何人身處困境只要以眞誠的心稱念觀音聖號，便能離苦脫離。〔註 139〕

最後，值得注意的是，北魏末，胡太后佞佛太過使得僧團膨脹腐敗，其間藏污納垢，形成國家社會經濟的一大負擔，已非帝王能夠控制；加上彌勒下生的信仰屢爲民間叛亂者援引，影響佛教輔翼王政的功能，也動搖人民對彌勒的相關信仰。之後的東、西魏和北齊、北周，其帝王仍舊信奉佛教，一如之前北魏皇帝建寺、造像、聽經、供養僧人……等，似乎依然以佛教意識形態治國的轉輪王自居。然而，隨著西方淨土觀和末法思想流傳，以及《法華經》、《華嚴經》的流行，北朝後期帝王開始受菩薩戒，〔註 140〕並鑄造象徵智慧廣大、光明普照的盧舍那佛像，〔註 141〕以及北朝後期石窟中的阿彌陀佛像比例有所增加。〔註 142〕思考箇中原因，一則菩薩思想比起「佛陀觀」，

譯出後，信眾對觀世音菩薩才有較多瞭解，其中著名的《觀世音菩薩普門品》即有單本別行。此後，各種以「觀音」爲名的經典紛紛出現，觀音信仰漸普及。《華嚴經》最早的漢譯本是出自東晉佛馱跋陀羅，後北魏宣武帝時菩提流支與勒那摩提奉敕合譯世親注釋《華嚴經．十地品》的著作《十地經論》，遂使《華嚴經》逐漸受到重視，經中所提到有關一佛多身的信仰內容也漸漸流傳。

〔註 139〕于君方認爲觀音菩薩既是慈悲的救世主，又平易近人。《普門品》的教義宣揚嶄新而民主的救度方式，人們無須有任何特定的事蹟以獲得拯救，一個人不必成爲通曉經籍的學者、道德完美的聖人或禪修工夫高深的大師，也不必採取特殊的生活方式或飲食，或舉行任何宗教儀式：唯一的要求是以一顆眞誠而篤信的心稱念觀音聖號。觀音會幫助處於任何困境中的任何人，絕不因其社會地位或性別而起分別心。見于君方著，陳懷宇、姚崇新、林佩瑩譯，《觀音——菩薩中國化的演變》，頁 528。

〔註 140〕如北齊文宣帝天保元年「築壇具禮，尊（法上）爲國師，布髮於地，令上統踐之升座，後妃重臣皆受菩薩戒。」釋道宣，《續高僧傳》卷八〈釋法上傳〉，頁 220；以及天保二年「詔僧稠入內敬受禪道，因從受菩薩戒法」。《續高僧傳》卷十六〈釋僧稠傳〉，頁 478。

〔註 141〕如北周孝明帝「爲先皇敬造盧舍那織成像一軀」見釋法琳，《辯正論》卷三，T52/2110，頁 508a。關北朝後期盧舍那佛像數量增加的研究請參見侯旭東，《五、六世紀北方民眾佛教信仰：以造像記爲中心的考察》，頁 116～118。

〔註 142〕在北朝後期西方淨土信仰盛行，故接引眾生至西方淨土（西方極樂世界）的阿彌陀佛在北朝末期的造像比例中較前爲高，例如北齊修築的響堂山、天龍山石窟，與之前北魏開鑿的雲岡、龍門石窟相比，阿彌陀佛造像的數量較多。參見侯旭東，《五、六世紀北方民眾佛教信仰：以造像記爲中心的考察》，頁 114～115，以及參見國立歷史博物館編輯委員會編，《佛雕之美：北朝佛教石

「皇帝如來觀」更富有親切性、可實踐性；〔註 143〕一則《華嚴經》記載一佛多身的信仰觀念，其中盧舍那佛身，更適合無佛感瀰漫，期待光明來臨的人心。〔註 144〕由於《華嚴經》中將轉輪王的形象提升至菩薩或佛的地位，並具有菩薩及佛的能力，〔註 145〕不若早期彌勒相關經典僅將轉輪王視爲人間理想聖王、護法法王。因此，北朝後期的帝王，尤其在東魏〔北齊〕、西魏（北周）的對峙情勢下，爲增強競爭優勢，以致在藉助佛教治國時，多少會產生「造神」運動想法，提倡或比附更適合時代趨勢的佛、菩薩，企圖將佛法與王政的結合更緊密提升。當然，我們可以說這仍是以君權爲第一優先思考的表現。

綜觀以上所述，北朝佛教具有強烈的國家色彩，表現在國家直接、強勢對僧務的干涉，例如控制僧尼資格的批准權，對僧尼進行簡別沙汰、直接干預僧律的制定和執行，以及透過僧祇戶與佛圖戶以扶持寺院經濟等。再者，北朝帝王護法興佛乃是爲穩定政治與社會秩序，爲了使其統治權威合理化、神聖化，故而尋求王政與佛法結合。所謂「皇帝即如來」的觀念，依筆者上文分析、探討的結果，就北朝君主而論，欲從宗教中取得神化地位的用心是如出一轍的，然而並不見得皆是以釋迦牟尼佛（如來佛）作爲唯一神化的象徵，亦不見得帝王鑿窟建像必以「帝王佛」的形象作爲君權駕馭佛法的象徵，〔註 146〕而是有時會因應時局情勢提出不同的佛教人物來輔佐統治。再者，從

雕藝術》（臺北：史博館，1997 年），頁 26～34；馬世長、丁明夷撰，《中國佛教石窟考古概要》，頁 270～281。

〔註 143〕《法華經》含有豐富的菩薩思想與菩薩行，菩薩思想爲大乘佛教的原動力，也是大乘佛學的核心。佛的出世，只能救度一時的眾生。菩薩信仰給予無佛時代、邊國地域的中國佛教徒帶來無窮的希望。參見顏尚文，〈梁武帝「皇帝菩薩」理念形成的時代背景〉，《佛教的思想與文化：印順導師八秩晉六壽慶論文集》（臺北：法光出版社，1991 年），頁 156～157。

〔註 144〕古正美稱轉輪王與盧舍那佛、文殊師利菩薩、彌勒菩薩及普賢菩賢同身的信仰爲《華嚴經》佛王信仰。並認爲北齊文宣帝使用《華嚴經》佛王傳統治世，其中特別提倡象徵光明的盧舍那佛王和月光童子信仰。詳參古正美，〈齊文宣與隋文帝的月光童子信及形象〉，收入氏著，《從天王傳統到佛王傳統——中國中世佛教治國意識形態研究》，頁 155～221。

〔註 145〕同上註，頁 178。

〔註 146〕顏尚文認爲北朝帝王在「皇帝即如來觀」的傳統之上，享受著同於佛如來的尊崇，接受萬民及一切僧侶乃至沙門統的禮拜。雲岡五窟，乃至龍門開鑿的「帝王佛」石窟（筆者按：即宣武帝爲孝文帝和文昭皇太后所開鑿的龍門賓陽中洞石窟），必然對梁武帝產生頗爲深厚的誘惑力。參見顏尚文，《梁武帝》，頁 53

造像記而言，民眾不認爲皇帝是「如來佛」，而是與一般人相同都是在追求淨土或冀望得道成佛的佛弟子。民眾之所以爲皇帝祈福，且也非針對皇帝單獨個人，尚包括皇室成員、實際掌權者，箇中目的乃是基於唯有當下的權力核心穩定，然後才能爲廣大民眾提供安穩的生活與保障。換言之，在民眾的精神世界裡，佛是高高在上的領袖，但在現實生活中，民眾眼中執掌人間權柄的最高統治者是當下的掌政者（帝王或是權臣），這是本文對歷來北朝「皇帝即如來」，帝身即佛身的觀念作一釐清。北朝皇帝的君權意識仍一秉儒家天命觀，「受命於天」才是合法的政權，君權天授的信念牢不可破，承天之序的郊祀亦始終實施，〔註 147〕帝王在政治上始終自視爲至高無上的君主，佛教可以是私領域的精神信仰，也可以是公領域輔贊王政的工具，然而皇帝絕不承認除了「天」之外，〔註 148〕還有更高的佛凌駕於君權之上，意即教權必須屈服於政權之下，爲君主效忠服務。這也就是爲何造像記中呈現許多僧團教化民眾，使民眾養成奉仕皇帝、崇拜皇帝的觀念；以及爲何當佛教危及政權時，北朝君主不乏從實際利害對佛教進行調節、規範，如僧官的設置〔註 149〕及僧

～54。據《魏書．世宗本紀》載：「景明初，於龍門爲孝文帝和文昭皇太后營石窟二所。」宣武帝爲孝文帝和文昭皇太后所開鑿的石窟，在洞中三壁雕製代表過去、現在、未來的三世佛題材，正壁主佛是釋迦牟尼佛，其餘兩壁是定光佛和彌勒菩薩。宣武帝是爲父母一併開鑿，因此孝親應當是鑿窟的主要目的。事實上爲家人先祖造像營功德，是當時所有造像記中數目最多的祈願目的。此外，以賓陽洞中前壁南北兩側，自上而下有四層精美的浮雕，其中第三層爲著名的帝后禮佛圖，刻畫孝文帝和文昭皇太后虔誠禮佛的情景。故筆者認爲北朝帝王開鑿石窟、營造佛像並不是都以「帝身即佛身」爲出發點，換言之，「皇帝即如來」絕非「皇帝＝如來佛」的觀念貫徹於所有帝王的意識中。

〔註 147〕《漢書》：「帝王之事莫大乎承天之序，承天之序莫重於郊祀，故聖王盡心極慮以建其制。」《漢書》，卷二十五下〈郊祀志〉，頁 1253。

〔註 148〕中國最早的政權合法性觀念見於《尚書》的天命觀，認爲天主宰宇宙間萬事萬物的命運，地上君王的權柄也是由天所授與。此觀念後來與皇帝制度結合，影響中國傳統政治甚深，故歷來君主必舉行祭天，乃至封禪大典，藉由帝王受命於天的典禮活動，強化君權天授，宣告君主的權威源自於天，以進行合法統治。參見張端穗，〈天與人歸——中國思想中政治權威合法性的觀念〉，收入於黃俊傑主編，《中國文化新論——思想篇一：理想與現實》（臺北：聯經，1982 年），頁 97～107。

〔註 149〕政府爲了加強對佛教事務的管理，設置了僧官制度，這是對佛教實施行政管理的第一條主要措施。政府通過僧官去治理佛教，正如開動龐大的官僚機器去管制整個王朝的運轉一樣，從本質上說，僧官制度不過是世俗行政制度的翻版，是政府將統治世俗社會的經驗運用到管理佛教事務中。見王文新，〈略論南北朝國家佛教政策〉，《中國佛學院學報》2009 年總第 27 期，頁 191。

律的訂定等；甚至進行鎮壓控制，如北魏太武帝和北周武帝的滅佛，凡此皆顯見北朝君權對佛教的深入控制，實行政教合一，令北朝佛教具有強烈的依附、從屬於國家的特色。〔註 150〕

（二）南朝皇帝菩薩企圖政教結合

相對於北朝的「皇帝如來」，南朝也出現類似的概念——「皇帝菩薩」。談到「皇帝菩薩」，往往聯想到梁武帝蕭衍。〔註 151〕顏尚文《梁武帝》一書可說是目前研究梁武帝蕭衍之「皇帝菩薩」、「佛教國家」理念或政策較爲全面且深入的作品。顏尚文在此書從梁武帝的人格特質、南朝的政治與宗教生態，北朝「皇帝即如來觀」的刺激，以及佛教徒的自覺與菩薩思想的影響等幾個面向來探討梁武帝蕭衍之「皇帝菩薩」理念形成的背景。以下作者先說明顏尚文的研究成果，再就顏氏所論進一步說明筆者的看法。

梁武帝蕭衍擁有玄、儒、文、史、佛、道等方面的教養，早年遊於齊竟陵王門下，結交天下才學之士，並接觸佛教，這段經歷奠定了日後梁武帝繼承了竟陵王的佛教事業，對於日後梁武帝崇佛政策，佛教王國之理想，有極爲密切的關係。〔註 152〕而且梁武帝個人資質聰穎，能兼備各種才藝，不但能精究義蘊，且能培育出廣大的包容力與調和創造力。這些對於日後「皇帝菩

〔註 150〕鎌田茂雄認爲佛教本質具有普遍的性格，原是一種超越於國家、民族的超國家宗教，但佛教在中國被接受的同時，其國家性格也隨之形成。在印度佛教方面，其宗教與國家的關係，因爲是以正法爲根本，所以採取的是「教主王從」的立場，但中國佛教的態度，則是「王主教從」。在中國佛教史上，佛教隨著國家的統治體制結爲濃厚的國家色彩，當自北魏時代開始。在國家權勢較爲衰弱的南朝，是主張佛法保持其獨立性。參見鎌田茂雄著，關世謙譯，《中國佛教通史》第一卷〈序章〉，頁 3～4。

〔註 151〕芮沃壽在 20 世紀 50 年代提出梁武帝是以「皇帝菩薩」的姿態統治大梁此概念之後，許多學者都受此理論的影響，並用此概念說明梁武帝，甚至中國許多帝王，如隋文帝（581～604）及武則天（690～705）的佛教爲王形象（the image of Buddhist kingship）及佛教政策的信仰內容。See Arthur F. Wright, Buddhism in Chinese History, pp. 66-70; see also, Antonino Forte, Political Propaganda and Ideology in China at the End of the Seventh Century （Napoli: Instituto Universitario Orientale Seminario di Studi Asiatici, 1976）, p.156-158.

〔註 152〕永明年間（484～492）齊武帝次子竟陵王子蕭子良（460～494）開西邸，招文學，蕭衍曾遊於竟陵王門下，不但結交天下才學之士，也受到蕭子良崇奉佛法的影響。竟陵王奉佛至誠，敬禮高僧、抄撰佛典、講經、營齋戒法會、重視戒律、訂定僧制等，對於日後梁武帝崇佛政策，佛教王國之理想，有極爲密切的關係。參見小笠原宣秀，〈南齊佛教と蕭子良〉，《支那佛教史學》1939 年 7 月，總第 3 卷第 2 期，頁 63～76。

薩」理念的形成與「佛教國家」的創建，或許是一種深厚的學識基礎。〔註 153〕南北朝的戰亂，高門子弟不習武事，給予寒門憑軍事力量獲取政權的機會。宋、齊、梁、陳四代，皆由寒門憑軍事力量而創業開國。梁武帝蕭衍出身蘭陵蕭氏，是僑遷南來的寒門，擁有一定的軍事力量，且在消滅南齊東昏侯的政權，獲得天下的過程中，展現梁武帝具有相當的軍事才華與擘畫組織的能力，名符其實是位雄才大略的「開國皇帝」。顏尚文認爲梁武帝面對六朝傳統的士族門閥，爲增強其「軍人王權」而大力結合僧侶，推行崇佛政策，這可能與其出身於「僑姓素族」的家庭背景有密切關係。〔註 154〕

北方在胡人強大的武力之下，世族與僧人皆受制於胡人君權。大約在梁武帝的創業時期，文成帝與曇曜密切合作，積極推動政教合一的政策，其中包括將法果提出的「皇帝即如來觀」，進一步具體表現於雲岡石窟中，巨大的「帝王如來身」石佛的建造上。南方的政教環境與北方有極顯著的差異。東晉南渡，獲得世族門閥的鼎力支持，才得以立國江南，也因而君權下移於門第。佛教僧侶能融合佛法玄理而與名士相談論，也因此獲得王室、世族的結納，遂得以堅持「沙門不敬王者」而獨立於君權之外的佛教傳統。慧遠提出「沙門不敬王者論」，〔註 155〕一方面提昇沙門自主於君權之上的理論基礎，即「不順化以求宗」，另一方面也將中國文化的「聖王思想」與印度文化的

〔註 153〕顏尚文，《梁武帝》，頁 77。

〔註 154〕同上註，頁 64。顏尚文此處「素族」之義與寒門同，唐長孺則認爲東晉南朝時所謂「素族」乃是對宗室而言，或是對家世顯貴受封爵邑者而言，而最一般的用法，實即士族的互稱，因此「素族」不能解釋爲寒門。參見唐長孺，《魏晉南北朝史論拾遺》（北京：中華書局，2011 年 4 月），頁 251～255。本文「素族」則是指魏晉南北朝時，門第地位較低，沒有任官的士族，或是指平民而言。「素族」亦稱「寒門」、「寒族」，受到高級士族的鄙視，仕途艱難，多起身於小吏。

〔註 155〕慧遠主張「沙門不敬王者論」的背景是東晉桓玄在沙汰僧眾蕪亂的問題後，要求全國僧侶必須向君主致拜。桓玄從儒家的綱常秩序之上，特別強調中國的「帝王之德」，做爲必須敬拜王者的理論根據。慧遠特別寫信、撰文以反駁桓玄。慧遠的〈沙門不敬王者論〉是一篇有系統的論文。全文分成五篇：在家第一，出家第二，求宗不順化第三，體極不兼應第四，形盡神不滅第五。桓玄在慧遠等人的辯解之後，承認佛法廣大，他無法瞭解，因此取消沙門禮拜王者的詔令。有關「沙門是否敬拜王者」的論爭，內容甚多，超出本文「政教關係」主題，不便詳論。慧遠〈沙門不敬王者論〉可參考《弘明集》卷五；桓玄與王謐的四次往返論難，與慧遠的來回問答，以及桓玄〈許道人不致禮詔〉等皆詳載於《弘明集》卷十二。此外，亦可參見周伯戡，〈慧遠「沙門不敬王者論」的理論基礎〉，《台大歷史學報》1982 年總第 9 期，頁 67～92。

「轉輪聖王思想」結合在一起，爲中國的「皇帝」概念進一步結合印度的「菩薩」概念建立了理論基礎，即「釋迦與堯孔，歸致不殊」。〔註 156〕爲了使君權能抗衡南朝社會中自恃門第崇高的世族門閥，與掣肘南朝主張「沙門不敬王者」的僧人，梁武帝除了有效節制世族勢力之外，在宗教方面必須超越自慧遠以來即奠定的「沙門不敬王者」之政教分立、僧團自主的傳統形勢，繼而力求王者與僧人之間更緊密的結合政策之制定與推行。

梁武帝於天監元年（502）的佛誕日四月八日即皇帝位，似乎暗示在他的「政教結合」政策也同時開始進行。梁武帝除了本身致力於瞭解、研究佛法義理之外，並且按佛法來修行、實踐，以期獲得僧人的敬重。此外，梁武帝以「奉佛天子」的身分，致力於寺院建築，襄助教團弘法等崇佛工作。最重要的，他禮遇、聘任佛教界的高僧大德，獲得他們的信服與支持。梁武帝建立以君主爲中心，集合首都建康地區的義解、明律、習禪、神異等各科高僧組成「建康教團」，以共同協助他的國家與佛教間更緊密的結合。由於南朝受到「沙門不敬王者論」的影響，僧人在佛法理論上，其地位不亞於王者，甚至凌駕於王者之上；僧人在實際社會中，也有不敬王者的傳統。因此，皇帝必須透過教義的重新解釋，方能獲得政教結合政策的最高領導權。透過佛教類書、工具書使佛教普及化，接引更多人學奉；透過律藏的整理與戒本的製定，使教團有所遵循，佛教徒的學佛更爲落實。透過經典的翻譯，尤其建立阿育王的典範，來作爲佛化王國的理想，並且在最高層的義理上，重新判教而樹立《般若》、《涅槃》的因果關係，闡揚菩薩思想等。梁武帝領導陣容堅強的「建康教團」，結合僧侶與佛學專家，從事佛教的學術工作，建立廣博精深的佛學體系，爲「皇帝菩薩」理念與「佛教國家」奠定的佛學基礎，打破了東晉以來「沙門不敬王者」的傳統形勢，使梁武帝獲得佛教界的領導權。〔註 157〕梁武帝對「政教結合」的推行與運作，終於在天監十八年（519）四月八日親受菩薩戒成爲菩薩戒弟子皇帝，提出了「皇帝菩薩」之名號，其後以「皇帝菩薩」的尊稱捨身同泰寺或接受臣下的詔表奏書。〔註 158〕

〔註 156〕此段有關慧遠提出〈沙門不敬王者論〉的意義，請參見顏尚文，《梁武帝》，頁 19～26。

〔註 157〕有關「建康教團」的實際參與人員與工作內容，參見顏尚文，《梁武帝》，頁 109～171。

〔註 158〕《南史》卷七〈梁本紀〉梁武帝太清元年四月條載：「群臣以錢一億萬奉贖皇帝菩薩大捨，僧眾默許。」頁 219。《魏書》卷九十八〈島夷蕭衍列傳〉：「臣

天監十八年（519）四月八日，梁武帝在親受菩薩戒的典禮上揭示他們所創造的「皇帝菩薩」之新理念。「皇帝菩薩」理念的創造，循著「沙門不敬王者論」的教理論辯途徑而來，也符合〈沙門不敬王者論體極不兼應第四〉所標幟的中印、內外聖王「釋迦與堯孔，歸致不殊」的理想。「皇帝」加上「菩薩」的概念，使「皇帝菩薩」的內涵擁有「聖者」的意義。梁武帝獲得「皇帝菩薩」的尊號，也將「凡夫」的「帝王」提昇到「聖王」的神聖層次上，〔註 159〕如此便可強化其君權至上的目標。有了位同菩薩的聖王形象加持，接下來，則是貫徹將君權深入僧團，行使權力的支配控制。梁武帝普通三年（522）郭祖深上封事，指出因武帝「溺情內教」導致「家家齋戒，人人懺禮」，影響國家生產力，且佛法興盛的結果使得僧尼逐漸腐化，敗壞世俗，危害正法。郭祖深建議「僧尼皆令蔬食」作爲改革僧團的辦法，如此「則法興俗盛，國富人殷。不然，恐方來處處成寺，家家剃落，尺土一人，非復國有」。〔註 160〕郭祖深上封事與梁武帝頒布〈斷酒肉文〉的年代（518～523）相近，面對佛教的弊病，武帝決心整頓僧團，第一步便是要求僧人嚴格遵守戒律。《廣弘明集》卷二十六〈慈濟篇〉收有梁武帝的〈斷酒肉文〉，詳細的記錄武帝爲「斷酒肉」問題，召集僧尼領袖一千四百四十八人，於華林園華林殿舉行的第一次論戒法會；由於反對聲浪不斷，遂又召集義學僧尼一百九十八人，於華林園華光殿舉行第二次論戒法會等。從這些內容反映梁武帝的態度相當堅決，且雷厲風行地要求全國僧尼必須遵守禁斷酒肉。〔註 161〕在大力推行戒律、整頓僧團的過程中，梁武帝「欲以佛法爲己任」、〔註 162〕「自任僧官，維任法侶」〔註 163〕，以君主兼「白衣僧正」直接領導僧團，卻遭到智藏法師（456～522）反對。《續高僧傳．智藏傳》載：

（武帝）敬重三寶，利動昏心，澆波之儔，肆情下達。僧正憲網，無施於過門。帝欲自御僧官，維任法侶。敕主書遍令許者署名，于時盛哲，無敢抗者，匿然投筆。後以疏聞（智）藏。藏以筆橫轢之

下奏表上書，亦稱衍爲『皇帝菩薩』。」頁 2187。

〔註 159〕顏尚文，〈梁武帝受菩薩戒及捨身同泰寺與「皇帝菩薩」地位的建立〉，《東方宗教研究》1990 年 10 月新 1 期，頁 44。

〔註 160〕《南史》卷七十〈循吏列傳．郭祖深傳〉，頁 1720～1721。

〔註 161〕有關梁武帝爲推行「斷酒肉」戒律而與僧團的抗衡過程請參見顏尚文，《梁武帝》，頁 228～239。

〔註 162〕釋道宣，《續高僧傳》卷五〈釋智藏傳〉，頁 148。

〔註 163〕同上註，頁 146。

告曰：「佛法大海，非俗人所知。」帝覽之不以介意，斯亦拒懷略萬乘，季代一人。而帝意彌盛，事將施行於世，雖藏後未同，而敕已先被。晚於華光殿設會，眾僧大集，後藏方至。帝曰：「比見僧尼，多未誦習，白衣僧正，不解科條，俗法治之，傷於過重。弟子暇日欲自爲白衣僧正，亦依律立法，此雖是法師之事，然佛亦復付囑國王，向來與諸僧共論，咸言不異，法師意旨如何？」藏曰：「陛下欲自臨僧事，實光顯正法，但僧尼多不如律，所願垂慈矜恕，此事爲後。」……帝動容，追停前敕，諸僧震懼，相率啓請。帝曰：「藏法師是大丈夫心，謂是則道是，言非則道非，致詞宏大，不以形命相累，諸法師非大丈夫，意實不同，言則不異。弟子向與藏法師碩諍，而諸法師默然，無見助者，豈非意在不同耳。」事遂獲寢。藏出告諸徒屬曰：「國王欲以佛法爲己任，乃是大士用心，然衣冠一家子弟十數，未必稱意，況復眾僧，五方混雜，未易辯明，正須去其甚泰耳。且如來戒律，布在世間，若能遵用，足相綱理，僧正非但無益，爲損弘多。常欲勸令罷之。豈容贊成此事。」〔註164〕

梁武帝表達佛將護法重任交付國王，他願意身兼「白衣僧正」來管理僧團。智藏則主張護佛事業有其深奧義理，不是方內俗界帝王所能理解掌管。武帝無法反駁智藏，只好放棄兼任「白衣僧正」。〔註165〕智藏的立場一貫秉承慧遠「沙門不敬王者論」的主張——方外世界不容世俗君主淩駕其上，〔註166〕其堅持佛法高於王政的思想落實在行爲上，還包括以實際行動故意坐上皇帝的御座，直接對梁武帝的權威給予反擊。智藏所持的理由是「貧道昔爲吳中顧郎，尚不慚御榻，況復迺祖定光，金輪釋子也。」〔註167〕在佛法義理體系中，

〔註164〕同上註，頁147～148。

〔註165〕鈴木啓造認爲白衣僧正之爭產生的年代約在515～522年之間，與〈斷酒肉文〉提倡的時間（518～523）相近。參見鈴木啓造，〈梁代仏徒的性格白衣僧正論爭を通して〉，《史觀》1957年8月總第四十九冊，頁89～98。

〔註166〕周伯戡在〈慧遠「沙門不敬王者論」的理論基礎〉一文中指出：在佛教的宇宙觀中，君主、比丘與社會三者之間的關係爲，君主負擔維持社會秩序的責任，沙門則是社會精神的領導者。沙門以大法領導人的精神生活，王則滿足人的俗世要求，例如：善良的社會，良好的政治與安定的生活等。慧遠藉著植入道家的本體論與形而上學，更加確立帝王與沙門各有其方內、方外的世界，在各自的世界裡都有其獨立性與自主性。參見周伯戡，〈慧遠「沙門不敬王者論」的理論基礎〉，《台大歷史學報》1982年總第9期，頁84。

〔註167〕《續高僧傳》卷五〈釋智藏傳〉載：「時梁武崇信佛門，宮闕恣其遊踐。主

佛的法輪位高於帝王的統治之輪，因此，釋智藏既以未出家前的吳姓顧氏的社會地位，抗衡於出身僑姓素族的蕭衍；同時以轉輪聖王的「聖人」弟子身份，凌駕於奉佛王者「凡夫」的梁武帝之上。而梁武帝面對著東晉以來，君權一直無法凌駕於世族門閥與僧人兩大社會勢力的傳統束縛，他不得不在釋智藏挾持世族與佛學兩大威勢之下，收回「御坐之法，唯天子所升」之獨尊君權的詔令。〔註 168〕由此可知，梁武帝想突破南朝僧人方外自主的傳統，著實不易。

如果說梁武帝在天監年間（502～519）一系列政教結合政策是著重於理論的奠基，爲提出「皇帝菩薩」以作爲強化君權所作的暖身準備，那麼普通年間（520～527）頒布戒律、改革僧團便是梁武帝從理論進展到執行君權至上的實際操作。竊意或許在此執行操作過程面臨僧團的抗拒，並未如梁武帝預想的順利，而且天監年間爲武帝策畫政教結合政策的「建康教團」，其重要成員相繼辭世，〔註 169〕於是刺激武帝必須再另謀提升個人神聖性的措施，故有捨身同泰寺之舉。梁武帝捨身時間是：第一次，大通元年（527）三月，六十四歲時，歷時四天；第二次，中大通元年（529）九月，六十六歲時，歷時十七天；第三次，中大同元年（546）三月，八十三歲時，歷時三十七天；第四次，太清元年（547）三月，八十四歲時，歷時五十一天。〔註 170〕除了大同年間沒有捨身的行爲，其餘配合改元皆捨身同泰寺。〔註 171〕捨身

者以負扆南面，域中一人。議以御坐之法，唯天子所升，沙門一不霑遇。智藏聞之，勃然厲色，即入金門，上正殿、踞法座，抗聲曰：『貧道昔爲吳中顧郎，尚不慚御榻，況復迺祖定光，金輪釋子也。檀越若殺貧道即殺，不慮無受生之處，若付在尚方，獄中不妨行道。』即拂衣而起。帝遂罷敕，任從前令。斯跨略天子，高岸釋門也。」釋道宣，《續高僧傳》卷五〈釋智藏傳〉，頁 145。

〔註 168〕智藏的家世、聲望、學問優於慧約，但梁武帝選擇授菩薩戒國師時卻是捨智藏而就慧約，顏尚文認爲這是因爲智藏的個性與形象，深爲梁武帝所忌憚，尤其智藏是南朝以來「沙門不敬王者」傳統的典型代表者。顏尚文，〈梁武帝受菩薩戒及捨身同泰寺與「皇帝菩薩」地位的建立〉，《東方宗教研究》1990 年 10 月，新 1 期，頁 58。

〔註 169〕例如寶誌卒於 514 年，僧祐卒於 518 年，智藏卒於 522 年，法寵卒於 524 年，法超、慧超卒於 526 年，僧旻卒於 527 年，法雲卒於 529 年。此外「預機密二十餘年」的周捨卒於 524 年，「盡心奉上，知無不爲」的徐勉卒於 535 年。

〔註 170〕《梁書·武帝本紀》記載梁武帝三次捨身，而《南史·武帝本紀》則爲四次，且記述得較詳盡，故以《南史·武帝本紀》爲主。

〔註 171〕梁武帝在位 48 年，前後共使用七個年號，分別是天監（502～519）、普通（520～527）、大通（527～529）、中大通（529～534）、大同（535～546）、中大同

期間有四、五萬人參與的大法會，也有王公群臣以億萬錢奉贖「皇帝菩薩」的盛舉。此外，還進行著各種遜位為僕、講經說法、服袞冕還宮、御太極殿行即位禮、大赦、改元等繁瑣的活動。梁武帝四次捨身都在六十歲以後的晚年時期進行，而且愈是到後期在寺院的日期越長，顯示應用捨身以達到預期的政治性、宗教性效果之需要越迫切，或許這與政治敗壞每況愈下、〔註172〕僧團作亂挑戰君權〔註173〕等情勢有關；而且捨身可以表示自己不留戀皇帝寶座；透過皇太子、百僚奉贖「皇帝菩薩」的活動，可以檢驗王子親信、群臣百官對自己的忠誠程度，並進一步樹立自己的絕對權威。〔註174〕配合捨身，梁武帝晚年還進行大規模的阿育王崇拜活動出現，相較於早期天監年間從經典理論著手，藉由宣揚阿育王進而彰顯轉輪聖王以佛法治國的理想，〔註175〕

（546～547）、太清（547～549）。

〔註172〕昭明太子（501～531）之死開啓梁王朝的繼位紛爭，導致王室之間爭鬥惡化，梁武帝逐漸步入晚年政刑弛紊的階段。有關梁武帝「佛教國家」的理想與幻滅，參見顏尚文，《梁武帝》，頁303～315。

〔註173〕梁武帝中大通元年（527）有沙門僧強率眾作亂：「妖賊沙門，自稱為帝王、天子，結合當地豪強起兵亂，眾至三萬。」、「妖賊沙門僧強自稱為帝，土豪蔡伯龍起兵應之。僧強頗知幻術，更相扇惑，眾至三萬，攻陷北徐州，濟陰太守楊起文棄城走，鐘離太守單希寶見害，使陳慶之討焉。（武帝）車駕幸白下臨餞，謂慶之曰：『江、淮兵勁，其鋒難當，卿可以策制之，不宜決戰。』慶之受命而行。曾未浹長，斬伯龍、僧強，傳其首。」參見〔唐〕姚思廉等撰，《梁書》（臺北：鼎文1978年）卷三十二〈陳慶之列傳〉，頁463、464，以及司馬光，《資治通鑑》卷一百五十三〈梁紀九〉「武帝中大通元年條」，頁4770。

〔註174〕參見方立天，〈梁武帝蕭衍與佛教〉，收入氏著，《魏晉南北朝佛教》，頁314。

〔註175〕《阿育王經》經常強調阿育王是釋迦佛授記的「轉輪聖王」。天監十一年（512）梁武帝敕令重譯《阿育王經》十卷，譯場規模宏大、譯經團成員高僧雲集，武帝也親自筆受經文，可見重視的程度。此外，天監十五年（516）敕編的《經律異相》中，可說是梁國境內最豐富且最完備的佛典寶庫，《經律異相》由梁武帝親自主持規劃，其編輯旨趣似乎圍繞著「深文」、「神宗」、「異相」、「祕說」、「要事」、「祕要」等特殊意涵來進行，抄集佛典中的「神宗」、「異相」、「祕要」歸納分類，顯然與政教結合政策之理念的形成，有密切的關係。《經律異相》大量引用《阿育王經》，其中的第二十四卷〈轉輪聖王諸國王部〉二十五卷、二十六卷為〈行菩薩道諸國王部〉，以「轉輪聖王諸國王」與「行菩薩道諸國王」為全書的中心透露著梁武帝一生的理想與實踐方法。梁武帝以轉輪聖王下的「佛教國家」為其理想，以行菩薩道為其手段的兩個旨趣，被《經律異相》的編輯方式刻意的凸顯明示著。參見顏尚文，《梁武帝》，頁293～295。從《阿育王經》的內容分析，可以認識到梁武帝奉佛的所有事蹟，幾乎與阿育王同出一轍，兩者有著高度類似性，故梁武帝行菩薩道為其手段，希望達到以轉輪聖王治下的「佛教國家」為目標，都以阿育王為典範。

梁武帝在大同年間則是耗費大量的金錢改造阿育王寺塔，舉行無遮大法會、崇奉佛舍利、大赦天下……等，較可使民眾具體感受到阿育王事蹟的崇拜活動。愈是依賴外在可見的形式、儀式來突顯自身的神聖性，愈是說明梁武帝晚年對於權力的依戀（或說患得患失），依筆者之見，這些歷來被視爲是梁武帝奉佛甚篤的行爲，從權力的角度來觀察，反倒像爲襯托君權的輝煌耀眼而刻意包裹的金鏤衣。究其實，梁武帝經由儀式化、偶像化的過程，累積自己的聲望、權威，使君權能合理的凌駕於沙門、貴族之上，然後合法的同時擁有王法與佛法的權柄，而強化他的「皇帝菩薩」地位。捨身又復位的過程大費周章、勞師動眾，此正可吸引全國各階層的人民關注梁武帝，亦能使自己權威化、神聖化，〔註 176〕這在梁武帝晚年政局不穩、朝綱失序的背景下，更顯得重要且必要。

從以上可知梁武帝欲實現其「皇帝菩薩」、「佛教國家」的理念是一頗具規模且有完備計畫的工程，耗時甚久。兩相比較之所以無法如北朝帝王斷然以武力要求僧團臣服於君權之下，實則根因於南北朝各自的宗教生態不同。誠如湯用彤所言「南朝人士偏於義理，故常見三教調和之說。內外之爭，常只在理之短長。辯論雖激烈，然未嘗如北人信教極篤，因教爭相毀滅也。」〔註 177〕又云「北朝道佛之爭根據在權力。故其抗鬥之結果，往往爲武力之毀滅。南方道佛之爭根據爲理論。而其諍論至急切，則用學理謀根本之推翻。」〔註 178〕湯氏所言誠然。南朝佛教的特性既在義理思想的爭論，那麼梁武帝所採行的策略必然是「以佛理對抗佛理」。而佛學理論從建立到被接受、普及，需要長時間經營，因此我們看到的梁武帝，在位四十八年可謂孜孜不息從事與佛教

〔註 176〕梁武帝決定離開同泰寺回宮復位的那一天，特別擴大舉辦四部無遮大會，與會道俗士庶等人有高達五萬餘人之眾。無遮大會結束後，武帝脱卻袈裟，服袞冕，禦金輅而還宮。梁武帝使用天子的「金輅袞冕」登太極殿，行即位禮，大赦天下，改年號，如同「開國皇帝」般，一切與民更始。武帝復位之後，有神馬祥瑞出現，皇太子因此獻上「寶馬頌」歌頌武帝捨身又復位的功德。梁武帝每一次捨身都勞師動眾，動用無數的人力、物力，進行各種繁瑣的儀式。從捨身活動的各種過程中，例如：講經，群臣奉贖「皇帝菩薩」與行即位禮復位的過程等方面，可以說是經由這些繁複的儀式，一再的使梁武帝更神聖化。參見顏尚文，《梁武帝》，頁 68～69。

〔註 177〕湯用彤，《漢魏兩晉南北朝佛教史》，頁 419。

〔註 178〕同上註，頁 462。有關佛教在南朝與北朝的差別，可參見湯用彤，《漢魏兩晉南北朝佛教史》第十三章〈佛教之南統〉、第十四章〈佛教之北統〉，以及第十七、十八、十九、二十等章亦有涉論。

相關的舉措，涵蓋層面既廣且深，中國帝王中之奉佛者無人能出其右。當然我們可以從私領域（個人信仰）來肯定梁武帝是個奉佛至深的信仰者，然後將其奉佛事蹟解讀成是虔誠的表現。不過，倘若我們從公領域（皇帝至尊）來分析梁武帝的奉佛舉措，更可以說明梁武帝爲何是要以這樣的方式去表達虔誠，以及可以解釋梁武帝爲何無法再更虔誠地貫徹個人的信仰。

秦漢以來的皇帝皆具有「政教合一」的「聖王」或「眞命天子」等身份，君主身上帶著濃厚的宗教性神秘色彩，似乎是傳統政治文化的主要特性。「天命思想」一向是中國君主合法掌權的重要憑據，獲得天命方爲眞命天子，然後才能是行德治於民的「聖君」。梁武帝爲了代齊建立自己的王業，在「受命於天」的傳統政治信念下，運用各種神助、符瑞、運曆等，以號召人心，使其新政權的權威能夠合理化、正當化。吳彰裕分析歷代六十位興業帝王中，梁武帝與「眞命天子」等「政治謎思」有關的「徵應」、「誕聖」、「神助」、「異相」、「符瑞」、「運曆」等個案資料相當多，梁武帝可以說是歷代帝王最喜歡「符瑞」等裝飾的帝王之一。〔註179〕了解梁武帝具有這樣的喜好傾向，便不難理解爲何他後來捨道事佛，〔註180〕改採阿育王的佛法結合王政的治國模式，塑造自己成爲「皇帝菩薩」、「轉輪王」。對帝王而言，重要的不是信仰什麼，而是什麼信仰有助於君權的鞏固，令帝王之業常保千秋萬世。把握住這個關鍵，就能明白爲何梁武帝要大力推行阿育王的崇拜，〔註181〕爲何要受菩

〔註179〕參見吳彰裕，〈歷代興業帝王政治謎思之研究〉（高雄：國立中山學術研究所碩士論文，1984年），頁152～175、206～283。

〔註180〕《隋書》云：「武帝弱年好事，先受道法，及即位，獨自上章，朝士受道者衆。」《隋書》卷三十五〈經籍志四〉，頁1093。在蕭衍所作的《述三教詩》中言道：「少時學周孔，弱冠勤六經」、「中復觀道書」、「晚年開釋卷」，證明梁武帝早年確是信奉道教的。梁武帝，〈述三教詩〉，收入釋道宣，《廣弘明集》卷三十，T52/2103，頁352c。天監二年（503）置大小道正，任孟景翼爲大道正，屢爲國講說。雖梁武帝於天監三年捨道事佛，但並沒有完全禁絕道教，其中一個很重要的原因當在道教煉丹可致長生成仙，帝王往往是神仙學說的虔誠信徒，故梁武帝仍對陶弘景、鄧郁等道士禮遇有加，並命其爲他煉丹。《隋書》載：「（梁武）帝令弘景試合神丹」見《隋書》卷三十五〈經籍志四〉，1093。以及《南史》載梁武帝對道士鄧郁「敬信殊篤」、「起五嶽樓貯之供養，道家吉日，躬往禮拜。」《南史》卷七十六〈隱逸列傳・鄧鬱傳〉，頁1896。從梁武帝捨道事佛後仍與道士保持密切往來可知，對帝王而言，重要的不是信仰什麼，而是什麼信仰有助於政權鞏固，使帝王之業常保千秋萬世。

〔註181〕古正美認爲梁武帝以行大乘佛教菩薩道爲其手段，企圖達成以轉輪聖王下的「佛教國家」爲其理想。《阿育王經》經常強調阿育王是釋迦佛授記的「轉輪

薩戒，〔註 182〕以及爲何要用自己的身體做象徵性的「身施」〔註 183〕等方式去表達宗教的虔誠。

繼而我們要問的是，爲何梁武帝四次捨身同泰寺，最後都因臣民奉贖而放棄？山田慶兒認爲捨身在同泰寺這個象徵蓋天世界相的舞台上，進行著梁武帝這一信仰者的表演，是一種象徵世界裡面的象徵行爲。通過宮城北的大通門進入同泰寺的南門之際，政治家的武帝成爲信仰者的武帝。武帝的捨身是一種徹底的象徵行爲，不是斷絕一切退路的「絕對捨身者」之行爲。表演者結束他的演技時，必須走下舞台。三寶之奴蕭衍、信仰者武帝再一次的回到政治世界，必須通過同泰寺的南門與宮城的大通門。但是具有象徵行爲的意涵，必須重覆的演出來強化其作用。因此，梁武帝有接二連三，四次捨身同泰寺的象徵舉動。從政治的世界進入信仰的世界，又從信仰的世界回到政治的世界，這兩個世界之間有可以往復的通路，這就是蓋天的世界，也是「大通」的世界。〔註 184〕顏尚文則認爲梁武帝通過大通門，進入同泰寺蓋天的世界爲四部大眾講經、設無遮法會並處理軍國大事，他不祇是成爲一位三寶奴、信仰者的武帝而已。由於皇太子以及群臣以巨額金錢奉贖「皇帝菩薩」清淨大捨之舉動，使梁武帝在同泰寺之神聖的、宗教的、內的世界與世俗的、政治的、外的世界之雙重世界結構的道場中，具足了「皇帝菩薩」所享有的皇帝與菩薩之雙重身份，王法與佛法之雙重權柄，能同時統治臣民與沙門。〔註 185〕換言之，捨身既是以政治性、象徵性目的爲前提，那麼當無法割捨

聖王」，阿育王是最早將大乘佛教作爲治國理念，形成了以佛教轉輪王爲中心的模式，是歷史上首位奠立及使用佛教意識形態治國的君主，阿育王所奠立的佛教意識形態施行內容及方法，都登錄在大乘經典中，故只要有大乘佛教發展的地方，就有帝王施行佛教意識形態治國的現象。參見古正美，《從天王傳統到佛王傳統——中國中世佛教治國意識形態研究》，頁 10。

〔註 182〕菩薩之所以稱爲菩薩，是由於受了菩薩戒而來；要行菩薩道，須受菩薩戒，所以菩薩戒是一切諸佛之能成佛的根本原因，也是菩薩之所以成菩薩的根本所在。《梵網經》言菩薩戒「是一切諸佛本源，一切菩薩本源，佛性種子。」見鳩摩羅什譯《梵網經盧舍那佛說菩薩心地戒品》（簡稱《梵網經》），T24/1484，頁 1003c。

〔註 183〕捨身同泰寺是一種身施的供養行爲，而身施是供養之中爲尊爲上，爲最爲長者。《法華經．藥王菩薩品》載：「……超踰天人一切所行，國、財、妻子施所不及，供養之中爲尊爲上，爲最爲長，爲無疇匹，以身施者乃成法施。」見西晉竺法護譯，《正法華經》，T9/263，頁 125a。

〔註 184〕山田慶兒〈梁武の蓋天說〉，《東方學報》1977 年總第四十八冊，頁 130。

〔註 185〕顏尚文，《梁武帝》，頁 71。

世俗權力時，自然不能更虔誠地貫徹個人的信仰——出家修道，以致在捨身過程中不斷上演欲迎還拒的戲碼，於是四次捨身最後都以奉贖復位收場。

縱觀梁武帝實施「皇帝菩薩」、「佛教國家」的整體成果，在天監年間一連串政教結合的努力配合武帝早年的英明有爲，的確造就佛法與王政緊密合作的成效。然而隨著佛教勢力膨脹，僧尼良莠不齊，以及梁武帝晚年時期在個人方面不能克服自己自負、護短、忌才的個性缺點，客觀環境方面又無能力抑制王侯子弟的橫行非法、官吏的貪殘暴虐，以「皇帝菩薩」的理念來推動的政教改革，也就成爲一種形式、象徵而已。〔註 186〕

爲深入對照、比較北朝「皇帝即如來」與梁武帝「皇帝菩薩」的實質內涵，以下再針對梁武帝苦心孤詣營造「皇帝菩薩」之前因後果，再作深一層論述。宋齊時代已有受菩薩戒、斷殺的信仰活動，〔註 187〕因此梁武帝受菩薩戒、斷酒肉有沿襲前代的佛教信仰及活動的痕跡。然而梁武帝自身的性格與才能，使其並非一味承襲，而是能在深厚的學術基礎上因應時代背景有所開創。無論是天監年間（502～519）建康教團從事大規模的佛教經典編纂、譯注工作，〔註 188〕抑或梁武帝個人對佛經的鑽研與融通，〔註 189〕皆是其廣博精

〔註 186〕參見上註，頁 303～315。

〔註 187〕僧祐的《法苑雜緣原始集目錄·序》，收有宋齊時代受菩薩戒集六首，分別爲：〈菩薩戒初至次第受法記第一〉、〈宋明帝受菩薩戒自誓文第二〉、〈竟陵文宣王受菩薩戒記第三〉、〈天保寺集優婆塞講記第四〉、〈文宣王集優婆塞布薩記第五〉、〈宋齊勝士受菩薩戒名錄六〉；此外在止惡興善集還收錄南齊皇帝實施斷殺的佛教活動記載，如〈齊高武二皇帝敕齊齋斷殺記第一〉、〈齊武皇帝敕斷鍾山玄武湖漁獵記第二〉、〈齊武皇帝敕罷射雉斷賣鳥雀記第三〉、〈齊文皇帝文宣文焚毀罟網記第四〉……等。見釋僧祐撰，蘇晉仁、蕭鍊子點校，《出三藏記集》卷第十二，頁 489～490。

〔註 188〕梁武帝在即位初年的天監年間（502～519）從事大規模的佛教經典編纂、譯注工作，其中包含多種菩薩思想。例如：《經律異相》卷八的〈自行菩薩部〉，卷九〈外化菩薩部〉，卷十、十一〈隨機現身菩薩部〉，卷十二〈出家菩薩僧部〉，卷二十五、二十六〈行菩薩道諸國王部〉卷三十一、三十二〈行菩薩道諸國太子部〉等。〔梁〕釋寶唱等編撰《經律異相》，T54/2121，分見頁 39a～45c、46a～49c、49c～55c、55c～61a、61b～63c、136b～140b、140b～145b、162a～170a、170a～177c。

〔註 189〕顏尚文研究指出梁武帝的佛教思想，以《大般涅槃經》與《大品般若經》爲兩大支柱。梁武帝的佛學思想以《涅槃經》爲中心，而後重點轉移至《般若經》，晚年則以《般若經》的〈三慧品〉爲中心。梁武帝的菩薩思想建立在廣大精深的《般若經》上，除了「般若空觀」的菩薩思想外，他又融合了《涅槃經》中菩薩之「慈悲」與平等思想。梁武帝的「菩薩思想」建立在《般若經》與《涅槃經》兩大系統之上，且這兩大系統又是經過思考後批判當時流

深之「菩薩思想」的理論養分。正基於深厚的佛學造詣，故由梁武帝開創的「皇帝菩薩」之政教結合政策，就遠比北朝「皇帝如來」之政教結合來得更平易親切，〔註 190〕以及更深入佛學義理的層次，除了造像、立寺、讀經、誦經、舉辦法會、設立僧官、改革僧團……等措施，梁武帝還要求僧人編纂各式佛教類書，敕撰菩薩戒法，他個人能親自講經、注經、撰寫〈斷酒肉文〉，且行供養之最尊、最上之身施（捨身）。

秦漢以來的君主集權體制中，皇帝居於天下統治結構的主體地位，君主擁有至高無上、神聖不可侵犯的權威。因此，不管是北朝或南朝皇帝，都具有君權至上的觀念，借助宗教來強化君權都是帝王統御術的一種手段。以曇曜爲首的北朝僧團爲避免再有太武帝毀佛之舉發生，從文成帝即位後便積極尋求與君權的密切合作，於是加強道武帝時法果提出的「皇帝即如來」的觀念。曇曜輔佐文成帝（452～465 在位）、獻文帝（466～471 在位）、孝文帝（471～499 在位）致力推動政教結合的時間大約在梁武帝於齊末創業建立新政權的前夕（502 年蕭梁建立），尤其梁武帝（464～549 在世）的青壯年階段，北方適値同樣英明有爲，深具佛學素養，且大力推動王政與佛法結合的孝文帝在位，這對梁武帝即位後要採擇何種治國模式，不可能不具影響。顏尚文認爲梁武帝實質上應用「皇帝如來」的精神，但形式上不取此一名號有其主觀的因素。梁武帝具備開創性的個人主觀條件，不必也不願套用敵國的政策名號。客觀環境方面，單純的「皇帝即如來」信仰式的藉口，無法得到強於義理的南朝僧團之接納。創造一個層次上是「皇帝如來」，內涵方面有廣博精深的大乘菩薩思想、戒行體系爲基礎的新理念，乃是必然之舉。〔註 191〕

古正美在〈梁武帝的彌勒佛王形象〉一文中指出梁武帝從天監三年到其死亡，都以彌勒佛王的面貌統治梁朝。梁武帝發展佛教的政策雖然受到南齊佛教政策發展內容及形式的影響，然梁武帝發展佛教政策的態度比其先前的任何南齊或宋代帝王更爲努力。〔註 192〕古正美的研究有別於歷來對「北朝皇

行的《法華經》與五時判教等說法而來。因此梁武帝對菩薩思想的理解自有其個人獨到的見解，絕非人云亦云，故能主導編撰〈菩薩戒法〉。有關梁武帝的佛學思想請參見顏尚文，《梁武帝》，頁 144～165。

〔註 190〕顏尚文認爲梁武帝瞭解無佛時代，菩薩思想可以做爲其推行的政教結合政策之核心思想。因爲菩薩思想早已流傳中國，且爲人民所接受。而且菩薩思想比起「佛陀觀」,「皇帝如來觀」更富有親切性、可實踐性。同上註，頁 157。

〔註 191〕顏尚文，《梁武帝》，頁 161～162。

〔註 192〕見古正美〈梁武帝的彌勒佛王形象〉，頁 28～47。古正美此篇文章的研究動機

帝如來」、「南朝皇帝菩薩」兩者形象的認知，顛覆了傳統上視梁武帝爲皇帝「菩薩」的形象設定。然而筆者認爲，梁武帝可貴之處，不在複製北朝的「皇帝即如來」，而是企圖使南朝皇帝也能享有位如「佛如來」的尊貴地位，且重要的是梁武帝耗費數十年的時間苦心經營，從理論到實踐，造就梁朝一片受菩薩戒、行菩薩道的風氣。誠如古正美在其文中根據佛經強調，因爲必須先受菩薩戒儀式才能登上轉輪王位，〔註193〕梁武帝曾受過兩次菩薩戒，第一次是天監三年（504），同時宣告捨道入佛〔註194〕；第二次是在天監十八年（519）四月八日從慧約智者國師親受菩薩戒，其後梁國的王侯朝士、僧尼庶民從受菩薩戒者凡四萬八千人，〔註195〕《魏書》亦載：「（蕭衍）令其王侯子弟皆受佛誡（菩薩戒），有事佛精苦者，輒加以菩薩之號。其臣下奏表上書，亦稱衍爲皇帝菩薩。」〔註196〕梁武帝之擁有「皇帝菩薩」的尊銜，以及梁朝全國上下之重視受菩薩戒，以菩薩之號稱呼事佛精苦者，信仰大乘菩薩思想之盛況，連北齊魏收亦有所聞而寫入史籍。從此一角度論之，梁武帝以皇帝之姿帶領人民受菩薩戒、行菩薩道，的確符合了王政與佛法緊密結合的模式，也較北朝皇帝更具有慈悲普渡的神聖性。

顏尚文在《梁武帝》一書所作的結論道：

在於顏尚文和芮沃壽都認爲梁武帝是以「皇帝菩薩」的姿態、「菩薩」的面貌統治大樑，但二人對「皇帝菩薩」此詞的解釋並不清楚。古正美著重探析梁武帝「皇帝菩薩」此稱號與其所受的菩薩戒的關係，並於該文中將既是佛又是轉輪王的帝王稱之爲「佛王」，指出梁武帝其實是採彌勒佛王的形象或面貌統治大梁。有關芮沃壽對梁武帝是「皇帝菩薩」，採用「混合中國及佛教的政治思想新的佛教統治模式」的看法請參見 Arthur F. Wright，Buddhism in Chinese History，California：Stanford University Press，1959，p.50-51. 顏尚文對梁武帝「皇帝菩薩」的研究則參見顏尚文，《梁武帝》。此外，古正美研究指出與南朝發展彌勒佛王信仰差不多同時的北朝也有發展彌勒佛王信仰的現象。參見古正美，〈從《大慈如來告疏》說起——北魏孝文帝的雲岡彌勒佛王造像〉，《2005年雲岡國際學術研討會論文集》研究卷（北京：文物出版社。2006年），頁7～40。

〔註193〕《梵網經》云：佛言「若佛子欲受國王位時，受轉輪王位時，百官受位時，應先受菩薩戒。一切鬼神救護王身、百官之身，諸佛歡喜。既得戒矣，生孝順心恭敬心。」鳩摩羅什譯，《梵網經盧舍那佛說菩薩心地戒品第十》，T24/1484，頁 1005a。內容詳釋菩薩之心地法門，以及如何由此身、口、意之作用，而得成就心地淨土。

〔註194〕古正美考證梁武帝在天監三年佛誕日，即與兩萬僧俗於重雲殿發菩提心，受第一次菩薩戒儀式。詳見古正美〈梁武帝的彌勒佛王形象〉，頁30～32。

〔註195〕釋道宣，《續高僧傳》卷六〈釋慧約傳〉，頁157。

〔註196〕《魏書》卷九十八〈島夷蕭衍列傳〉，頁2187。

（梁武帝）創造出「皇帝菩薩」的新理念與新政教結合政策，從理想方面來看是結合中國文化的「皇帝」與印度文化的「菩薩」概念，是中國的「聖王思想」與印度的「轉輪聖王」思想的合一；也可以說是儒、釋、道的「三教合一」；也可以說是政治與佛教的「政教合一」，甚至可以「皇帝菩薩」的身份一統僧俗，進而統一南北長期的分裂狀態到「南北合一」的「佛教帝國」。這是順應魏晉南北朝長期分裂，以及思想未定於一尊而衍生出的「合一」之時代需求的產物。〔註197〕

梁武帝用心良苦，一手擘畫建立「皇帝菩薩」、「佛教帝國」之政教結合理想，既是時代需求的產物，也是只有梁武帝才能開創出的產物。梁武帝發展佛教的政策不管是之前的宋、齊，還是後來的陳朝君主，〔註198〕雖然內容的相似度頗高，卻不如梁武帝的影響深遠。觀南朝受菩薩戒的帝王並非只有梁武帝，但卻只有梁武帝努力計畫、執行，使自己成爲「皇帝菩薩」，這個稱號得來實至名歸，亦實屬不易。從梁武帝「持續」、「多元」的努力，無疑顯見南朝在邁向政教合一之路的艱難。相較於北朝自五胡十六國以來的戰亂頻繁，胡人政權以強大武力作爲後盾，征服、壓制整個北方社會，世族和僧人爲求自保不得不服從、配合胡人政權，因此「皇帝即如來」的政治結合政策較易推行；而南朝的君主對內要面對皇帝、世族和僧人三方鼎立抗衡的態勢，對外又要與北朝對峙抗衡，內憂外患，處境著實不易。然而正因其不易，更可突顯若非如梁武帝這樣文武兼備，極富學術涵養又雄才大略的帝王，斷難以提出「皇帝菩薩」作爲安內攘外的手段。南朝四代君主中明確、明顯企圖達到如北朝政教密切合作者，非梁武帝莫屬，可惜武帝晚年「委事群倖」、「朝經混亂，賞罰無章，小人道長」，〔註199〕終使其政教結合的理想走向幻滅。

本節從信仰方式、政教關係分別探討佛教在南朝、北朝發展之異，對照言之，誠已得其體要。佛教本有宗教信仰與哲學思辨之兩面。佛教信仰之中心理念與行實在禪修，佛教之哲學思辨在經論通明，加以發揮，是爲義解。佛家全

〔註197〕顏尚文，《梁武帝》，頁318～319。

〔註198〕《陳書·高祖本紀》永定二年夏四月條：載陳武帝「捨身莊嚴寺，設四部大會。」見《陳書》卷二〈高祖本紀〉，頁37。《南史·陳後主本紀》禎明二年十一月條載：「自賣佛寺爲奴以禳之，於郭內大皇寺起七層塔。」見《南史》卷十〈陳後主本紀〉，頁307。又陳後主「倚重釋智顗，並幸寺修行大施，起拜殷勤，爲太子授菩薩戒。」見《續高僧傳》卷十七〈釋智顗傳〉，頁517。

〔註199〕《梁書》卷三〈武帝本紀下·史臣曰〉，頁97。

德須定慧雙修，定在習禪，慧在義解，故僧徒當義解與禪行兼備。〔註 200〕然而由於南、北政治、社會、文化等方面發展各異，故使信仰方式上，南重義學，北重禪行；南朝教風崇尚思辨論義，北朝強調實踐修行。再從「北朝如來皇帝」和「南朝皇帝菩薩」探討南北朝在政教關係的異同而論，君主受命於天，擁有至高無上、神聖不可侵犯的權威，這是南北朝皇帝根深柢固的君權意識。帝王視佛教為個人私領域的精神信仰，同時將佛教應用於公領域成為輔贊王政的工具，使政權控制教權、政教結合作為治國之術，此點北朝較南朝表現顯著。由於北朝君權較為強大，佛教表現較多為主動依附、配合君權，從屬性強，故政教合一較易推展；相對地，南朝君權受制於世族門閥和沙門不敬王者的傳統，反而是君主必須主動適應南朝佛教強調超然於世俗之外的獨立性，與重視義理的學術性，建立一種以佛學為基礎的政教結合政策。梁武帝兼備玄、儒、文、史、佛、道等各方面的學術素養，具有學術上高度的融合與創造力，面對〈沙門不敬王者論〉在學理上的優勢，梁武帝有能力以學術辯證來解決「帝王」居於理論劣勢的困境，謀求政教的結合。然而由於東晉南朝的政教衝突一向不訴諸武力，而皆以義理爭辯的方式進行，使得如果缺乏如梁武帝才能的帝王，自然無法要求僧人臣服於世俗君主，也就難以貫徹政教合一。質言之，中國人對佛教的態度，向來視之為傳統政治文化的輔助，而最終不能超然於世俗政權之外，這就是佛教在中國傳統社會的定位。〔註 201〕儘管就政教合一，政權凌駕教權之上的執行成效來看，北朝貫徹較佳，不過南朝縱使執行效果有限，但從其努力的背後所蘊含的動機而言，其實也正印證了中國傳統君主對於宗教的一向態度、一貫方針。

尚需一提的是，在此節，筆者花費頗多篇幅論述「北朝如來皇帝」與「南朝皇帝菩薩」，目的是想從此角度切入，藉以釐清南朝、北朝的政教關係。研究所得，筆者認為梁武帝並非以菩薩形象治國，如同北朝儘管出現皇帝即如來的言論，然而北朝君主也非以如來的形象治國。至於歷來會有北朝如來皇帝，南朝皇帝菩薩，以為雙方君主各採如來、菩薩的形象治國的看法，筆見認為或許是受史料誤導所致。從《魏書》中記載法果所言：「太祖明叡好道，即是當今如來，沙門宜應盡禮，遂常致拜。謂人曰：『能鴻道者，人主也；我非拜天子，乃是禮佛耳。』」〔註 202〕以及《魏書》云：「衍每禮佛，捨其法服，

〔註 200〕嚴耕望著，李啓文整理，《魏晉南北朝佛教地理稿》，頁 215。
〔註 201〕陳桂市，〈《高僧傳》神僧研究〉，頁 3。
〔註 202〕《魏書》卷一百一十四〈釋老志〉，頁 3031

著乾陀袈裟。令其王侯子弟皆受佛誡，有事佛精苦者，輒加以菩薩之號。其臣下奏表上書亦稱衍爲皇帝菩薩。」〔註 203〕《南史》亦載關於梁武帝「皇帝菩薩」的敘述曰：「癸卯，羣臣以錢一億萬奉贖皇帝菩薩大捨，僧眾默許。乙巳，百辟詣寺東門奉表。」；「夏四月庚午，羣臣以錢一億萬奉贖皇帝菩薩，僧眾默許。戊寅，百辟詣鳳莊門奉表。」〔註 204〕據此，殆使讀者容易受到這樣「如來」、「菩薩」顯而易見的可並置性敘述，而落入一種對比的框架。

總結本節所論，探討南北朝時期，佛教在南、北發展之差異，大致呼應南文北質、南玄北經的既有印象，呈現南義北禪、南偏學理北傾實踐的不同。此外，從政教關係亦可看出佛教在南、北發展之差異，南方佛教的獨立性較強，北方佛教受政治控制深，政教結合較成功。當然，這些差異乃是南、北對照言之，並非絕對性的畫分；不過，儘管是大原則、大方向的區別，仍有一定程度的參考值，可以用來概括觀照佛教在南、北地域空間上的差異，進而檢視、探究南、北史學發展不同是否也呼應此差異，復以鈎稽推求佛教與史學間的關聯性

第三節　佛教的傳播媒介與受眾

佛教在中國的流布與發展是一龐大複雜的課題，一般佛教史對此之討論，爲數已相當眾多，〔註 205〕幾乎已爲佛教之常識，若再予重複敘述，徒流於泛觀、泛論，並無太大的學術價值。基於此，本文不擬作全面的討論，僅就契合本文研究主題者進一步探討。以下，筆者主要從佛教的傳播媒介（寺院、僧人）、傳播受眾（社會各階層）兩方面，〔註 206〕說明南北朝時佛教在中

〔註 203〕同上註，頁 2187。

〔註 204〕《南史》卷七〈武帝本紀中〉，分見頁 206、219。

〔註 205〕任繼愈主編，《中國佛教史》；湯用彤，《漢魏晉南北朝佛教史》；鎌田茂雄著，關世謙、周淨儀譯，《中國佛教通史》；中村元等著，余萬居譯，《中國佛教發展史》等。

〔註 206〕筆者在此借用「傳播學」的基本觀點，簡言之，「傳播」即傳受信息的行爲（或過程）。一般而言，學界對「傳播」一詞大概有四種類型的區分，分別是：共用說——強調傳播是傳者與受者對資訊的分享；交流說——強調傳播是有來有往的、雙向的活動；影響（勸服）說——強調傳播是傳者欲對受者（通過勸服）施加影響的行爲；符號（信息）說——強調傳播是符號（或信息）的流動。參見張國良主編，《傳播學原理》（上海：復旦大學出版社，1995 年第一版），頁 3～5。

國的發展，敘述內容著重於和文教、思想相關的傳播活動。

一、佛教寺院與僧人

佛教寺院是佛教徒崇奉佛像、佛經神聖象徵的殿堂，是佛教義理和儀式傳承的據點，是供僧侶居住、修道與弘揚佛法的場所，佛教的思想藉由寺院所舉辦的各項信仰活動傳布到社會中。因此，寺院的成立，通常可以看作是僧團確立的指標。一處若有僧團或寺院成立，顯示此地必有一定的佛教勢力存在，佛教的傳播實際上就是正規僧團——寺院（Vihara）的傳播。〔註 207〕僧侶剃髮出家後，寺院便成爲其後一生的依止，對僧侶而言，寺院並不僅僅只是宗教修行的場所，其作爲教育文化的潛功能也有相當程度的發展。〔註 208〕在寺院中跟隨法師學習，是中國僧侶最常見的修學管道。〔註 209〕爲使僧侶的

〔註 207〕Erik Zürcher（許理和）認爲「嚴格意義上的佛教傳播是有非常具體的條件的。雖然世俗信奉者（大乘佛教中追求佛位這一遠大理想的人）的支持對推動佛教發展起到重要作用，但「職業」僧尼的神聖團體——僧伽一直是各地宗教生活的核心。沒有這個核心，佛教就會失去其社會基礎。佛教的傳播實際上就是正規的僧團——寺院（Vihara）的傳播。」Erik Zürcher（許理和）著，吳虛領譯，〈漢代佛教與西域〉，《國際漢學》（鄭州：大象出版社，1998 年 10 月第 1 版第 1 次印刷）第二輯，頁 299。

〔註 208〕寺院並不僅僅是中古時期的宗教處所。更進一步來說，這些寺院同時吸引了寒素及貴胄向慕，不但人文薈萃，更兼任了官私學所不及的教育功能，當時的寺院也不僅僅只對僧眾開放，對於教育權仍掌握在貴族之手的六朝時期，寺院也對非出家者提供了一定程度的外學教育。門閥社會下，基於仕宦與教育權的不公，很有可能推動了寒庶另闢出路的浪潮。其中之一，便是向佛教及寺院的靠攏。對於出身寒微又有天才的僧侶們而言，他們一旦進入寺院，就可以在一定程度上分享士大夫生活。這說明佛教出家修行的觀念已經創造出一種新型的社會組織形式，在那裡，中國中古時期嚴格的等級界限漸漸消失，出身不同的人均能從事智力活動，寺院發揮了作爲世俗學術和教育機構的第二功能。參見粘凱蒂，〈魏晉南北朝時期佛教傳播活動之研究〉（桃園：國立中央大學中國文學研究所碩士論文，2005 年），頁 93～102。

〔註 209〕當時僧人修學的管道還包括藉由書信的往來，切磋佛學義理，進行一定程度的思想交流，相傳東晉高僧慧遠曾經多次致書於鳩摩羅什，請教法身與空性的問題。《出三藏記集》卷十二收錄〈宋明帝勅中書侍郎陸澄撰法論目錄序第一〉，其中慧遠寫給羅什請益的相關書信初步統計共有 15 篇。參見釋僧祐撰，蘇晉仁、蕭鍊子點校，《出三藏記集》，頁 429～447。或是游學四方，僧侶在受過具足戒後，則可四處遊學，學有心得後便可當眾開講。許多僧侶都曾經歷這樣的過程，參見侯旭東《五、六世紀北方民眾佛教信仰：以造像記爲中心的考察》，頁 27～36。此外，有著名的法師東行來華，往往吸引許多僧侶前往向學，佛圖澄和鳩摩羅什先後來到中國，便吸引了不少僧侶前往問學。

養成教育完備充足，寺院教育往往兼習內、外典。業師在指導弟子進行學習之際，不但以內典教學精進其佛學修爲，另外還視情況決定是否加入外典教學。寺院中所進行的外典教學，起初僅作爲對內典教育的輔助。爲了提升弟子對內典的理解能力，業師可視情況加入一部分的外典學習；其次，僧侶修習外學，則攸關布教工作是否能夠順利推展，爲了折服外道，僧侶擁有一部分的外學素養是相當必要的。要之，弘法和護教是僧尼研習外學最重要的原因，但從沙門的外學知識包括：經學、小學、史學、諸子、文章、書法、繪畫、音樂、醫藥、兵法、占候，以及天文、曆法、農藝、機械、建築和道教的祕咒符籙等，五花八門，多彩多姿，可見學習外學的動機亦受到個人興趣影響。〔註 210〕此外，寺院所具備的文教功能並不僅僅只負責教育出家眾，對於世俗界提供的教育服務，包括通過節慶活動、講說佛經故事、繪畫等通俗、生動的教育形式，使庶民大眾接受佛教的基本教義，同時也從中獲得一些文化知識。同時，寺院藏書豐富，加上高僧學問淵博，顯然對士人有很高的吸引力，當時有不少文人附學其間，故寺院的受教者，不僅只有出家僧侶，尚包括了一些隱逸的文人以及貧寒之士。〔註 211〕

魏晉南北朝時期的佛教寺院顯然也是當時的學術中心。寺院的文教活動中最引人注目者，當屬佛經翻譯活動。日本學者中村元認爲中國佛教的特徵之一是重視書面文獻，〔註 212〕而且中國人將傳入漢地的佛教經典一一譯爲漢文，但卻從來沒有考慮以梵語或胡語作爲佛教教團中的經典語言，〔註 213〕因

見釋慧皎撰，湯用彤校注，《高僧傳》卷二〈鳩摩羅什傳〉，頁 49～54、卷九〈佛圖澄傳〉，頁 356～357。

〔註 210〕有關僧尼學習外學的目的、內容，請詳參曹仕邦，《中國沙門外學的研究——漢末至五代》，（臺北：東初出版社，1994 年初版），頁 475～483。

〔註 211〕高僧慧遠在廬山所設立的教育機構，兼收僧俗二眾，南朝宋著名儒士雷次宗，曾於其門下聽講喪服禮；其後另著義疏，首稱雷氏，竟招致同門宗炳的譏嘲：「昔與足下共於釋和上間，面受此義，今便題卷首稱雷氏乎？」（參見《高僧傳》卷六〈慧遠傳〉、《宋書》卷九十三〈隱逸列傳・雷次宗〉）文人附學於寺院有名者還有撰寫《文心雕龍》的劉勰，其家貧早孤，因篤志好學而依止僧祐，曾協助校定定林寺經藏。參見《梁書》卷五十〈文學列傳・劉勰傳〉。

〔註 212〕中國佛教就其知識性方面而言是一個文人的宗教。中國佛教或許也可以稱作「文獻宗教」，因爲整個中國文化是以重視文獻爲特徵的。見中村元著，林太、馬小鶴譯，《東方民族的思維方法》（上冊），頁 288。

〔註 213〕〔日〕中村元著，林太、馬小鶴譯，《東方民族的思維方法》（臺北：淑馨出版社，1991 年）（上冊），頁 221。

此魏晉南北朝時期短短四世紀間竟譯出爲數龐大的經典，〔註214〕這些經典是佛教在中國傳播的重要媒介，從文化傳播的角度來重新審視這批漢譯佛典時，這些經典便不只是具有宗教意味的書面文獻，而是帶有兩種文化衝突交流後的深刻內涵。〔註215〕佛典翻譯是一項規模非常宏大的言語實踐活動，以及對中外語言文化交流工程的影響極爲重要，這當中包含佛典原文隨著翻譯對漢語產生的直接和間接影響，以及佛典譯文（混合漢語）本身對漢語的直接影響。〔註216〕南北朝時期佛教在中國傳播所帶來的語言文化衝擊，促使當時學者在注釋中國本土典籍時不得不關注音義的訓詁。除了譯經外，爲傳播佛教教義，此時亦出現大量的疑僞經，一則顯示佛教的中國化，一則反映對庶民佛教信仰的巨大影響。〔註217〕

〔註214〕根據《隋書・經籍志》的統計，此時佛經共有一千九百五十部，六千一百九十八卷之多。《隋書》卷三十五〈經籍志四〉，頁1095。

〔註215〕粘凱蒂，〈魏晉南北朝時期佛教傳播活動之研究〉，頁103。

〔註216〕劉治立，〈兩晉時期的史注〉，《南陽師範學院學報社會科學版》2013年2月第十二卷第2期，頁34。

〔註217〕所謂「疑僞經」，也就是指非由梵文原典或西域胡本譯成漢文的經典，而是由華人僧俗撰述或抄略所成之經。這一特殊宗教文化現象正呈現出印度佛教的中國化腳步，換言之，它象徵的是中國佛教徒融合、吸收印度文化的過程，以及結合傳統思想、民間信仰的歷程；另外，疑僞佛典也曾因應社會時代的變化、思想變遷的動向而有意識地編製，具體表明了疑僞佛典與各時代、社會的關係匪淺。王翠玲，〈中國疑僞佛典研究〉，收入國科會研究計畫報告，計畫編號NSC95-2411-H-006-010、NSC95-2411-H-006-006成果報告。李小榮認爲在歷代經錄中，一般把翻譯的佛典稱爲「經」（眞經），將來歷不明、眞僞難辨者稱作「疑經」，而非譯經妄稱爲譯經者叫做「僞經」。這些疑僞經主要收入《大正藏》第八十五冊「疑似部」。歷來正統的佛教信徒，大多主張禁絕疑僞經。然而從思想史言，疑僞經是印度佛教中國化最直接的文本體現，疑僞經更契合信眾，尤其是庶民階層的現實需求。在印度佛教中國化的過程中，疑僞經大量湧現，它們在中國佛教史上尤其是庶民佛教信仰中具有無比巨大的作用和深遠的影響。參見李小榮，〈疑僞經與中國古代文學關係之檢討〉，《哈爾濱工業大學學報：社會科學版》2012年11月總第十四卷第6期，頁86～94。此外，吳玲君指出從附於《續高僧傳》卷一〈魏北臺石窟寺恒安沙門釋曇曜傳〉中附曇靖傳敘及，在廢佛敕令之下，佛典之類都焚燒殆盡，後來復佛時，少有足以引爲依據之指導庶民的佛經，爲了補充此缺憾，曇靖便撰寫《提謂波利經》二卷，此經乃是引導庶民入佛教的。這種連撰者之名都敢清楚印出的疑經，竟出現在統治及指導佛教團的監福曹所在地，而又成爲善導庶民的佛典，可說是一件當局默許的事。疑經之盛行，對於佛教之弘傳中國社會，充任了很重要的角色。疑經之盛行使佛教得以爲一般低階層平民所瞭解、信服，造就這些平民大眾大量加入造像信仰活動。見吳玲君，〈北朝婦女佛教信仰活動——以佛教造像銘刻

其次，寺院經常舉行大規模的辯論活動，其辯論內容主要以佛教教義爲主，而參與討論者並非只有佛教僧侶，還包括儒者、道士，於是儒釋道三教的激盪、融攝便在這些熱烈的辯論中逐漸展開。再者，佛經開講制度也隨之發展與完備。中國佛教徒的開講制度模仿自印度，通常爲一人升高座，在講法後再由聽眾提問，也有採兩人互相提問辯難的形式。隨著佛教傳布愈廣，開講活動愈趨興盛，每每吸引許多僧俗二眾參與。値得注意的是，升座說經，敷座說法，不僅斟酌詞句，而且推衍義旨，闡釋佛經義理，啓示了儒生仿效佛教徒講經的方法來疏理儒家經典，申明經旨，闡發義理，於是逐漸盛行以「義疏」的方式來解經。〔註 218〕。總之，此時期的寺院既是溝通社會聯繫的重要場所，又是開展各類文化活動的廣闊舞臺，其參加文化活動人數之眾多，文化成果之豐碩，精神領導地位之牢固，沒有件何一個官、私構可以與之匹敵。〔註 219〕

除了文化方面，寺院經濟也是掌握南北朝時期佛教發展的重要現象。漢晉時代，外來的西域僧人在中國並沒有根基，見於典籍的早期佛寺，大都是王廷官府所營造。隨著佛教傳播日廣，寺院也隨之在中國普遍興建。東漢至西晉時期，供養與募化是早期佛寺的傳統，是時尚未形成佛教寺院本身獨立的寺院經濟，當時佛寺的維持還需要政府與民眾大量的支持、捐施才得以維持。至南北朝時期，則有了較大的變化，因爲隨著佛教的國教化，寺院在寺屬土地、寺屬人口及寺屬財產等方面的大量獲得，致使魏晉南北朝時期，佛教寺院經濟得以產生並快速發展、繁榮。〔註 220〕値得一提的是，由於北朝君權較爲強大，以致對寺院管理更深入有力。例如曇曜建議設立「僧祇戶」與「佛圖戶」，便是國家力量強勢介入，扶持寺院經濟的發展。當寺院經濟逐漸獨立興盛後，寺院財產遂成爲社會救助慈善事業的重要支柱，佛教慈善事業亦蓬勃發展。佛教慈善事業作爲佛家的一個自利利人理念的實踐，其基

爲例〉（嘉義：國立中正大學歷史學所碩士論文，1998 年），頁 34。

〔註 218〕義疏之作，是儒家經說注釋體裁的變革，也是儒家經說內容的變異，其最大的特色在於形成的過程，深深受到佛教、玄學的影響，其敷座講演，廣論眾說，並藉由論難者反覆問答的過程，加以文字的記錄，便是義疏產生的基本形式。參見戴榮冠，〈南朝儒經義疏之時代特色〉（臺南：國立成功大學中國文學所碩士論文，2004 年），頁 1～9。

〔註 219〕謝重光，《中古佛教僧官制度和社會生活》，頁 459～460。

〔註 220〕參見曾義青，〈中古寺院經濟和佛教慈善事業〉（南京：南京師範大社會發展學院碩士論文，2006 年），頁 10～14。

礎就是寺院經濟，佛教慈善事業的主要表現在濟貧賑災、治病救人、保護生態環境、寄宿等方面，是中古時期社會慈善公益事業的支柱之一，對當時社會的穩定與發展有著不容忽視的作用。〔註 221〕寺院經濟所發揮的慈善功能，是佛教能深入庶民社會，達到傳教宏法，教化群眾之目標的重要基礎。

寺院之外，在佛教傳播活動中，僧人在其間發揮的媒介作用是顯而易見的。南朝宋劉義慶編纂《世說新語》和南朝梁釋慧皎《高僧傳》所記載的，多爲僧人中的知識分子，其文化素養頗高，致力於參與清談以及公開論辯，憑藉著機智與言辭，屢次折服儒家士大夫，成功地悠遊於王室貴族間，受人敬仰。不過，我們也應該注意到，僧團中的成員一向有著良莠不齊的傾向。成爲中古佛教傳播主幹的「士大夫僧人」，〔註 222〕意指那些出家前家世背景良好，又曾經受過一部份文化教育者；他們在僧團中往往屬於少數的菁英份子，而且最後他們多半成爲了僧團的領導者。若以《高僧傳》裡少數高僧的傳記以偏概全地反映實際上數百萬僧尼的事蹟，事實上並不客觀，因爲大部份的僧人是屬於那些受教有限、出身貧寒的低賤之士。〔註 223〕其中深入下層民眾，遊化四處的僧人，是佛教在鄉村僻壤興盛流行的功臣。遊化即「遊方宣化」之意，起初僧人遊化是爲了讓生活更簡單，減少住所與飲食的顧慮，全心投入修行。〔註 224〕後來遊化的目的也包括宣揚佛法、求師問學與從事

〔註 221〕參見曾義青，〈中古寺院經濟和佛教慈善事業〉，頁 28～35。

〔註 222〕荷蘭漢學家 Erik Zürcher（許理和）在《佛教征服中國》一書中，以「gentlemen-monks」來稱呼當時那些有一定文化教養的僧侶，而將其衍生出的佛教類型稱呼爲「gentry Buddhism」。由大陸學者李四龍、裴勇等翻譯的中文版中，將「gentlemen-monks」譯爲「士大夫僧人」，而將「gentry Buddhism」譯爲「士大夫佛教」。Erik Zürcher（許理和）著，李四龍、裴勇等譯，《佛教征服中國》，頁 4～9。

〔註 223〕Erik Zürcher 曾舉例說明，《高僧傳》裡出現於西元四世紀的 80 名中國僧侶中，僅有 11 名似乎出身於士大夫家庭，其中又只有 6 名曾被明確提及與官員或學者有關。同上註，頁 7～8。另外王青研究佛教和道教專業教士的出身，分析指出大部分佛教僧侶的出身較爲貧困，經濟考量是其出家的主要原因，他們的文化程度普遍較爲低下，儘管入教後的教育能夠提高部分天資聰穎的僧侶的文化教養程度，如道安、慧遠，但畢竟是少數。大部分職業僧侶依然屬於低文化或無文化層次，信徒更是如此。這就決定了佛教的弘教方式不可能一味地採取宣傳、研討教理、教義的方式，更多的需要依靠神話和神異事跡來建立信仰，然後依靠一系列的儀式行爲來鞏固信仰。參見王青，《魏晉南北朝時期的佛教信仰與神話》（北京：中國社會科學出版社，2001 年），頁 9～24。

〔註 224〕釋能融，〈早期佛教僧眾教育略談〉，《中華佛學研究》2000 年 3 月，總第 4 期，頁 77。

地方教化。〔註 225〕僧人的遊方問道與宣化，對於促進各地僧侶的交往，帶動各地佛教的發展以及不同地區間信息的溝通交流都發揮重要作用。〔註 226〕尤有甚者，僧人遊化不僅限於各自國內，亦多有往來南北者，不但於佛學名理之發展關係甚大，〔註 227〕亦促進了經典的流通。〔註 228〕

宗教的核心內容是信仰；宗教的生命力在廣大民眾的信仰實踐活動中，以北朝佛教而言，其重視行爲信仰，佛教的中心勢力在平民，因此，筆者著眼的遊方僧主要是數量可觀，深入北朝鄉村的僧人。這些遊方僧受到北朝佛教特色的影響，其傳教方式多是切合民眾所需，〔註 229〕他們接受鄉村居民的邀請而暫時居住，爲村民講經說法、主持宗教儀式，甚至率領民眾組織佛教結社團體，從事建造佛像、修習佛法，以及肩負社會救濟或醫療工作。〔註 230〕這些遊方僧是宣揚佛法、實施宗教教化最基層的傳播者。北魏太武帝去世，文成帝即位，於興安元年（452）下詔復興佛法，在很短的時間裡，佛教便重

〔註 225〕僧人遊方宣化的風氣，既有歷史傳統，又有現實上的需要。東來高僧基本上都是抱持弘化諸國，解救眾生的志向，不遠千里，歷盡艱辛。加之兩漢以來中土固有之儒生遊學問道的傳統，亦促成了僧人遊化之風的盛行。十六國初期，出家修行的程式便大體成型，即先離俗出家爲沙彌，至 20 歲受具足戒成爲沙門，隨後便離寺遊學，數年後學有心得便可當眾開講諸經。再者，加上現實考量，除了被迫避難逃亡，流離於民間外，還包括因僧人棲身的寺廟仍主要集中於交通幹線附近的若干城市中，要擴大佛教影響，僧人就須邁出廟門，傳教四方，即使到了北朝中後期，寺院精舍日見其多，但也不可能村村設寺，處處置廟，遊方宣化便仍爲傳法的重要手段。參見侯旭東，《五、六世紀北方民眾佛教信仰：以造像記爲中心的考察》，頁 27～29。

〔註 226〕侯旭東，《五、六世紀北方民眾佛教信仰：以造像記爲中心的考察》，頁 33。

〔註 227〕湯用彤，《漢魏兩晉南北朝佛教史》，頁 378。

〔註 228〕周健，〈南北朝時期南北佛教界的交往〉，《許昌師專學報》1995 年第 4 期，頁 23～25。

〔註 229〕北朝佛教偏重戒律、禪定的實踐活動，修寺造像，積累功德。不崇尚名理的辯論，而是教人從行動中實踐。這種重禪定、輕義理、少經論、少發揮的學風必然也影響到僧人的傳教形式，例如北方摩崖刻經並無通篇大論，僅是經文中的部分章節，甚至是僅爲佛名，就是北朝佛教特色的具體反映。

〔註 230〕邑義是由在家信徒與僧人組成，共同建寺院、造佛像、讀誦佛經、舉行法會齋會的佛教結社，在中古社會擔任佛教傳布、佈道的重要角色。有關邑義組織方面，郝春文清楚闡述佛教結社的構成、活動、淵源與寺院的關係。（參見郝春文，〈東晉南北朝時期的佛教結社〉，《歷史研究》1992 年第 1 期，頁 90～105。）劉淑芬探討五至六世紀華北村落之宗教活動與儀式，說明佛教邑義整合鄉村社會的作用。參見劉淑芬，〈五至六世紀華北鄉村的佛教信仰〉，《中央研究院歷史語言研究所集刊》1993 年 7 月，總第 63 本第 3 分，頁 487～506。

新恢復昔日的盛況，〈釋老志〉載：「天下承風，朝不及夕，往時所毀圖寺，仍還修矣。佛像經論，皆得復顯」。〔註231〕而在太武滅佛時期還俗的僧人，也多重新落髮，復爲僧人。可能由於滅佛時期很多僧人匿居鄉村，以致當北魏興復佛教之後，在鄉村遊化度眾的僧尼人數大增，甚至成爲朝廷關切的社會問題。這從孝文帝於延興二年（472）所頒布的詔書可知：

比丘不在寺舍，遊涉村落，交通姦滑，經歷年歲。令民間五五相保，不得容止。無籍之僧，精加隱括，有者送付州鎮，其在畿郡，送付本曹。若爲三寶巡民教化者，在外齎州鎮維那文移，在臺者齎都維那等印牒，然後聽行，違者加罪。〔註232〕

由此史料得知，在鄉野村落遊化的僧尼人數相當多，其中包括一些自行剃度的無籍之僧。北魏早自道武帝拓跋珪時便已設立僧官以管理僧人；其後在各州、鎮、郡都設有僧官以統攝僧徒。不過，僧官僅設在州、鎮、郡的層級，對於鄉村地區的管理難免鞭長莫及。又，無籍之僧原已是僧官難以掌握、管理者，在鄉村遊化的無籍之僧更成爲北魏政權不容易控制的對象。原先，北魏建國初年採取「以沙門敷導民俗」的政策，係藉僧人對鄉村社會的影響力，以達到使眾多鄉村人民歸心的目的；而迄孝文帝之時，許多遊化於地域遼闊鄉野之地的僧人反倒成爲朝廷棘手的問題。因此，孝文帝這道詔令主要透過民間伍保制度相互監察，不允許村落居民收容止宿遊化的僧人，並藉此檢括出無籍之僧，交付州、鎮或京畿的僧官處置；同時，明令規定欲至鄉村巡行遊化的僧徒必須有其所屬地僧官發給的印牒或文件，做爲他們在鄉村佈教的通行證。〔註233〕

事實上，孝文帝這道詔令的執行成效應當有限，否則不會在宣武帝時重新被提出檢討。宣武帝永平二年（510），擔任沙門統的僧人惠深在上呈的奏言中，就將當時有些僧人遊止民間列爲不遵守禁典的僧人，奏請政府宜加管理，云：「或有不安寺舍，遊止民間，亂道生過，皆由此等。若有犯者，脫服還民。」〔註234〕龐大數量的遊方僧「不安寺舍，遊止民間」雖令國家對僧團

〔註231〕《魏書》卷一百一十四〈釋老志〉，頁3037。

〔註232〕《魏書》卷一百一十四〈釋老志〉，頁3038。

〔註233〕劉淑芬，〈五至六世紀華北鄉村的佛教信仰〉，《中央研究院歷史語言研究所集刊》1993年7月總第63本第3分，頁511。筆者按，遊化本爲印度僧人傳統，是修行方式之一。

〔註234〕《魏書》卷一百一十四〈釋老志〉，頁3041。

的管理造成威脅，可是從另一角度來看，其亦說明北朝遊方僧的影響力。因爲倘若這些遊方僧沒有在地方社會對民眾有所貢獻，民眾何必供養使其能擁有一定的生活資源，且民眾又何必聽從遊方僧的指導從事許多宗教活動。僧人遊化村落原本即爲佛教在鄉村地區傳教最主要的方式，若要完全禁絕僧人遊化村落，其實是未深入了解鄉村地區的實際情況與需要；同時，因爲有些僧人志願在山居林野清修，他們也經常就近感化附近村落的居民接受佛法。由於在許多窮鄉僻壤的村落中，居民無力興建寺院，以提供僧人駐寺弘法；因此，我們在史籍中不乏看到記載僧人，在鄉村地區傳教佈道時多係從一個村落，遊化至另一個村落的。例如釋道紀「又復勸人，奉持八戒，行法社齋。不許屠殺，所期既了，又轉至前，還依上事，周歷行化。數年之間，遶鄴林野，奉其教者，十室而九」。〔註 235〕

遊方宣化是佛教獨有的傳教方式，〔註 236〕與儒、道相比，佛教有爲數眾多立志獻身的僧侶，積極奔走民間，以救濟眾生爲己任，廣招徒眾，是北朝時期佛教能勢力興盛的重要背景。由於接觸的信眾主要是社會下層，對於目不識丁的大眾而言，文字所能達到的傳播效果相當有限，因此和上層文人相較，對於閱讀、理解能力不足的庶民百姓而言，借助圖像傳播和口語傳播爲媒介無疑是比書面文字還要平易近人。圖像傳播的方式，小如繪畫，大如造像，後者影響北朝多造像等具體可見的宗教實踐功德。而在口語傳播的部分，中國本有講述故事、吟唱歌謠，散韻夾用的敘事傳統，爲了向一般民眾傳教，僧人遂將佛經中的道理和故事結合轉讀、唱導、讚唄〔註 237〕等佛教傳統的講

〔註 235〕釋道宣，《續高僧傳》卷三十〈釋道紀傳〉，頁 1030。

〔註 236〕道教在傳授上呈現自我封閉態勢，它重視祕傳，認爲傳中最大的過失是傳給不該傳的人。此一特點使道教影響較佛教受限。參見傅勤家，《中國道教史》（上海：上海書店，1990 年影印本），頁 142～144。

〔註 237〕轉讀，或稱詠經、唱經，指講經時抑揚其聲，諷誦經文。梁釋慧皎《高僧傳．經師傳論》謂：「天竺方俗，凡是歌詠法言，皆稱爲唄。至於此土，詠經則稱爲轉讀，歌贊則號爲梵唄。」轉讀是隨佛經傳入中土，改梵音爲漢音，爲適應漢語聲韻特點而產生的一種頌經方式。在齊梁時期，佛經的轉讀，曾經促成沈約等文士對漢語四聲的發現，爲唐詩的格律規範打下基礎。（見王國瓔，《中國文學史新講》（臺北：聯經，2006 年），頁 1092。）梵唄或稱贊唄則是用以歌詠譯本佛經中讚歎三寶的聲調。廣義的「唱導」是以早期漢譯佛教經論所說的「唱導」爲理論基礎，泛指「說法」、「教化」，不但包括以神通力或各種微妙音聲來教化眾生，弘傳佛法，甚至可以進一步引申爲，舉凡開經筵、設齋會、授戒儀、赴齋供、爲咒願、歎佛德、說無常、明因果、陳懺悔、勸佈施……，甚至後世禪宗的棒喝交施，無不皆如《佛說菩薩內習六波羅蜜經》

唱方式加以表現。佛教此種通俗化、大眾化的傳教方式，對後來唐代的俗講與變文起了催生的作用。最後，承上文所述，要特別指出的是，相較而言，由於北朝佛教偏重坐禪修行，又深具國家性格，政教結合密切，故北朝寺院所擔負的經濟、社會、教化等功能較南朝明顯；以及北朝活動於社會基層的遊方僧，其數量與功能也比南朝顯著，扮演的角色形象更爲多元。

二、佛教觀念深入社會各階層

佛教在中國傳播過程中，不同的信徒其宗教行爲呈現出不同的特徵，引起學者的注意，而認爲中國佛教具有兩種或數種不同的存在形態。顧偉康將中國佛教區分爲雅文化層次的經典佛教和俗文化層次的民俗佛教。所謂經典佛教，是指以經典爲中心，對教義有全面切實理解和把握的，在知識程度較高的教徒中流行的佛教層次；所謂民俗佛教，則是指以偶像崇拜爲中心和求福求運爲主要特徵，在知識程度較低的教徒中信奉流行的佛教層次。〔註 238〕而許理和（Erik Zürcher）則將魏晉南北朝時期的佛教區分爲民眾佛教（popular Buddhism）、王室佛教（court Buddhism）和士大夫佛教（gentry Buddhism）。〔註 239〕無論是是顧偉康抑或許理和，他們皆傾向主張信徒的身份是區分不同性質佛教的根本性標誌，兩人的差異在於顧偉康更強調信徒的文化層次，而許理和則注意信徒的社會政治身份。這樣的畫分有其一定的道理。在佛教中國化的過程中，確實存在著側重教義理論與側重信仰實踐這兩種不同的發展趨向。

由於隨著傳播受眾的社經地位、文化背景、學術思想、社會風氣、價值

所說：當令一切眾生「得入法門，廣作唱導。」參見汪娟，〈關於「唱導」的歧義〉，《成大中文學報》2013 年 6 月，總第 41 期，頁 54。

〔註 238〕顧偉康，〈論中國民俗佛教〉，《上海社會科學院學術季刊》1993 年 3 月總第 35 期，頁 73～83。不過，經典佛教這一概念似乎並不能與民俗佛教完全區分，對經典的翻譯、宣傳與崇拜也是民俗佛教的重要內容之一。李四龍則將顧偉康主張的經典佛教稱爲學理佛教，似乎較能切合實際內容。李四龍並認爲在五代北宋之際中國佛教經歷了一次嬗變。在此之前主要是學理型佛教通過格義與判教創宗立說，是民俗佛教在民間社會孕育生根的時期；在此之後主要是民俗型佛教蓬勃展開的時期。民俗佛教具有泛神論、仙佛不分、兼融三教等特點；與學理佛教探索生活的意義空間相對，民俗佛教營造生活的秩序空間。李四龍，〈民俗佛教的形成與特徵〉，《北京大學學報》1996 年第 4 期，頁 55～60。

〔註 239〕Erik Zürcher（許理和）著，李四龍、裴勇等譯，《佛教征服中國》，頁 6。

觀的不同，在接受佛教訊息的載體亦有所不同，例如上層社會可透過文字和口語傳播來接觸佛教思想，而下層社會則多仰賴口語和圖像傳播。湯用彤認爲當時名士之所以樂與僧人交遊，社會之所以弘獎佛法，蓋均在玄理清言。〔註 240〕此見解失之以偏概全，竊意尚有進一步修正、補充之處。南方佛學的盛行以及長於義理的特色，其背景主要是與世族名士的文化思潮有關；南方對佛教的尊崇並非如北方少數民數以鐵騎風格強行推崇，而是因爲在理論上與玄學的親密關係，受到士族的青睞。湯氏的說法雖有一定的學術價值，但用在分析佛教的傳播受眾時，仍有商榷的空間。雖謂「社會之所以弘獎佛法，蓋均在玄理清言」，但就社會整體而言，並非所有的南方信眾都因崇尚玄學、清談，而接受佛教。陳義過高的宗教，無法獲得普遍性的共鳴，受眾必然有限。因此，持平論之，佛教勢力披靡，在南北朝時得以凌駕儒、道之上，若非獲得上、下階層一致的崇奉，斷不能有如此深遠巨大的影響力；換言之，佛教本身必然具有能使社會各階層、各文化背景者都可廣泛接受的無窮魅力。筆者認爲佛教宣揚的轉世輪迴、因果報應、天堂地獄等觀念，以及展現的神異感通，是吸引各階層人心的重要關鍵。〔註 241〕

對於普遍的信仰者而言，哲理上的思維往往是另一個層次的東西，信仰過程中產生的感情之皈依與經驗之感受，才是核心所在。無論任何一種宗教信仰，神聖經驗都是不可或缺的本質之一，透過對神聖對象的認知，感覺神聖「此時」、「此地」的臨在，對一個信仰者而言，那是他信仰過程中最眞實的一部分，不僅獨一無二，而且不容質疑。〔註 242〕佛教在南北朝的流傳，仍然延續著「譯經」與「傳佈民俗信仰」的傳統，「譯經」對一般信仰者（包括知識份子）較有距離，難以企及；至於將佛教視作一種信仰，以簡單方式來理解並加以介紹、傳播，則是一般信仰者願意並可以接受的方式。〔註 243〕比

〔註 240〕湯用彤，《漢魏兩晉南北朝佛教史》，頁 311。

〔註 241〕黃永年認爲就理論而言，佛教的豐富深奧較能滿足高級知識分子，就信仰方式而言，佛教的唸經、焚香、禮拜較道教簡單，且信佛的功效也比道教多元，此外，道教講求的成仙之道，耗費甚鉅，普及性有限，故佛教能比道教吸引更多人崇奉。參見黃永年，〈佛教爲什麼能戰勝道教？——讀《太平廣記》的一點心得〉，收入氏著，《文史探微：黃永年自選集》（北京：中華書局，2000 年），頁 486～491。

〔註 242〕施志諺，〈六朝佛教靈驗記之宗教文學特質探論〉，《中正大學中國文學研究所論文集刊》2008 年 5 月，總第 10 期，頁 6。

〔註 243〕關於佛教初傳所採取途徑的論述，可詳參孫昌武，《佛教與中國文學》（臺北：

起佛教初傳階段，南北朝時期，縱然知識分子一向具有重理性的思維模式，然而在玄學化的佛教背後，當他虔誠面對自己的信仰時，其實與庶民大眾無異，宗教情感的感性寄託還是遠勝於學術理性的研討。〔註 244〕

南北朝出現了許多文人編纂的靈驗故事。「靈驗」係指因信仰神靈而導致的某種效驗現象，一種超自然力量成就的神奇事蹟。其中，佛教靈驗記〔註 245〕在本質上是關於佛教神異、神通等以理性無法解釋之現象的文字記錄。其表現形式以「向佛、菩薩、祈禱、懺悔；或唸佛、誦經、造經、造像之後，出現感通、靈異等現象」〔註 246〕為主，內容不僅描述對佛、法、僧三寶的感應，也包含「轉世輪迴」、「因果報應」、「地獄審判」、「勸善懲惡」等佛教思想的呈現。神奇靈驗事蹟能誘引民眾目光，聳動人心；而循理而入，深扣人心的教義思想則能進一步吸引民眾，敬信佛教。為了傳教，佛教高僧使用神通救濟民眾的苦難、吸引民眾的注意，使民眾感受佛教的奇妙力量，體會到佛法的慈悲，繼而皈依。〔註 247〕或在翻譯佛經、講經說法的過程，大多數不具備異術的高僧則特意融入神異、神通、靈驗等故事藉以闡述輪迴、果報、冥府等觀念；循此，佛教之各種靈驗事蹟，及其附帶之因果報應、天堂地獄、六道輪迴之說日植人心，流佈漸廣遂影響了南北朝的志怪小說。志怪小說的內容，以侈陳遠方異物、張惶鬼怪、稱道靈異等深具神怪色彩為其特色。東晉以前，主要源於巫覡和方士的荒唐之言。東晉以後，佛教盛行，因果報應、輪迴轉生、巡遊冥界等思想流行，乃至滲入志怪小說中，成為此一時期的小說特色。有謂：「魏晉好長生，故多靈變之說；齊梁弘釋典，故多

東華書局，1989 年），頁 60～84。

〔註 244〕學理佛教和民俗佛教這兩種不同類型的宗教行為儘管與教徒的社會身分、政治角色與文化層次有著某種相關性，但並不是絕對的。準確的說，在下層民眾中，一般不存在學理佛教，但在士大夫貴族中，卻存在著民俗佛教。我們可以區分說，民俗佛教屬於俗文化，而學理佛教則屬於雅文化，但這並不等於民俗佛教的信徒一定是知識層次較低的民眾。見王青，《魏晉南北朝時期的佛教信仰與神話》，頁 2。

〔註 245〕「靈驗記」不是一個定名，而是一個統稱。從本質來論，靈驗記與功德記、感應記、應驗記、靈應錄、感通錄、冥報記……等，都是同一類的記述；後來經過編纂者挑選並集結成書，因為在內容與形式的要求上均有不同著眼點，故賦予不同的名稱。施志諺，〈六朝佛教靈驗記之宗教文學特質探論〉，頁 2。

〔註 246〕關於佛教神通、神異的表現形式之歸納請參見鄭阿財對靈驗記的定義。鄭阿財，〈敦煌佛教靈應故事綜論〉，《佛教與文學》（臺北：法鼓文化，1998 年），頁 121。

〔註 247〕參見村上嘉實，〈高僧傳の神異〉，《東方宗教》1961 年總第 17 期，頁 2～5。

因果之談。」〔註 248〕南北朝時期，佛教勢張，反映在志怪小說便是「多因果之談」。劉大杰指出：「這一時期（魏晉南北朝）的小說，同當代士大夫的風尚與宗教迷信，發生密切的聯繫。它們的內容，有兩個方向。一個是以漢、晉以來晉盛一時的品評人物和清談風氣爲基礎，……另一種是以宗教思想爲基礎。當日佛教大行，因果輪迴之說，震駭人心。再加以道教迷信，相輔而行。文士教徒，或引經史舊聞以證報應，或言神鬼故事以明靈驗。」〔註 249〕佛教的傳入，讓志怪小說在神仙方術、讖諱迷信與妖精鬼怪等題材之外，附上佛家色彩的故事，增添了新的內容。要言之，魏晉南北朝是志怪小說發展的黃金時代，佛教的盛行扮演著推波助瀾的角色，〔註 250〕因應佛教傳播的需求，促成了佛教靈驗記此種特殊文本形式的盛行，成爲志怪小說中的重要一支。從當時文人編纂的眾多靈驗故事，反映佛教的觀念在社會各階層、各地域廣泛地流傳，受到人們普遍地相信。〔註 251〕

靈驗故事與宣揚因果報應的說教結合在一起，在弘揚佛法方面發揮了巨大作用，被魯迅稱爲「釋氏輔教之書」。〔註 252〕侯旭東以爲由於此類書籍主要

〔註 248〕〔明〕胡應麟，《少室山房筆叢》（臺北：世界書局，1980 年）卷二十九丙部「九流諸論」下，頁 381。

〔註 249〕劉大杰，《中國文學發展史上冊》（臺北：華正書局，2004 年 8 月），頁 355～356。

〔註 250〕李劍國研究指出魏晉南北朝志怪小說之所以繁榮和取得進步，最根本的原因是此時期宗教迷信的昌熾及其影響之廣泛。宗教迷信和鬼神觀念如此發達，如此深入人心，本身又如此繁複，勢必要造成大批鬼神傳說的出現和流傳。不僅前代產生的舊傳說會得到傳播的機會，而且新的傳說也會大批產生。這樣志怪小說就有了極爲豐富的素材來源和幻想基礎。見李劍國，《唐前志怪小說史》（天津：南開大學出版社，1984 年 5 月第一版），頁 221 和頁 228。

〔註 251〕不同地區，特別是南、北僧人的遊化往來，亦增進了各地區間的資訊交流。以傳聞傳播爲例，僧人的往來活動，使不同地區的傳聞相互交流。王琰《冥祥記》、三種《觀世音應驗記》中都收錄了若干條發生在北方的傳聞。如《冥祥記》第 51 則劉度事、57 則石長和事、58 則單道開事、59 則徐義事、60 畢覽事等。第 100 則王胡遊冥間事本發生於長安，可證此類傳聞見錄於南方，必與南遊僧人有關。北往僧人亦會將南方之傳聞帶到北方。南、北僧人往來是當時南北交流的一部分，傳聞之南北交流，頗有助於佛法之傳播。參見侯旭東，《五、六世紀北方民眾佛教信仰：以造像記爲中心的考察》，頁 35。

〔註 252〕魯迅將六朝志怪小說中的「感應記」視爲「釋氏輔教之書」，認爲「釋氏輔教之書，《隋志》著錄九家，在子部及史部，今惟顏之推《冤魂志》存，引經史以證報應，已開混合儒釋之端矣，而餘則俱佚。遺文之可考見者，有宋劉義慶《宣驗記》，齊王琰《冥祥記》，隋顏之推《集靈記》，侯白《旌異記》四種，大抵記經像之顯效，明應驗之實有，以震聳世俗，使生敬信之心，顧後世則或視爲小說。」見魯迅，《中國小說史略》（濟南：齊魯書社，1997 年 11 月

是在「宣揚佛教、促人敦信」，並且根據其內容多半是在「宣揚佛法、佛經與僧人法術神異之神力」，故此類作品實可認定爲「佛教通俗宣傳品」。〔註 253〕張火慶則詮釋「釋氏輔教之書」的內容爲「個人或集體經驗的事實」，是一種「實錄徵驗」，其特色在於這些傳錄是基於「信仰者的感恩與眞誠，乃教徒之間，信仰的交流、互助，關乎心靈的安頓與生命的救濟，是現實而嚴肅的」，所發揮的功能則是「傳述事實，起信民眾」，並非單純以「文學的欣賞、有趣的情節」作爲傳錄的態度與最終目的。〔註 254〕輔教文籍在「宣揚因果教義」和「修行法門」上的確能發揮不可小覷的感染力量與攝受作用。〔註 255〕充斥在當時各類文獻中的佛教神異、靈驗的記述，顯然是出於不分階層、不分文化背景皆相信這些佛教觀念心理下的產物。

值得注意的是，這些神異靈驗的事跡，通常藉著史傳式的記述手法取得一定的信史性質，〔註 256〕其記述形式往往是：事情經過加上消息來源。具體內容往往並非作者親身經歷，除部分轉抄自前人同類著作外，大部分是編者聽到的傳聞。這些傳聞在編撰過程中往往經過編者的審核，可靠者方被採用。〔註 257〕換言之，這些所謂的釋氏輔教之書是經過編者有意識的，對傳聞進行

第 1 版），頁 47。對於感應記文類的研究，自從魯迅將《祥異記》、《宣驗記》、《冥祥記》等多種佚文輯出，並收錄於其作《古小說鉤沉》中，關於此種文類歸屬的各種不同判分便勢所難免。依魯迅的判分，既以小說爲名，當然視之爲小說文類的一部分，甚至更進一步來說，可歸屬於魏晉南北朝時期的志怪類小說。見魯迅校錄《古小說鉤沉》，濟南：齊魯書社，1997 年 11 月第 1 版第 1 次印刷。粘凱蒂從目錄學的角度來觀察，認爲靈驗志怪類的著述總是著錄於外典的歷代史書中，例如《漢書．藝文志．小說家》、《隋書．經籍志．小說家》等；但它們也往往同時收錄於內典之中，如《大正藏》中的「史傳部」有不少相關記載。這多少顯示出感應記文類在純文學作品與佛教文宣間搖擺不定的性質，也意味著要將它們作一清楚的判分並非易事。見粘凱蒂，〈魏晉南北朝時期佛教傳播活動之研究〉，頁 29。

〔註 253〕侯旭東，《五、六世紀北方民眾佛教信仰：以造像記爲中心的考察》，頁 46～47。

〔註 254〕張火慶，〈重讀細論《冥報記》〉，《興大中文學報》2005 年 6 月總第 17 期，頁 118～120。

〔註 255〕參見劉家杏，〈釋氏輔教之書——《冥祥記》研究〉（臺中：國立中興大學中國文學所碩士論文，2005 年），頁 3。

〔註 256〕侯旭東認爲：「從寫作者主觀來看，他們的確不是意在創作，而是在記述供傳信的事實。故作者常常在敘述某事經過後還要特別注明該事的出處來源，以示其不是杜撰。」見侯旭東，《五、六世紀北方民眾佛教信仰：以造像記爲中心的考察》，頁 39。

〔註 257〕同上註，頁 46。

篩選與紀錄。需特別指出的是，從事這項整理撰述的工作，並不意謂他們信或不信，更多時候是出於一種保存實錄的態度，表示當時確曾有某事的流傳。釋慧皎的《高僧傳》是一部記載自東漢永平至梁代天監間著名僧人的史傳，內容分爲十科，其中「神異」一科佔全書的十分之一強，書中其他部分也有大量的神異記述，〔註258〕但釋慧皎的記敘模式則是仿照史書的「列傳」。〔註259〕又如《隋書・經籍志》將文人著述的靈驗記歸入史部「雜傳類」，〔註260〕認爲它們

〔註258〕李豐楙在〈慧皎高僧傳及其神異性格〉一文中指出：「《高僧傳》之富於神異色彩，不僅神異篇，其餘篇中高僧亦多神異事蹟：第一譯經篇：安世高、鳩摩羅什、曇無讖、求那跋摩等，多現神蹟；初期譯經爲適應中土崇尚道術之風，故多有神呪經類。此種神異，乃爲接引初接佛法的中土士庶。第二義解篇，有關僧侶感應諸事，記載最多，所謂感應傳、徵應傳即此類感通應驗譚；第四習禪篇，其敘述方式最近於神異篇，多明習禪後諸種異象；第五明律篇，同列諸第十一卷，性質亦近，多具現神通；第六忘身篇，言捨身供養，多有靈異；第七誦經篇，誦經通神，顯現異象；第八興福篇，則載造寺塔，鑄佛像，多得善報諸應驗；其次經師，唱導二科，以信行爲主，多得感應，整部《高僧傳》深具神異色彩。」見李豐楙〈慧皎高僧傳及其神異性格〉，《中華學苑》1982年12月總第26期，頁128。實則大凡宗教之傳教皆講神跡，以聳動人心，促生敬信，吸引信徒歸從。

〔註259〕《史記》不特設立以人的名字或稱號來標目的列傳如〈韓長孺列傳〉、〈李將軍（李廣）列傳〉、〈衛將軍（衛青）驃騎（霍去病）列傳〉等，更設計以人的不同活動標目的「類傳」，如〈循吏列傳〉、〈滑稽列傳〉、〈貨殖列傳〉等，書中共有十個類傳。《史記》此舉給後來的佛門史籍投下深遠的影響，因爲《史記》的列傳有十，而三部《高僧傳》對書中高僧也恰好分爲十科。見曹仕邦，《中國佛教史學史——東晉至五代》，頁25。

〔註260〕據《隋書・經籍志》的統計，這些屬於靈異志怪性質的雜傳類史書包括劉義慶撰《宣驗記》十三卷；宋光祿大夫傅亮撰《應驗記》一卷；王琰撰《冥祥記》十卷；魏文帝撰《列異傳》三卷；王延秀撰《感應傳》八卷；宋永嘉太守袁王壽撰《古異傳》三卷；晉西戎主簿戴祚撰《甄異傳》三卷；劉宋祖沖之撰《述異記》十卷；宋給事劉敬叔撰《異苑》十卷；《續異苑》十卷；干寶撰《搜神記》三十卷；陶潛撰《搜神後記》十卷；荀氏撰《靈鬼志》三卷；祖台之撰《志怪》二卷；孔氏撰《志怪》四卷；劉之遴撰《神錄》五卷；宋散騎侍郎東陽無疑撰《齊諧記》七卷；吳均撰《續齊諧記》一卷；劉義慶撰《幽明錄》二十卷；王曼穎撰《補續冥祥記》一卷；郭氏撰《漢武洞冥記》一卷；陸瓊撰《嘉瑞記》三卷；《祥瑞記》三卷；許善心撰。《符瑞記》十卷；《靈異錄》十卷；《靈異記》十卷；蕭繹撰《研神記》十卷；侯君素撰《旌異記》十五卷；劉質撰《近異錄》二卷；《鬼神列傳》一卷謝氏撰；殖氏撰《志怪記》三卷；《舍利感應記》三卷王劭撰；《眞應記》十卷；《周氏冥通記》一卷；顏之推撰《集靈記》二十卷；顏之推撰《冤魂志》三卷等。自《新唐書・藝文志》將這類著作，歸納在子部小說家之中，此後遂將此類著作視爲文學作品，而忽略其原來和史學的關係。

雖然虛誕怪妄，但「推其本源，蓋亦史官之末事也」。〔註261〕可見從史學的角度審視，仍肯定它們具備史的性質。〔註262〕這些屬於靈異志怪性質的雜傳類史書，不論在內容上還是思想上都呈現出受到佛教的明顯影響。此外，劉義慶《幽明錄》記神靈鬼怪之事，取材多出於晉宋以來士人庶民、僧人俗眾之所聞。干寶《搜神記》在「思想觀念上與思維方式上都與中國傳統意識有很大區別，那些亡靈與神變的故事，顯然受到佛典的寫法影響」。〔註263〕王琰的《冥祥記》中則大量記載了佛家因果報應之說。我們從這些所謂知識分子撰寫的靈異記中所看到的，並非理性的學術研究，而是誠如筆者前文所述，儘管是知識分子，在面對宗教信仰時，仍是一如庶民大眾，流露的是虔誠感性。

大量採錄荒誕迷信之事入史記述，往往被視爲是魏晉南北朝不良的史風，劉知幾便批評其「苟出異端，虛益新事」。〔註264〕這一史風的形成來自兩方面的原因：一方面，這一時期由於佛、道在社會上的流行，使得宗教迷信思想在社會上廣爲蔓延，生活於其間的史家不可避免地受到這種社會氛圍

〔註261〕《隋書》卷三十三〈經籍志二〉，頁982。

〔註262〕有關魏晉南北朝時雜傳的數量相當可觀，錢穆認爲，《隋書．經籍志．史部》雜傳一類，尤爲魏晉南北朝人所特感興趣，而且主要爲人物傳記，「凡此皆見此時代人重視人物，實爲此一時代之特殊精神所在」。見錢穆，〈略論魏晉南北朝學術文化與當時門第之關係〉，《中國學術思想論叢（三）》，頁143。胡寶國認爲：「東漢以來人物品評風氣的出現是雜傳大量湧現的歷史原因。」見胡寶國，《漢唐間史學的發展》，頁158。再者，東漢以來由於政教力量的結合，使史學淪爲政教經世的工具，經由政府的倡導，以及不預國史修撰而有興趣於史學者，人物志、方志、偏霸國史等雜史、雜傳等史學系統成爲其致力發展的領域，因而使這些史學領域蓬勃發展，蔚成正史以外的大宗。參見雷家驥先生，《中古史學觀念史》（臺北：臺灣學生書局，1990年10月初版），頁238～254。除了從思想意識和社會風氣來探求雜傳興盛的原由外，因雜傳畢竟是史學之一途，自然不能不考慮到當時的史官制度對它產生的影響。晉代規定「著作郎始到職，必撰名臣傳一人」的考核制度，激發了士人對人物別傳的創作熱情，導致了雜傳中人物傳記的大量湧現。雖然劉宋時取消此制度，然風氣既開，士人創作雜傳仍蔚爲風潮；此外由於當時文人撰寫雜傳的自由度比其他史學門類還要高，對人物、事件的取捨較可取決於作者個人情感的好惡，再加上六朝人喜好逞才獵奇的風氣，故在雜傳創作中多敘鬼物奇怪之事，並雜以虛誕怪妄之說。見劉湘蘭，〈兩晉史官制度與雜傳的興盛〉，《史學史研究》2005年第2期，頁24～25。

〔註263〕孫昌武，《佛教與中國文學》（臺北：東華書局，1989年），頁261。

〔註264〕劉知幾著，浦起龍釋，王煦華整理，《史通通釋》卷五〈采撰〉，頁116。

的影響。另一方面，史家運用這些迷信的記述爲政治服務，宣揚天命，以維護統治階級的統治。〔註 265〕許多理性運作明知不可能之事，卻可在此一時期的史書被作者愼重其事的記錄，〔註 266〕以及史書、史注中不乏引用志異者。〔註 267〕以現代眼光審量，多逕自以爲如此必在一定程度上影響了史學家的判斷力，有損於史書的客觀性與眞實性；然而，「事實」的認定首先要透過觀念才能完成，古今不同的世界觀、科學觀會影響人們對是否爲「事實」的判斷。因此，何者爲眞？何者可信？眞實性、可信性的程度又如何？古人未必如今人能區分清楚。順此角度觀察南北朝史學著作中宗教色彩明顯的特色，遂不能概以迷信、缺乏客觀云云稱之。〔註 268〕誠如湯用彤先生在《漢魏

〔註 265〕李小樹主編，《秦漢魏晉南北朝史學史稿》，頁 217～218。

〔註 266〕如《宋書》記載宋武帝患手瘡多年，一沙門從懷中掏出黃散一裹給宋武帝，言：「此瘡難治，非此藥不能瘳也。」説罷便「倏忽不見沙門所在」。《宋書》卷二十七〈符瑞志〉，頁 784。《南齊書》載：「始興人盧度，亦有道術，少隨張永出征。永敗，虜追急，阻淮水不得過。度心誓曰：『若得免死，從今不復殺生。』須臾見兩楯流來，接之得過。」《南齊書》卷五十四〈高逸列傳·盧度傳〉，頁 936；《魏書》則記載盧景裕受逼迫而參與造反，事敗被拘，「景裕之敗也，繫晉陽獄，至心誦經，枷鎖自脱。」《魏書》卷八十四〈儒林列傳·盧景裕傳〉，頁 1860。

〔註 267〕例如裴松之的《三國志注》先後引用了干寶的《搜神記》、葛洪的《神仙傳》、《列異》與《陸氏異林》等魏晉志異著作，因而被四庫館臣譏爲「嗜奇愛博，頗傷蕪雜」。見〔清〕乾隆敕撰，紀昀等纂，《四庫全書總目提要》（臺北：漢京文化，1981 年）卷四十五〈史部·正史類一〉，頁 265。

〔註 268〕陳寅恪在〈馮友蘭中國哲學史上冊審查報告〉云：「凡著中國古代哲學史者，其對於古人之學説，應具有瞭解之同情，方可下筆。蓋古人著書立説，皆有所爲而發。故其所處之環境，所受之背景，非完全明瞭，則其學説不易評論，而古代哲學家去今數千年，其時代之眞相，極難推知。吾人今日可依據材料，僅爲當時所遺存最小之一部，欲藉此殘餘斷片，以窺測其全部結構，必須備藝術家欣賞古代繪畫雕刻之眼光及精神，然後古人立説之用意與對象，始可以眞瞭解。所謂眞瞭解者，必神遊冥想，與立説之古人，處於同一境界，而對於其持論所以不得不如是之苦心孤詣，表一種之同情，始能批評其學説之是非得失，而無隔閡膚廓之論。」又言「此種同情之態度，最易流於穿鑿附會之惡習。因今日所得見之古代材料，或散佚而僅存，或晦澀而難解，非經過解釋及排比之程式，絕無哲學史之可言。然若加以聯貫綜合之蒐集及系統條理之整理，則著者有意無意之間，往往依其自身所遭際之時代，所居處之環境，所薰染之學説，以推測解釋古人之意志。」陳寅恪，〈馮友蘭中國哲學史上冊審查報告〉，收入氏著，《金明館叢稿二編》（北京：生活·讀書·新知三聯書店，2001 年 7 月），頁 507～508。陳氏之説雖是針對中國古代哲學史的研究而發，但不失爲治一切中國古代學問時須具備的正確態度。研究者對史料進行理解、詮釋的同時，必須從自己的心理狀態和文化背景中暫時走

兩晉南北朝佛教史》的〈跋〉中提到：「中國佛教史未易言也。佛法，亦宗教，亦哲學。宗教情緒，深存人心，往往以莫須有之史實爲象徵，發揮神妙之作用。故如僅憑陳迹之搜討，而無同情之默應，必不能得其眞。」〔註269〕有關南北朝佛教對史學諸多的影響，牽涉論題廣泛，詳容後述，於此先按下不表。

綜觀上述，佛教藉由寺院與僧人，以文字或非文字的方式傳道布教的結果，使佛教在南北朝時期更爲廣泛傳播，無論是地域、階層，或是佛教自身思想內涵的層面，皆愈來愈受到中土民眾接受。其中，殊值注意的是，宗教信仰要普及，淺顯易懂，楔入人心的觀念才是關鍵，因此深奧的佛學義理並非所有信眾皆可理解、接受，藉由宣傳佛教的神奇靈驗，使慣以此取捨信仰對象之中土民眾「順軌」，〔註270〕又融合中國固有的果報鬼神思想，〔註271〕以及將天堂地獄觀念轉接於中土民眾生死觀之上以深植人心。〔註272〕佛教做

出來，以求進入作品創作當下的文化背景和心理狀態中，才能避免因爲自身所處時代的歷史社會文化情境而隨意比附、牽合。並且在進行研究的過程中，應隨時省察自己的心理動機、文化包袱和傾向爲何，才能準確釐清研究對象所欲論何，與所欲以何（觀念意識）作論著，及所欲論著的目的。

〔註269〕湯用彤，《漢魏兩晉南北朝佛教史》〈跋〉，頁479

〔註270〕東晉末桓玄曾指出：「（佛教之興）大設靈奇，使其畏服，既畏服之，然後順軌。」見釋僧祐，《弘明集》卷十二〈桓玄道人應敬王事〉，T52/2102，頁 81a。揭示了佛教要在中國爭取信徒，必須顯示出更有吸引力的異術、異人與更高的靈驗性來，惟此，才有可能使中土民眾感受到佛教的力量，進而皈依佛教。侯旭東認爲靈驗乃維持中土之人已有之信仰以及確立新信仰的重要標準。所謂「靈驗」具體說來就是人們的某種期待能在信仰活動中得到滿足。某一對象能否得到信奉，對信仰者而言，取決於它是否靈驗。即使信奉了某一對象，信徒同樣會不斷地對其有效性加以驗證。若某一新對象被證明更具靈驗時，民眾則會趨之若鶩。顯然，中土之人的信仰並非無條件的、盲目而虔誠的，而是帶有個人實際目的，不斷地對信奉對象加以驗證。因此他們的信奉對像是處於（或潛在地處於）動態變化中。參見侯旭東，《五、六世紀北方民眾佛教信仰》，頁61～62。

〔註271〕魏承思認爲佛教傳入的因果報應、輪迴轉生的理論對中國人來說既新奇又熟悉，因爲在儒家經典裡也有「天道虧盈而益謙，地道變盈而流謙，鬼神禍盈而福謙，人道惡盈而好謙」、「積善之家，必有餘慶；積不善之家，必有餘殃」的說法。儒家的善惡報應說是建立在天道觀上，認爲善惡的賞罰是有冥冥之中的上天來主宰決定。而佛教因果報應的理論基礎是業感緣起論，眾生的生死輪迴、善惡報應都是由自己的業力所感召。此外，中國古代已有民間傳說黃泉、泰山、蒿裡是鬼魂生活的地方。而佛教創造出一個與人間一樣的冥界，鬼魂在那裡生活，又創造出鬼魂在輪迴中受處罰的地獄，其中有執法如山、剛正不阿的閻羅王，以及一套完整的統治制度和刑罰制度。參見魏承思，《中國佛教文化論稿》（上海：上海人民出版社，1992年），頁106～110。

〔註272〕在承認人必死的前提下，佛教誘以天堂和美好來生的觀念，在中國固有之人

出適應性的變通，是其成功在中國被接納、容受的重要原因。文人學者的著作可謂社會現象的縮影，在著作中出現的頻率愈高，代表該社會現象愈是普遍。南北朝文人學者對於佛教的關注和重視，反映在此時期的著述（包括文學和史學）較漢魏時期更多記載與佛教相關者；而內容中所出現的佛教思想，深植於中國社會各階層的傳播受眾，成爲佛教在中國順利發展的重要推力。

總結本章所述，佛教自漢代初傳，在南北朝的傳播較魏晉時期更爲廣泛，無論是上層社會還是下層社會，無論是政治、社會、經濟、學術文化還是心理層面，皆可見佛教的影響。不過，僅管蔚爲大國，佛教卻從未在中國形成獨立的政治力量，堪與君權及官僚政治相抗衡；實則君權高於教權之上，教權也始終無法完全脫離君權的控制，二者關係基本保持協調、合作，這是南北朝時期政教關係的總體特徵。梁啓超提及南、北佛教的特性言:「兩晉以降，南北各有大師出。但衡大勢以相較，北方佛教多帶宗教色彩，南方佛教多帶哲學色彩。北人信神力堅，南人理解力強。北學尙專篤，南方尙調融。」〔註 273〕南北朝佛教在信仰方式具有「南義」、「北禪」之別，以及在政教關係亦有所不同，北朝君權較爲強大，故容易支配、利用佛教來輔翼王政，達到政教結合的互利關係。信仰方式與政教結合的程度不同，反映在南北朝政府利用佛教作爲思想統治工具時，具有不同特徵。南朝政府注重佛教思想理論的建設；北朝政府雖然也看到了佛教教化民心的功用，但理論的建樹工作從事得較少，其更注重形式上的立寺、造像，以此來使人民造作功業，克念歸心；〔註 274〕且北朝往往透過國家權力支配的僧人來教化、指導群眾從事建寺和造像等具體可見的功德。最後，隨著外來佛教的勢力愈來愈深入中國社會各階層，相信佛教教義中輪迴、果報等觀念逐漸成爲一種社會氛圍，身處其間的中國文人學者在從事學術相關著述時，不免自覺或不自覺地

死靈魂不滅的觀念上轉接出「輪迴轉世」，對於中國民眾而言是相當熟悉且頗具吸引力。此生無法實現的願望移至來生，給予亂世中的人心極大的慰藉；更重要的是，實現的方式不依靠服食仙藥，或抽象難懂的修煉法門，而是強調個人身體力行，或興辦功德或持戒精進，甚至一己勤行功德亦可爲亡者祈福免難，繼承了中國傳統的家庭倫理。

〔註 273〕梁啓超，《佛學研究十八篇》（臺北：臺灣中華，1956 年）第二篇〈佛教之初傳入附錄 2：四十二章經辨僞〉，頁 10。

〔註 274〕鎌田茂雄認爲爲了達成建寺造像的意願，則必須取得權力者或統治者的保護與支持。因此，建寺造像的佛教，很自然地，必將附帶顯著的國家佛教色彩。鎌田茂雄著，關世謙譯，《中國佛教通史》第一卷〈序章〉，頁 3。

受此氛圍的影響；以及其他如佛學思想、佛教解經的方法、弘法護教的方式等，都將對中國文化產生衝擊，這是兩種文化接觸時，自然產生的現象。以下，筆者聚焦於史學領域，進一步探討南北朝時期佛教因素對中國史學所帶來的影響。

第三章　佛教的影響與南北朝史學的發展

第一節　魏晉南北朝史學發展概述

魏晉南北朝時期中除西晉短暫統一外，是一個長期處於政權分立對峙的時代。根據《隋書・經籍志》〔註 1〕所載，此時期史書的大量增加，〔註 2〕反映出魏晉南北朝在中國史學發展史上呈現「一種前所未有的繁榮局面」。〔註 3〕有關魏晉南北朝史學發展的情形、特色，周一良在〈魏晉南北朝史學發展的特點〉一文中已提出精要概說，〔註 4〕往後更有學者進行更深入的研究，專著

〔註 1〕唐太宗時詔修梁、陳、北齊、北周、隋五朝史書，其志書則單行，稱《五代史志》，北宋時附入《隋書》以傳，故《隋書》諸志原爲《五代史志》，今仍依俗稱《隋書・經籍志》。

〔註 2〕魏晉南北朝隋唐時期，史書在數量上有相當可觀的發展。這可以從《隋書・經籍志》同《漢書・藝文志》各自著錄的史書比較中，以及從《新唐書・藝文志序》提供的數字同《隋書・經籍志》所著錄的史書數量等比較中可得其梗概：《漢書・藝文志》撰成於西元 1 世紀末，它以史書附於「《春秋》類」之後，著錄西漢時人的歷史撰述凡 6 種 343 篇。《隋書・經籍志》成書於唐高宗顯慶元年(656)，距班固去世之年（西元 92 年），有 564 年，其中前 120 餘年是東漢中後期，後 60 餘年是隋與唐初，中間的 370 年左右是魏晉南北朝。《隋志》史部後〈序〉說：「班固以《史記》附《春秋》，今開其事類，凡十三種，別爲史部。」《隋志》著錄史書 817 部，13264 卷；通計亡書，合 874 部，16558 卷。它們約佔《隋志》所著錄四部書總數的五分之一弱，卷數的三分之一強。這些史書，除極少數是東漢人及隋朝人所撰，絕大部分產生於魏晉南北朝時期。

〔註 3〕萬繩楠，〈史學文獻的蓬勃發展〉，《魏晉南北朝文化史》（臺北：昭明出版社，2000 年），頁 283。

〔註 4〕參見周一良，〈魏晉南北朝史學發展的特點〉，收入氏著，《魏晉南北史論集》，

迭出，成果纍纍，〔註5〕可供參照，筆者於此僅歸納前輩學者關鍵之言論茲列舉之：（一）史部著作的獨立；（二）設立專職史官；（三）史部著作數目驟增，性質複雜多樣，門類異彩紛呈；（四）編年體與紀傳體兩者並重，相輔而行；（五）譜學成爲史學分支，數目驟增，種類繁多；（六）佛教與道教史學的出現；（七）少數民族史學的發展；（八）正統觀濃厚等。

這些魏晉南北朝史學發展的情形和特色，學者多南、北合而觀之論述，並沒有特別注意到南、北的差異，以致在探討此時期史學的發展上難免顯得籠統不夠細緻。站在歷來學者對魏晉南北朝史學發展偏向宏觀論述的基礎上，筆者將時間斷限定於「南北朝」，爬梳史籍，蒐羅南北朝史著，依紀傳、編年、雜史、霸史、雜傳、起居注和實錄、譜系、地理、典志、目錄、史注、史評等十二種分類，對南北朝史書進行分表的統整對照，如下表3-1至表3-12，藉此能一目瞭然掌握南、北朝二朝在某一類史書的著述成果，以及方便比較南、北二朝在同一類史書的表現，同時爲以下各章節的討論奠定數據參考的基礎。

表3-1　紀傳體史書存目表

北朝			南朝		
作者	朝代	書名	作者	朝代	書名
李彪	北魏	魏國書	范曄	宋	後漢書
魏收	北齊	魏書	劉義慶		後漢書
			謝靈運		晉書
			徐爰		宋書
			佚名		宋書

頁339～353。

〔註5〕單篇論文可參見高敏，〈試論魏晉南北朝時期史學的興盛及其特徵和原因〉，《史學史研究》，1993年第3期，頁55～61；杜維運，〈魏晉南北朝的衰亂與史學的極盛〉，《國史館館刊》，1996年復刊第21期，頁47～68；石榮倫，〈魏晉南北朝史學的特點及其成因〉，《江海學刊文史哲版》，1994年第1期，頁145～150；蔣家驊，〈魏晉南北朝史學興盛及其原因〉，《雲南民族學院學報》，1989年第2期，頁61～67；瞿林東，〈魏晉南北朝隋唐時期史學的發展〉，《史學史研究》，1991年第2期，頁35～42；高國抗，〈魏晉南北朝時期史學的巨大發展〉，《暨南學報》，1984年第3期，頁49～56等；呂謙舉，〈兩晉六朝的史學〉，收入杜維運、陳錦忠、黃進興編，《中國史學史論文集（1）》（臺北：華世，1980年），頁348～360。其他專著中針對魏晉南北朝史學的發展特點作論述介紹者亦多，此論題的研究成果相當豐富，不克一一備舉。

			臧榮緒	齊	晉書
			庾銑		東晉新書
			袁炳		晉書
			孫嚴		宋書
			何點		齊書
			劉祥		宋書
			蕭衍等	梁	通史
			蕭子顯		後漢書、晉書（南）齊書
			蕭子雲		晉史草
			沈約		晉書、宋書、齊紀
			鄭忠		晉書
			劉陟		齊紀
			謝昊		梁書
			許亨	陳	齊書、梁史
			姚察		梁書帝紀
			陸瓊		陳書
			顧野王		陳書
			傅縡		陳書

表 3-2 編年體史書存目表

北朝			南朝		
作者	朝代	書名	作者	朝代	書名
鄧淵	北魏	國記	劉謙之	宋	晉紀
崔浩、高允等		後晉書、國書	王韶之		晉紀
張始均		魏志	徐廣		晉紀
杜台卿	北齊	齊紀	檀道鸞		續晉陽秋
劉璠	北周	梁典	郭季產		續晉紀
姚最		梁後略	佚名		晉紀
蕭欣		梁史	佚名		晉錄
榮建緒		齊紀	裴松之		晉紀
崔子發		齊紀	周祇		崇安記
王劭		齊志	王智深	齊	宋紀

		裴子野	梁	宋略、齊梁春秋
		王琰		宋春秋
		鮑衡卿		宋春秋
		吳均		齊春秋
		蕭韶		梁太清紀
		蕭世怡		淮海亂離志
		王逡之		齊典
		佚名		齊典
		何之元	陳	梁典
		陽僧仁		梁撮要

表 3-3　雜史類史書存目表

北朝			南朝		
作者	朝代	書名	作者	朝代	書名
劉景	北魏	三史略記	臧榮緒	齊	續洞紀
元延明		帝王世紀注	謝綽	梁	宋拾遺
元順		帝錄	蕭綺		王子年拾遺記
梁祚		魏國統	阮孝緒		正史削繁
元暉、崔鴻		科錄	周興嗣		梁皇帝實錄
張彝		歷帝圖	謝吳		梁皇帝實錄
李師尚		前漢功臣序贊	劉仲威		梁承聖中興略
蕭欣	北周	梁史	張緬		晉書抄、後漢略
甄鸞		帝王世錄	臧嚴		棲鳳春秋
			趙齊旦	陳	陳王業曆
			佚名	南朝	宋中興伐逆事
			佚名		梁帝紀
			佚名		梁太清錄
			佚名		梁末代紀

表 3-4　霸史類史書存目表

北朝			南朝		
作者	朝代	書名	作者	朝代	書名
高閭	北魏	燕志	裴景仁	宋	秦記
韓顯宗		（馮氏）燕志	郭仲產		秦州記、仇池記
姚和都		秦紀	段國		吐谷渾記
劉昞		敦煌實錄、涼書	武敏之		三十國春秋
宗欽		涼書	佚名	梁	翟遼書
高謙之		涼書	佚名		諸國略記
崔鴻		十六國春秋	佚名		永嘉後纂年記
崔浧		燕記	佚名		段業傳
封懿		燕書	蕭方等		三十國春秋
李概	北齊	戰國春秋	佚名		天啓紀

表 3-5-1　雜傳類史書——分類傳記存目表

北朝			南朝		
作者	朝代	書名	作者	朝代	書名
元懌、李義徽	北魏	顯忠錄	袁淑	宋	眞隱傳
元順		帝錄	王歆之		孝子傳
韓顯宗		孝友傳	王韶之		孝子傳讚
韓子熙		顯忠錄	鄭緝之		孝子傳
宋繪		中朝多士傳	師覺授		孝子傳
崔鴻		崔氏世傳	范晏		陽德傳
常景		列女傳、儒林傳	虞通之		妬記
佚名		嵩高寇天師傳	王微		竺道生傳
封偉伯		封氏本錄	裴松之		裴氏家傳
元孚		古今明妃賢后	釋僧寶		游方沙門傳
王劭	北齊	爾朱氏家傳	釋法進		江東名德傳
盧懷仁		中表實錄	蕭子良	齊	止足傳
劉晝		高才不遇傳	宋躬		孝子傳、止足傳

明克讓	北周	續名僧記	孔稚珪		陸先生傳
姚最		周齊王家傳	宗測		續高士傳
盧思道		知己傳	劉繪		能書人名
釋亡名		詔法師傳	賈淵		人名書
			釋法安		志節傳
			周弘	梁	續高士傳
			釋僧祐		薩婆多部記、釋迦譜
			阮孝緒		高隱傳
			虞孝敬		高僧傳、高士傳
			釋寶唱		名僧傳、(比丘)尼傳
			釋慧皎		高僧傳
			蕭衍		孝子傳
			鍾岏		良吏傳
			任昉		雜傳
			王瑱之		童子傳
			劉昭		幼童傳
			蕭繹		孝德傳、忠臣傳、丹陽尹傳、懷舊志、全德志、同姓名錄
			裴子野		眾僧傳、續裴氏家傳
			王巾		法師傳
			陸杲		沙門傳
			張孝秀		廬山僧傳
			陶弘景		梁故草堂法師傳
			賀縱		雜傳
			虞闡		佛記
			陸澄		雜傳
			馬樞	陳	道學傳

表 3-5-2　雜傳類史書——地區性傳記存目表

北　朝			南　朝		
作　者	朝代	書　　名	作　者	朝代	書　　名
陽休之	北魏	幽州人物志	劉義慶	宋	江左名士傳
劉芳		徐州人地錄			徐州先賢傳

佚名	北朝	青州先賢傳	佚名		武陵先賢傳
			郭緣生		武昌先贊傳
			崔慰祖	齊	海岱志
			吳均	梁	吳郡錢唐先賢傳

表 3-5-3　雜傳類史書——靈異志怪史書存目表

北　朝			南　朝		
作　者	朝代	書　　名	作　者	朝代	書　　名
釋曇永	北魏	搜神論	劉義慶	宋	幽明錄
顏之推	北齊	集靈記	劉敬叔		異苑
		冤魂志	袁王壽		古異傳
			朱群台		徵應傳
			王延秀		感應傳
			祖沖之		述異記
			東陽無疑		齊諧記
			傅亮		光世音應驗記
			張演		續光世音應驗記
			王琰	齊	冥祥記
			陸杲		系觀世音應驗記
			蕭繹	梁	研神記
			蕭子良		冥驗記
			吳均		續齊諧記
			佚名		續異苑
			劉之遴		神錄
			陶弘景		周氏冥通記
			王曼穎		續冥祥記
			佚名		祥異志
			許善心	陳	符瑞記

表 3-6　起居注、實錄存目表

北朝

作者	朝代	書名
佚名	北魏	後魏起居注
祖珽	北齊	黃初傳天錄、後周太祖號令
陸元規		皇帝實錄

南朝

作者	朝代	書名
佚名	宋	晉宋起居注鈔
佚名		晉宋先朝起居注
佚名		宋永初起居注
佚名		宋景平起居注
裴松之		宋元嘉起居注
佚名		宋孝建起居注
佚名		宋大明起居注
佚名		宋景和起居注
佚名		明帝在蕃注
佚名		宋泰始起居注
佚名		宋泰豫起居注
佚名		宋元徽起居注
佚名		宋昇明起居注
佚名		宋起居注
佚名	齊	建元起居注
佚名		齊永明起居注
佚名		隆昌延興建武起居注
佚名		中興起居注
徐勉	梁	流別起居注
佚名		梁天監起居注
佚名		梁大同起居注
佚名		梁起居注
佚名	陳	陳永定起居注
佚名		陳天嘉起居注
佚名		陳天康光大起居注
佚名		陳太建起居注
佚名		陳至德起居注
佚名		陳起居注

	周興嗣	梁	梁皇帝實錄
	謝昊		梁皇帝實錄
	斐政		梁太清錄

表 3-7　譜系類史書存目表

北朝

類別	作者	朝代	書名
帝王譜	元暉業	北魏	後魏辨宗錄
	佚名		後魏皇帝宗族譜
	佚名		魏孝文列姓族牒
	佚名		後魏方司格
	佚名		後魏譜
	佚名	北齊	後齊宗譜
	佚名		齊高氏譜
	佚名	北周	周宇文氏譜
	佚名		周明帝世譜
	鮑宏		皇室譜
姓名譜	宋繪	北齊	姓系譜錄
家族譜	高諒	北魏	親表譜錄
	佚名	北朝	北地傅氏譜
地區譜	佚名	北魏	冀州姓族譜
	佚名		洪州諸姓譜
其他	平恒	北魏	略注
	宋繪	北齊	年譜錄

南朝

類別	作者	朝代	書名
帝王譜	佚名	南朝	宋譜
	佚名		齊梁帝譜
	佚名		梁帝譜
	佚名		齊帝譜屬
姓名譜	賈執	梁	姓氏英賢傳
	佚名		諸姓譜
	何承天	宋	姓苑
家族譜	佚名	南朝	楊氏譜
	佚名		謝氏譜
地區譜	佚名	南朝	洪州諸姓譜
	佚名		吉州諸姓譜
	佚名		江州諸姓譜
	佚名		袁州諸姓譜
	佚名		揚州譜鈔
	王僧虔	宋	王司空新集諸州譜
	王僧孺	梁	梁武帝總集境內十八州譜
百家譜	劉湛	宋	百家譜
	王儉		百家集譜
	王逡之	梁	續儉百家譜、南族譜、百家譜拾遺
	王僧孺		百家譜、百家譜集鈔
	傅昭		百家譜
	賈執		百家譜
其他	賈淵	齊	氏族要狀
	佚名	南朝	梁大同四年表簿
	佚名		齊梁宗簿
	佚名		齊永元中表簿

表 3-8　地理類史書存目表

北朝

類別	作者	朝代	書名
總志	闞駰	北魏	十三州志
	李義徽		輿地圖
	佚名		後魏諸州記
	佚名	北朝	後魏輿地圖風土記
	佚名		周地圖記
州郡方志	王遵業	北魏	三晉紀
	楊曄		徐州記
	溫子昇	北齊	永安記
	李公緒		趙記
	楊楞加		鄴都故事
	佚名	北朝	齊州圖經
	佚名		雍州圖經
	佚名		冀州圖經
	佚名		幽州圖經
	佚名		太山郡記
	佚名		隴西記
	佚名		魏郡圖經
	佚名		東郡圖經
	佚名	北朝	上谷郡圖經
	佚名		襄國記
	李叔布		齊州記
	邢子勵		趙記
都邑	崔鴻	北魏	西京記
	佚名		代都略記
	薛寘	北周	西京記
	宇文愷		東都圖記
	佚名	北朝	京兆記
	佚名		洛陽記

南朝

類別	作者	朝代	書名
總志	佚名	宋	元嘉齊年地記
	劉黃門		地理書鈔
	陸澄	齊	地理書、地理書抄
	任昉	梁	地記、地理書抄
	釋僧祐		世界記
	顧野王	陳	輿地志
州郡方志	山謙之	宋	南徐州記、吳興記、丹陽記、尋陽記
	王僧虔		吳郡地理記
	劉成國		徐州地理志
	吳穆之		義興記
	孔靈符		會稽記
	謝靈運		永嘉記
	鄭緝之		永嘉記、東陽記
	劉道眞		錢唐記
	孫詵		臨海記
	紀義		宣城記
	盛弘之		荊州記
	郭仲產		湘州記、南雍州記、仇池記、秦州記
	王韶之		始安郡記、南雍州記、南康記、始興記
	甄烈		湘州記
	鄭康明		南康記
	雷次宗		豫章記
	荀伯子		臨川記
	王玄謨		尋陽記
	任預		益州記
	王孚		安城記
	段國		沙州記
	沈懷遠		南越志

	佚名		洛陽圖經
	佚名		京兆舊事
	佚名		長安圖
山川寺觀	楊衒之	北魏	洛陽伽藍記
	酈道元		水經注
風俗物產	宋孝王	北齊	關東風俗傳
行記	釋慧生	北魏	慧生行傳
	宋雲		家記
	釋道榮		道榮行傳
	李諧		李諧行記
	李繪		封君義行記
	孫景安		征途記
	佚名		魏聘使行記
	佚名		江表行記
	姚最	北周	序行記
	盧思道		西征記

州郡方志	劉澄之	齊	揚州記、豫州記 梁州記、荊州記 江州記、鄱陽記
	陸道瞻		吳地記
	阮敘之		南兗州記
	黃閔		武陵記、神壤記
	鮑至	梁	南雍州記
	虞孝敬		廣梁南徐州記
	蕭世誠		荊南志
	蕭子開		建安記
	李膺		益州記
	伍安貧		武陵記
	是乘民	陳	江乘地記
	夏侯曾先		會稽地志
	陳暄		國山記
都邑	劉損	宋	京口記
	陶季直	梁	京邦記
	姚察	陳	建康記
	佚名		京邦記
	佚名		建康宮殿簿
山川寺觀	謝靈運	宋	遊名山志
	釋曇宗		京師寺塔記
	王韶之		神境記
	宗測	齊	衡山記、廬山記
	劉澄之		永初山川古今記
			司州山川古今記
	劉俊		益州寺記
	黃閔		阮川記
	劉璆	梁	京師寺塔記
	佚名		廬山南陸雲精舍記
	佚名		廟記
風俗物產	宗懍	梁	荊楚歲時記

				類別	作者	朝代	書名
				行記邊疆	釋智猛	宋	遊行外國傳
					釋道普		遊歷異域傳
					曇無竭		歷國傳記
					釋法盛		歷國傳
				行記	釋寶雲	宋	外國傳記
					沈懷文		隨王入沔記
					李彤		聖賢塚墓記
					裴松之		述征記、西征記 北征記
					徐齊民		北征記
					孟奧		北征記
					伍緝之		從征記
					丘淵之		征齊道里記
					薛泰	梁	輿駕東行記
					裴子野		方國使圖
					吳均		入東記
					釋曇景		外國傳
					江德藻	陳	聘北道里記
					姚察		西聘道里記
					劉師知		聘游記

表 3-9　典志類史書存目表

北朝				南朝			
類別	作者	朝代	書名	類別	作者	朝代	書名
故事	楊楞伽	北齊	鄴都故事	故事	劉道薈	宋	宋先朝故事
	宇文愷	北周	東宮典記		庾詵	梁	晉朝故事
	蕭大圜		梁舊事		蕭大圜		梁舊事
職官	郭演	北魏	職令古今百官注		佚名僧人		天正舊事
儀注	常景	北魏	後魏儀注		佚名		皇儲舊事
	封偉伯		明堂圖說	職官	范曄	宋	百官階次
	游肇		冠昏儀		佚名		宋職官記
	崔浩		女儀		王珪之	齊	齊職儀

	薛道衡	北齊	後齊儀注
	袁聿修		北齊五禮
	李公緒		趙李家儀
	趙彥深		北齊王太子喪禮
			太和後朝儀
	蕭大圜	北周	士喪儀注
	唐瑾		書儀
刑法	常景	北魏	後魏律、北齊律、周律、周大統式、北齊令、北齊權令
	馮太后		皇誥
	元澄		皇誥宗制
	王慧龍		國典

	佚名		齊職儀
	荀欽明		宋百官階次
	徐宣瑜	梁	晉官品
	徐勉		梁選簿
	陶藻		職官要錄
	佚名		梁勛選格
	佚名		梁官品格
	沈約		新定官品
	佚名		梁尚書職制儀注
	佚名		梁百官人名
	佚名		陳百官簿狀
	佚名		陳將軍簿
儀注	徐廣	宋	晉尚書儀曹新定儀注
			車服雜注
	謝元		內外書儀
	謝朏		書筆儀
	蔡超		書儀
	王弘		書儀
	佚名		宋長沙檀太妃薨吊答儀
	佚名		宋儀注（十卷）
	佚名		宋儀注（二十卷）
	佚名		宋尚書雜注
	張鏡		宋東宮儀注
	徐爰		家儀
儀注	王珪之	齊	禮儀
	王逡之		禮儀制度、齊國禮儀
	佚名		齊鹵簿儀
	王儉		吊答儀
	謝朓		書筆儀
	佚名		宋廢帝元徽儀注

		佚名		齊永明儀注
		佚名		宋太廟烝嘗儀注
		佚名		宋藉田儀注
		佚名		宋南郊親奉儀注
		賈冠	梁	國親皇太子序親簿
		周遷		古今輿服雜事
		鮑行卿		皇室儀
		周捨		書儀疏
		鮑泉		新儀
		蕭子雲		東宮新記
		明山賓		梁吉禮儀注
		賀瑒		梁賓禮儀注
		嚴植之		凶儀注
		陸璉		軍儀注
		賀琛		謚法
		司馬褧		嘉儀注
		丘仲孚		皇典
		何胤		政禮儀注
		蕭大圜		士喪儀注
		范岫		雜儀注
		沈約		梁儀注、梁祭地祇陰陽儀注
		佚名		梁尚書儀曹儀注
		佚名		梁天子喪禮
		佚名		梁大行皇帝皇后崩儀
		佚名		梁諸侯世子卒凶儀注
		佚名		梁太子妃薨凶儀注
		佚名		梁東宮元會儀注
		佚名		梁五禮藉田儀注
		佚名		梁五禮先蚕儀注
		佚名	陳	陳尚書雜儀注
		佚名		陳吉禮

					佚名		陳賓禮
					佚名		陳軍禮
					佚名		陳嘉禮
					佚名		陳鹵簿圖
					佚名		陳元會儀注
					佚名		陳大行皇帝崩儀注
					佚名		陳諸帝后崩儀注
					佚名		陳雜儀注凶儀
					佚名		陳皇太后崩儀注
					佚名		儀曹撰陳皇太子妃薨儀注
				刑法	宗躬	齊	齊永明律
					孔稚珪		集定張杜律注
					佚名		律義
					佚名		齊五服制
					蔡法度	梁	晉宋齊梁律、梁律、梁令、梁科
					范泉	陳	陳律、陳令、陳科
					佚名		陳新制
				綜合典制	江淹	齊	齊史十志〔註6〕

表 3-10　目錄類史書存目表

北　朝				南　朝			
類別	作者	朝代	書　名	類別	作者	朝代	書　名
綜合	盧昶	北魏	甲乙新錄	綜合	謝靈運 殷淳	宋	宋元嘉八年四部目錄
	佚名		魏闕書目錄		王儉	齊	宋元徽元年四部書目錄、七志
宗教	菩提流支	北魏	譯眾經論目錄		王亮、謝朏		齊永明元年四部書目錄

〔註 6〕江淹在南齊初年，曾奉命修史，完成《齊史》的體例和《齊史．十志》。唐朝劉知幾在《史通》中提到江淹認爲：「史之所難，無出於志，故先著十志，以見其才。」見劉知幾著，浦起龍釋，王煦華整理，《史通通釋》卷十二〈古今正史〉，頁329。

	李廓		魏世眾經目錄
	釋道憑	北齊	釋道憑錄
	釋法上		齊世眾經目錄
	任昉、殷鈞	梁	梁天監六年四部書目錄
	劉孝標等		梁文德殿五部目錄
	劉遵		梁東宮四部目錄
	劉杳		古今四部書目
	阮孝緒		七錄
	佚名	陳	陳秘閣圖書法書目錄
	佚名		陳天嘉六年壽安殿四部目錄
	佚名		陳德教殿四部目錄
	佚名		陳承香殿五經史記目錄
	佚名		隆安西庫書目
專科	傅亮	宋	續文章志
	宋明帝		晉江左文章志
	丘淵之		晉義熙以來新集目錄、 文章錄
	裴松之		史目
	楊松珍		史目
	虞龢		二王鎮書定目、羊欣書目、鍾張書目、法書目錄
	佚名		書品
	佚名		名手畫錄
	佚名		雜儀注目錄
	丘靈鞠	齊	江左文章序錄
	沈約	梁	宋世文章志
宗教	陸修靜	宋	靈寶經目、三洞經書目錄
	王儉	齊	七志·佛經錄、道經錄
	佚名		眾經別錄
	釋王宗		眾經目錄
	釋道慧		宋齊錄
	釋宏充		釋宏充錄
	陸澄		法論目錄
	蕭子良		法集錄

			釋僧祐	梁	出三藏記集
			釋僧紹		華林殿眾經目錄
			釋寶唱		（梁代）眾經目錄
			釋正度		釋正度錄
			阮孝緒		七錄・佛法錄、仙道錄
			劉勰		定林寺藏經錄
			佚名		始興錄
			釋眞諦	陳	眞諦錄

表 3-11　史注類史書存目表

北　朝			南　朝		
作　者	朝代	書　　名	作　者	朝代	書　　名
盧宗道	北魏	魏志音義	裴駰	宋	史記集解
崔浩		漢書音義	裴松之		三國志注
		漢紀音義	檀道鸞		晉陽秋注
劉芳		後漢書音	陸澄	齊	漢書注
宋繪	北齊	注王隱《晉書》、注何法盛《晉中興書》、漢書集解	鄒誕生	梁	史記音
			劉顯		漢書音
			夏侯泳		漢書音
			包愷		漢書音
			蕭該		漢書音義
			韋稜		漢書續訓
			孟康		漢書音
			劉孝標		漢書注、世說新語注
			蕭繹		漢書注
			吳均		後漢書注
			劉昭		後漢書注、續漢書注
			王規		續漢書注
			韋闡		後漢書音
			姚察	陳	漢書訓纂、漢書集解 漢書定疑
			臧競		後漢書音訓

表 3-12　史評類史書存目表

北朝			南朝		
作者	朝代	書名	作者	朝代	書名
無			劉勰	梁	文心雕龍·史傳

備註 1：上述表格係根據《宋書》、《齊書》、《梁書》、《陳書》、《南史》、《魏書》、《周書》、《北齊書》、《北史》、《隋書·經籍志》、《舊唐書·經籍志》、《新唐書·藝文志》，以及章宗源《隋書經籍志考證》、姚振宗《隋書經籍志考証》、《史通》、嚴可鈞編《全上古三代秦漢三國六朝文》、釋僧祐《出三藏記集》、釋慧皎《高僧傳》、釋道宣《續高僧傳》、費長房《歷代三寶記》、釋道宣《大唐内典錄》、劉緯毅《漢唐方志輯佚》等製作。

備註 2：南北朝政權遞嬗頻繁，一位史家生平可能歷仕多朝，因此筆者判斷史家生存朝代時，盡可能以該史家撰寫的史著（時間斷限爲南北朝）作爲判斷基準；倘若史料闕如，難以掌握史家完成此史著的確切時間點，則以該史家亡歿之時間來作判斷。再者，知作者是南朝或北朝人，但無法進一步準確判斷是宋、齊、梁、陳，抑或北魏、北齊、北周者，概以南朝、北朝爲朝代之歸納。

爲方便觀察與比較南、北二朝的史學表現，以及作爲後續比較的基礎，筆者將表 3-1 至表 3-12 加以量化後製成表 3-13「南北朝史書數量分析表」和表 3-14「南北朝史書類別排序表」。就外在呈現將南北朝史學的成就合而觀之來看，史書的數量和種類實多且繁，〔註 7〕足見當時史學多途、〔註 8〕蓬勃的發展，史學漸脫離經學而自立門戶，成爲獨立學科，凡此符合了長期以來對魏晉南北朝史學發展整體趨勢的看法。其次，從南朝、北朝史書類別的多寡觀察，前三位皆分別是地理類、典志類和雜傳類——分類傳記。反映南北朝時期，此三類史籍受到時人重視，發展出色。

再者，分而察之，兩相對照，北朝史學的表現難與南朝史學相比肩。例

〔註 7〕地理、典志、雜傳類史書的數量分占前三位，又此時有譜學、地志、史注、史評等專類出現。

〔註 8〕李傳印認爲魏晉南北朝時期出現了史學的多途發展局面，史學與政治關係的複雜性和特殊性表現甚爲突出。關於它的複雜性，有這幾個方面表現：皇朝迭興與史學大盛；民族政權興起與民族史撰述興盛；政治分裂局面對這個時期歷史撰述從體例到思想内涵都有重要影響；史家的國家統一意識和民族認同意識增強；史學中直書與曲筆的鬥爭很尖銳……等等。關於它的特殊性，主要表現門閥政治對史學的深刻影響。李傳印，《魏晉南北朝時期史學與政治的關係》（武漢：華中科技大學出版社，2004 年），頁 23。李傳印對魏晉南北朝史學發展整體的分析，主要從政治的角度切入研究，實則影響南北朝史學發展的因素當有更多探討者。

如在史籍數量方面，就筆者所蒐羅的南北朝史書整體而言，北朝史書約占總數的 25.2%，南朝史書則約占 74.8%，亦即北：南約爲 1：3 之差。以及，目錄的興盛發達，需要立基於典籍數量和種類多且繁的學術背景。觀「目錄類」典籍占南朝史書總數的第四位，此亦可側面顯示出南朝史學的發展較北朝碩果纍纍。復以史籍種類來看，北朝歷史撰述的類型中，「史評」一類闕如，南朝則有劉勰所撰《文心雕龍》中的〈史傳〉一篇。劉勰對中國史學首次進行回顧總結，從事比較全面、系統的評論，反映史家對史學評論的指導思想、基本內容等方法等問題，已有比較明確而系統的認識，這是歷史家們對於史學發展的自覺意識的結晶。〔註 9〕從史評專篇在南朝問世，除了呼應周一良主張南朝史學如牖中窺日，對歷史發展具有洞察能力；北朝史學如顯處視月，廣而難周，思辨性不強，缺乏敏銳深刻的高見卓識之外，〔註 10〕亦可據此反映南朝史學的成熟度較勝於北朝。

表 3-13　南北朝史書數量分析表

分類表名	該類史籍總數	該類史籍北朝撰寫		該類史籍南朝撰寫	
		數量	占該類史籍總數比例	數量	占該類史籍總數比例
表 3-1「紀傳體史書存目表」	30	2	6.7%	28	93.3%
表 3-2「編年體史書存目表」	32	11	34%	21	66%
表 3-3「雜史類史書存目表」	24	9	38%	15	62%
表 3-4「霸史類史書存目表」	22	11	50%	11	50%
表 3-5-1「雜傳類史書——分類傳記存目表」	67	18	27%	49	73%
表 3-5-2「雜傳類史書——地區性傳記存目表」	9	3	33%	6	67%

〔註 9〕參見邱敏，《六朝史學》（南京：南京出版社，2003 年），頁 253～257。
〔註 10〕參見周一良，〈略論南朝北朝史學之異同〉，頁 365～369。

表 3-5-3 「雜傳類史書——靈異志怪史書存目表」	23	3	13%	20	87%
表 3-6 「起居注、實錄存目表」	35	4	11%	31	89%
表 3-7 「譜系類史書存目表」	46	17	37%	29	63%
表 3-8 「地理類史書存目表」	142	44	31%	98	69%
表 3-9 「典志類史書存目表」	118	24	20%	94	80%
表 3-10 「目錄類史書存目表」	52	6	12%	46	88%
表 3-11 「史注類史書存目表」	30	7	23%	23	77%
表 3-12 「史評類史書存目表」	1	0	0	1	100%
總數	631	159	25.2%	472	74.8%

圖 3-1　南北二朝史書數量比例圖

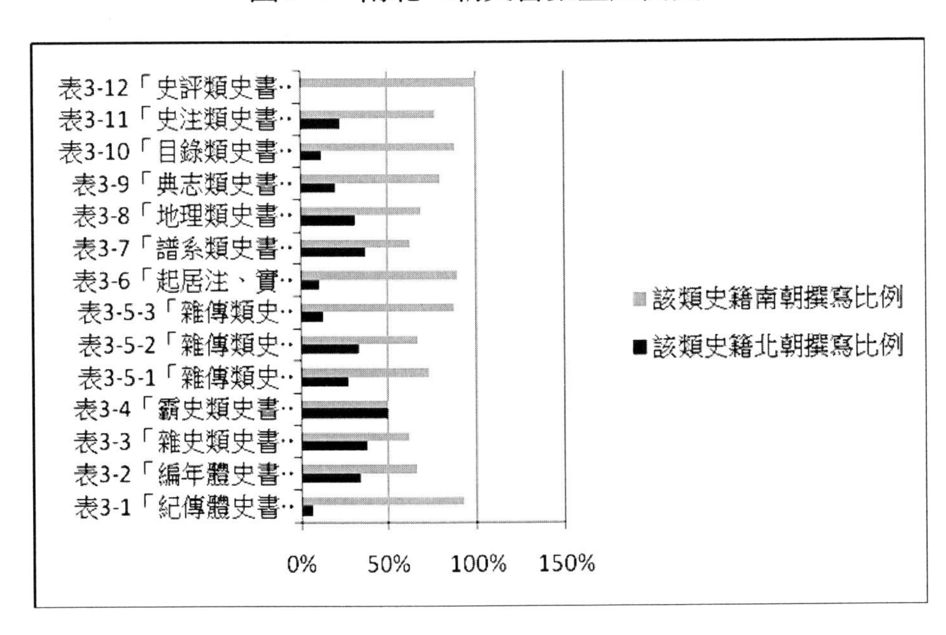

表 3-14　南北朝史書類別排序表

<table>
<tr><th rowspan="2">排序</th><th colspan="2">北　朝　史　書</th><th colspan="2">南　朝　史　書</th></tr>
<tr><th>類　別</th><th>占北朝史書總數比例</th><th>類　別</th><th>占南朝史書總數比例</th></tr>
<tr><td>第一</td><td>地理類</td><td>27.7%</td><td>地理類</td><td>20.8%</td></tr>
<tr><td>第二</td><td>典志類</td><td>15.1%</td><td>典志類</td><td>19.9%</td></tr>
<tr><td>第三</td><td>分類傳記</td><td>11.3%</td><td>分類傳記</td><td>10.4%</td></tr>
<tr><td>第四</td><td>譜系類</td><td>10.7%</td><td>目錄類</td><td>9.7%</td></tr>
<tr><td rowspan="2">第五</td><td>編年體</td><td>6.9%</td><td rowspan="2">起居注實錄</td><td rowspan="2">6.6%</td></tr>
<tr><td>霸史類</td><td>6.9%</td></tr>
<tr><td>第六</td><td>雜史類</td><td>5.7%</td><td>譜系</td><td>6.1%</td></tr>
<tr><td>第七</td><td>史注類</td><td>4.4%</td><td>紀傳體</td><td>5.9%</td></tr>
<tr><td>第八</td><td>目錄類</td><td>3.8%</td><td>史注類</td><td>4.9%</td></tr>
<tr><td>第九</td><td>起居注實錄</td><td>2.4%</td><td>編年體</td><td>4.5%</td></tr>
<tr><td rowspan="2">第十</td><td>地區性傳記</td><td>1.9%</td><td rowspan="2">靈異志怪</td><td rowspan="2">4.2%</td></tr>
<tr><td>靈異志怪</td><td>1.9%</td></tr>
<tr><td>第十一</td><td>紀傳體</td><td>1.3%</td><td>雜史類</td><td>3.2%</td></tr>
<tr><td>第十二</td><td colspan="2" rowspan="2"></td><td>霸史類</td><td>2.3%</td></tr>
<tr><td>第十三</td><td>地區性傳記</td><td>1.3%</td></tr>
<tr><td>最末</td><td>史評</td><td>0</td><td>史評</td><td>0.2%</td></tr>
</table>

除了史評一類，北朝史書其餘類別皆具備，不過每一類的著作量並不多，尤其北朝史家對前代史學與前代史的研究與修撰，和南朝相比，相差甚大。〔註 11〕究其原因，南朝接承晉緒，文化傳播，相對安定，人才藏書皆較

〔註 11〕例如對《史記》的研究，南朝有徐廣《史記音義》、裴駰《史記集解》、鄒誕生《史記音》三家，北朝沒有一家。對《漢書》的研究，南朝有劉顯《漢書音》、夏侯泳《漢書音》、陸澄《漢書注》、梁元帝《漢書注》、劉昭《漢書注》、韋稜《漢書續訓》、蕭繹《漢書注》、劉孝標《漢書注》、范曄《漢書讚》、姚察《漢書訓纂》、《漢書集解》、《定漢書疑》等，北朝僅有崔浩《漢書音義》、《漢紀音義》。《隋書．經籍志》認爲自漢至隋「《史記》、《漢書》師法相傳，並有解釋。」應指南朝而言，北朝對這兩部史著的研究幾乎付諸闕如。在對前代史的修撰上，北朝也遠遠遜於南朝。如東漢史，南朝有范曄、劉義慶、蕭子顯的《後漢書》和張緬《後漢書略》，以及有吳均、劉昭、王規、韋闡等人注解《後漢書》，北朝則僅有劉芳的《後漢書音》。又如兩晉史，南朝何法盛、謝靈運、臧榮緒、蕭子雲、沈約、劉謙之、王韶之、徐廣、檀道鸞、郭

北朝豐富，反觀北朝承繼五胡紛擾中原後，社會殘破，文化蕩然，文獻典籍破壞嚴重，資料嚴重匱乏。史載：「自劉、石擾覆華畿，二都鞠爲茂草，儒生罕有或存，墳典滅而莫紀，經淪學廢，奄若秦皇」，〔註 12〕「惠懷之亂，京華蕩覆，渠閣文籍，靡有孑遺」，〔註 13〕戰亂又使中原地區的世家大族紛紛攜策抱卷，渡江南逃，「中朝遺書，稍流江左」。〔註 14〕此外，劉裕北伐，入長安，滅後秦，又一次搜羅經史圖籍，使得「衣冠軌物，圖畫記注，播遷之餘，皆歸江左」。〔註 15〕故孝文帝遷都洛陽後，不得不向南齊借書以充實秘府。儘管北朝各代均注意聚積圖書，但收效甚微，在這種資料嚴重匱乏的情況下，欲研究前代史學、修撰前代史的確有其難度，自不能不對北朝史學的發展速度與規模加以限制和影響。

北朝史學發展受到限制的另一重要原因，是民族衝突直接地反映在史學領域。〔註 16〕北魏太武帝滅匈奴赫連氏夏政權，對夏國史書「多見焚燒」，〔註 17〕鮮卑與漢人的矛盾衝突下導致崔浩史獄發生，牽連無辜，廢史官，止修史，嚴重打擊北魏史學。文成帝時雖復設史官，仍以高允典修國史，「然而不能專勤著述，時與校書郎劉模有所輯綴，大較續崔浩故事，準《春秋》之體，而時有刊正」，〔註 18〕「遺落時事，三無一存」。〔註 19〕其後高祐、李彪、崔光、崔鴻相繼撰錄。然鮮卑親貴力圖把持壟斷史職，孝武帝永熙年間，谷綦、山偉更主文籍，凡經二十餘年，其事闕而不載。〔註 20〕在對胡漢矛盾與「史禍」的忌憚下，史官戒懼，難以成事。崔光撰國史，「徒有卷目，初未考正，闕略尤多，每云：『此史會非我世所成，但須記錄時事，以

季彥等史家都修撰或注解晉史，體例或紀傳或編年，成果豐碩，蔚爲大觀，相對地，北朝只有北齊時宋繪依準裴松之注《三國志》體來注解王隱的《晉書》及何法盛的《晉中興書》。

〔註 12〕〔唐〕玄房齡等撰，《晉書》（臺北：鼎文，1978 年）卷一百一十三〈苻堅載記上〉，頁 2888。

〔註 13〕《隋書》卷三十二〈經籍志一〉，頁 906。

〔註 14〕同上註。

〔註 15〕《隋書》卷四十九〈牛弘列傳〉，頁 1299。

〔註 16〕王記錄，〈北朝史學與北朝政治〉，《煙台師範學院學報哲社版》1997 年第 1 期，頁 14。

〔註 17〕劉知幾著，浦起龍釋，王煦華整理，《史通通釋》卷十二〈古今正史〉，頁 334。

〔註 18〕《魏書》卷四十八〈高允列傳〉，頁 1086。

〔註 19〕《魏書》卷六十二〈李彪列傳〉，頁 1381。

〔註 20〕劉知幾著，浦起龍釋，王煦華整理，《史通通釋》卷十一〈史官建置〉，頁 292。

待後人。』」〔註21〕崔光侄崔鴻撰《十六國春秋》，魏宣武帝諭其隨修隨呈御覽，崔鴻未應，原因即在「以其書有與國初相涉，言多失體，且既未訖，迄不奏聞。」〔註22〕北魏末年鮮卑六鎮反，北朝世局自此動盪，高歡集團雖然起用北魏原有的漢人官員，或置之宰輔大臣，但也常因漢人官員輕視文化較低的胡人及主張排胡用漢，故遭致殺害，高德政、杜弼即爲顯例，〔註23〕魏收則被高歡嫌疑捶楚，此殆爲對國史及史官之敵視。然而修注、修史二權，俱在漢人史官之手，凌辱捶撻，不能阻其書事記言。於是山偉、綦儁等遂主張「國書正應代人修緝，不宜委之餘人」，由是將修史權由漢人手中沒收過來。這些史實說明，北朝史學的發展，乃種族、文化之相互歧視意識，及害怕「以史制君」的恐懼意識，三者之間混淆交熾的反應。〔註24〕值得注意的是，從外在呈現來檢視南北朝史學，我們可以發現「霸史類」史書數量（表3-13），北朝和南朝是並駕其驅的，然而就類別多寡排序上（表 3-14），「霸史類」占北朝史書總數的第五位，此可突顯北朝在民族史學的領域發展較快，相較於其他史學類別，民族史的表現較爲突出，是北朝史學的特色之一。〔註25〕

〔註21〕《魏書》卷六十七〈崔光列傳〉，頁1502。

〔註22〕《魏書》卷六十七〈崔光列傳附子崔鴻傳〉，頁1503。

〔註23〕《北齊書》載：「顯祖謂群臣曰：『高德政常言宜用漢，除鮮卑，此即合死。又教我誅諸元，我今殺之，爲諸元報讎也。』」《北齊書》卷三十〈高德政列傳〉，頁410。又《北齊書》載：「顯祖嘗問弼云：『治國當用何人？』對曰：『鮮卑車馬客，會須用中國人。』顯祖以爲此言譏我。」《北齊書》卷二十四〈杜弼列傳〉，頁353。

〔註24〕雷家驥先生，《中古史學觀念史》，頁406～407。

〔註25〕相較於其他史學類別，北朝民族史撰述發展有成，原因乃一方面中國北方自晉室南渡以後，先後由匈奴、羯、氐、羌、鮮卑等少數民族建立起一個個割據的政權，此消彼長，連續百餘年，對中國歷史產生很大影響。而北朝正是承接十六國而來，五胡的統治經驗、教訓，對北朝各政權可以提供借鏡，正如崔鴻所言：「自晉永寧以後，雖所在稱兵，竟自尊樹，而能建邦命氏，成爲戰國者十有六家。善惡興滅之形，用兵乖會之勢，亦足以垂之將來，昭明勸戒。」見《魏書》卷六十七〈崔光列傳附子崔鴻傳〉，頁1504。另一方面，十六國史多爲其本國未亡時已開始纂修，北魏初年，許多史官皆來自十六國，此爲北魏撰修十六國史提供了現成的史才和修史的資源。如封懿仕慕容寶時，任史官，著國史，歸北魏後，以慕容舊事撰成《燕書》。段承根曾仕乞伏熾磐，入魏後崔浩推薦他爲著作郎，參修國史，「西秦史事，蓋由承根在魏傳述」。闞駰原仕沮渠蒙遜，爲秘書考課郎中，帶文吏三十人，典校經籍，刊定諸子三千餘卷，撰有《十三州志》。分見《魏書》卷三十二〈封懿列傳〉，頁

此外，佛教在南北朝的影響力可從上述表格窺知一二。學術與時代是相互影響，時代特色會反映在學術發展上，佛教興盛是南北朝顯著的時代特色，反映在當時史學的成果上，便是大量出現和佛教相關的著述。例如僧人傳記開始出現，如南朝釋寶唱《名僧傳》、釋慧皎《高僧傳》、裴子野《眾僧傳》、陸杲《法師傳》，北朝明克讓《續名僧記》等。並且配合弘法、求法而產生不少地理類史著，如南朝釋智猛《遊行外國傳》、釋僧祐《世界記》、曇無竭《歷國傳記》，北朝釋道榮《道榮行傳》、釋慧生《慧生行傳》等。同時爲因應大量佛經的翻譯，僧人感到有必要編制目錄，故使佛經目錄學也建立起來。如南朝釋僧祐《出三藏記集》、釋僧紹《華林殿眾經目錄》、蕭子良《法集錄》、劉勰《定林寺藏經錄》，北朝李廓《魏世眾經目錄》、釋法上《齊世眾經目錄》等。這些史籍撰寫者包括僧俗之人，此除可顯見佛教僧人的學識涵養有一定程度的水準之外，當時中國士人接觸與接受佛教的情形亦可見一斑。

誠如梁啓超所言：「凡思想皆應時代之要求而發生，不察其過去及當時之社會狀況，則無以見思想之來源。」〔註 26〕每一種現象的形成必有其時代的背景，不能僅從表面著眼，必須深入其內在的根源來觀察，才能掌握其中變化的脈絡，得以窺其底蘊。本文第二章已述及佛教在南北朝的傳播較漢魏兩晉時期更爲廣泛，無論是上層社會還是下層社會，無論是政治的、社會的、經濟的、學術文化的還是心理的，皆可見佛教的影響。上述筆者針對所蒐羅的南北朝史著進行表格的歸納整理後，先從外在呈現略作初步探討，知此時期的史學與佛教有所相關，而這其中仍有許多可深入分析、探究之處。以下，筆者將從南北朝時期目錄、史注、地理等三種史學門類的成果，進一步觀察南北朝史學發展與佛教的關聯性，南北合而觀之的共同點與南北分而察之的相異點爲何，試圖從大同中尋求小異，冀能小中見大，追溯相異點的來龍去脈，進而對於當時南、北分治下佛教和史學的關係能有更清晰的瞭解。

第二節　佛教對南北朝目錄學的影響

若欲辨章學術，考鏡源流，明確掌握中國學術思想的發展，目錄學是相

766、1163、1159。這些學者入北魏後，爲北朝各代認識十六國的歷史狀況提供了史料上的便利，有助於北朝在民族史學領域的發展。

〔註 26〕梁啓超，《中國近三百年學術史》（臺北：華正，1974 年），頁 12。

當重要的入門學問。〔註 27〕史學地位的變化，從現實圖書情況所發生的相應變化可以得知。西漢成、哀二帝時，劉向、劉歆父子校理藏書，進行分類，在其分別編成的《別錄》和《七略》中將《史記》、《國語》、《世本》等史書附於「六藝略」的「春秋家」。〔註 28〕至東漢班固修《漢書》，對這種圖書分類加以承襲，未作太大更改，且班固本人自敘其撰《漢書》的意旨時，也透露出此書濃厚的經學色彩，「綜其行事，旁貫五經，上下洽通」、「窮人理，該萬方，緯六經，綴道綱，總百氏，贊篇章」。〔註 29〕再者，據逯耀東研究，直到東漢中期許慎《說文解字》成書時，「史」的定義與應用還保持著史的原始功能，偏重在文書方面，即手執書寫工具會寫字、記錄之人，「史」的獨立觀念，即具有後世歷史意識之「史」尚未形成。〔註 30〕

史學成爲獨立學科是在魏晉南北朝時期，據《隋書．經籍志序》載：「魏氏代漢，采掇遺亡，藏在秘書中、外三閣。魏秘書郎鄭默始制《中經》，秘書監荀勗又因《中經》，更著《新簿》，分爲四部，總括群書。一曰甲部，記六藝及小學等書；二曰乙部，有古諸子家、近世子家、兵書、兵家、術數；三曰丙部，有史記、舊事、皇覽簿、雜事；四曰丁部，有詩賦、圖贊、汲塚書。」〔註 31〕這是經、史分家，史學擺脫經學附庸的地位，預告史學開始成爲一門獨立學科。至東晉李充整理圖書，又重新排列四部的次序：「五經爲甲部，史記爲乙部，諸子爲丙部，詩賦爲丁部。」〔註 32〕他將荀勗《中經新簿》中諸子和史書的位置對調，將史書地位排在諸子之前，僅次於五經而居於第二。這種轉變絕不是依隨李充個人主觀意志而決定，而是當時史書在整

〔註 27〕王鳴盛，《十七史商榷》卷一〈史記一〉「史記集解分八十卷條」云：「目錄之學，學中第一緊要事，必從此問途，方能得其門而入。」在同書卷七〈漢書一〉「漢書敘例條」中又云：「凡讀書最切要者，目錄之學。目錄明，方可讀書；不明，終是亂讀。」〔清〕王鳴盛撰，《十七史商榷》（臺北：樂天出版社，1972 年），分見頁 1、53。

〔註 28〕參見〔漢〕班固，《漢書》（臺北：鼎文書局，1978 年）卷三十〈藝文志．總敘〉，頁 1701。

〔註 29〕《漢書》卷一百下〈敘傳下〉，分見頁 4235、4271。

〔註 30〕逯耀東，《魏晉史學的思想與社會基礎》（臺北：東大，1999 年），頁 31～32。

〔註 31〕《隋書》卷三十二〈經籍志一〉，頁 906。

〔註 32〕〔南朝梁〕蕭統編，〔唐〕李善注，《文選》卷四十六任昉〈王文憲集序〉，李善注引臧榮緒《晉書》，收入《四庫全書》（臺北：臺灣商務據國立故宮博物院藏本影印，1983 年）第一三三一冊，〈集部八．總集類〉，頁 244。

個學術文化領域中地位提升的反映，實際上符合了整體的學術發展趨勢。因此李充的分類法很快得到官私目錄書的承認，南朝大多數的目錄書，如《宋元嘉八年四部書目錄》《宋元徽元年四部書目錄》、《梁天監六年四部書目錄》、《梁東宮四部目錄》、《陳天嘉六年壽安殿四部目錄》、《陳德政殿四部目錄》等，都是沿用這種分類法，「自爾因循，無所變革」。〔註33〕只有宋王儉的《七志》和梁阮孝緒的《七錄》採用的是七分法，但是王儉在編《宋元徽元年四部書目錄》時，也使用李充的四分法，而阮孝緒在《七錄》中也把史書單獨列爲一類，稱「紀傳錄」，並排在僅次於「經典錄」的第二位，他們都沒有否認史籍的重要地位。〔註34〕

從目錄學的角度觀察，除了看到史學在魏晉南北朝時期脫離經部成爲獨立學科的重大轉變之外，另一方面，也可發現伴隨佛教的盛行，有關佛教的書籍例如佛教的經典和僧人事跡的傳記，逐漸大量湧現。由於佛教相關著作的增加，使其在圖書目錄領域開始占有一席之地。西晉荀勖的《中經新薄》首附佛經於四部之後；〔註35〕南齊王儉的《七志》:「其道、佛附見」〔註36〕；梁阮孝緒的《七錄》的外篇設佛法與仙道二錄。〔註37〕除了俗人學者在文獻目錄中記載佛經外，自漢末佛教傳入中國以來，譯經散亂不成系統，許多譯經來源不明，年代不清，拼湊而成的「抄經」和假託佛說的「僞經」不斷出現，加上戰亂頻仍，佛教典籍佚失嚴重，這些背景促使僧人開始從事搜集、整理、鑒別、著錄和分類佛典的工作，並進一步編撰佛經目錄。目錄類著述歸屬於史部，佛經目錄是文獻目錄中的一個重要類別，它不同於一般目錄，性質爲專科目錄，且內容除了載有佛教經典的書目外，也記載譯人的生平、譯事的過程，故具有史書的性質。下表 3-15 羅列了隋代以前中國歷代佛經目錄：

〔註33〕《隋書》卷三十二〈經籍志一〉，頁 906。

〔註34〕參見鄭鶴聲，《中國史部目錄學》（臺北：華世，1974 年），頁 7～11。

〔註35〕釋道宣，《廣弘明集》卷三引阮孝緒〈古今書最〉（附載〈七錄序〉）載：「晉中經簿，四部書一千八百八十五部二萬九百三十五卷，其中十六卷佛經書簿少二卷，不詳所載多少。」T52/2103，頁 110a。

〔註36〕《隋書》卷三十二〈經籍志一·總序〉頁 907。

〔註37〕釋道宣，《廣弘明集》卷三引阮孝緒〈七錄序〉言：「其方內經史，至于術伎，合爲五錄，謂之內篇；方外佛道，各爲一錄，謂之外篇。凡爲錄有七，故名《七錄》。」T52/2103，頁 109c。

表 3-15　隋代以前中國歷代佛經目錄列表

佛經目錄名	作者	撰成時間	存佚
漢錄	朱士行	曹魏甘露五年	佚
眾經錄	竺法護	西晉惠帝末年	佚
眾經錄目	聶道眞	西晉懷帝永嘉中	佚
古錄	不詳	兩晉之間	佚
經論都錄、別錄	支敏度	東晉成帝	佚
舊錄	不詳	東晉成帝至蕭齊前	佚
綜理眾經目錄	釋道安	東晉孝武帝寧康年間	佚
盧山錄	釋慧遠	東晉孝武帝太元年間	佚
二秦錄	釋僧睿	東晉安帝義熙年間	佚
漢錄	竺道祖	東晉恭帝元熙年間	佚
魏世經錄目	釋道流 竺道祖	東晉恭帝元熙年間	佚
吳世經錄目			佚
晉世雜錄			佚
河西錄			佚
佛經錄	王儉	宋後廢帝元徽年間	佚
二趙經錄	不詳	南朝劉宋初	佚
眾經目錄	釋王宗	齊武帝	佚
眾經都錄	不詳	南齊初	佚
眾經別錄	不詳	南齊初	佚
宋齊錄	釋道慧	南齊時	佚
釋弘充錄	釋弘充	南齊時	佚
始興錄	不詳	南齊時	佚
定林寺經藏錄	劉勰	南齊時	佚
出三藏記集	釋僧祐	梁武帝天監四年～十四年間	存
華林佛殿眾經目錄	釋僧紹	梁武帝天監十四年間	佚
梁代眾經目錄	釋寶唱	梁武帝天監十七年間	佚
佛法錄	阮孝緒	梁武帝普通四年以後	佚
釋正度錄	釋正度	梁武帝在位年間	佚
眞諦錄	釋眞諦	陳宣帝太建元年	佚
陳朝大乘寺藏目錄	不詳	陳朝時	佚

王車騎錄	不詳	南朝	佚
譯眾經論目錄	菩提流支	北魏永平年間	佚
魏世眾經目錄	李廓	北魏孝靜帝天平年間	佚
齊世眾經目錄	釋法上	北齊後主武平年間	佚
釋道凭錄	釋道凭	北齊時	佚

備註：上表係根據梁釋僧祐《出三藏記集》、隋費長房《歷代三寶記》以及唐釋道宣《大唐內典錄》、唐釋智昇《開元釋教錄》製作，此外有關表中佛教目錄的撰成時間參考姚名達《中國目錄學史》〔註38〕一書的考證成果。

表3-15中唯一存留至今的經錄是梁釋僧祐（445～518年）的《出三藏記集》（又名《祐錄》），其爲中國現存最早且保存完整的佛經目錄。僧祐是齊、梁間的名僧，〔註39〕他根據定林寺經藏，在道安《綜理眾經目錄》的基礎上增輯而成。〔註40〕全書內容分爲四部分：一撰緣記，二詮名錄，三總經序，四述列傳。僧祐自述這四部分的目的分別爲：「緣記撰則原始之本明；名錄詮則年代之目不墜，經序總則勝集之時足徵，列傳述則伊人之風可見。」〔註41〕「撰緣記」（卷一）記述印度佛經的編纂淵源和中國譯經的文字音義異同等，相當於總敘；「詮名錄」（卷二至卷五）著錄歷代譯經名目，有總錄和分錄，分爲十二類，按譯人年代爲序，不按佛經內容分類；「總經序」（卷六至卷十二）集各種譯經的前序後記一百二十篇，以序跋代替解題，其中卷十二〈雜錄〉收輯中外名僧關於佛教史論的論著，兼有索引作用；「述列傳」（卷十三

〔註38〕姚名達，《中國目錄學史》（上海：上海古籍出版社，2011年），頁185～220。

〔註39〕《高僧傳》載：「齊竟陵文宣王每請講律，眾常七八百人，永明中勅入吳試簡五眾，並宣講十誦，更申受戒之法，凡獲信施悉以治定林建初。及修繕諸寺。並建無遮大集捨身齊等。及造立經藏搜校卷軸，使夫寺廟開廣法言無墜，咸其力也。……今上深相禮遇，凡僧事碩疑皆勅就審決，年衰脚疾，勅聽乘輿入內殿，爲六宮受戒，其見重如此。開善智藏、法音、慧廓皆崇其德，素請事師禮，梁臨川王宏南平王偉儀同陳郡袁昂永康定公主貴嬪丁氏，並崇其戒範，盡師資之敬，凡白黑門徒一萬一千餘人。」釋慧皎撰，湯用彤校注，《高僧傳》卷十一〈釋僧佑傳〉，頁440。

〔註40〕《出三藏記集》載：「昔安法師以鴻才淵鑒，爰撰經錄，訂正聞見，炳然區分。自茲以來，妙典間出。皆是大乘寶海，時競講習。而年代人名，莫有銓貫，歲月逾邁，本源將沒，後生疑惑，奚所取明？祐以庸淺，豫憑法門，翹仰玄風，哲弘大化，……沿波討源，綴其所聞，名曰《出三藏記集》。一撰緣記，二詮名錄，三總經序，四述列傳。釋僧祐撰，蘇晉仁、蕭鍊子點校，《出三藏記集・序》，頁2。

〔註41〕同上註。

至卷十五）則敘譯經僧人三十二人的傳記和譯經年月。此書的最大特點是著眼於提供各種參考資料，有名錄、有列傳，特別是大量的序跋和有關資料，從中可以瞭解譯經的時代背景和有關情況，對研究中國早期佛教歷史具有重大意義，可以說是一部以目錄形式出現的早期佛學史。〔註42〕

僧祐《出三藏記集》在書中敘述僧人列傳，以及廣搜抄輯序跋以代替解題，這兩個部分皆屬草創，在目錄學領域有重要的創舉之功。饒宗穎認爲僧祐介紹譯經人物之風軌典範，是時尚未有高僧傳之作，《祐錄》導其先路，繼之乃有寶唱、王巾、慧皎之書。〔註43〕將史書的傳記體裁用於佛經目錄，是僧祐的獨到之功。陳垣在《中國佛教史籍概論》對僧祐《出三藏記集》的評論是：「本書之特色全在第三方式之「經序」，其他經目所未有，可以考知各譯經之經過及內容，與後來書錄解題、書目提要等用處無異。」〔註44〕僧祐開創了中國目錄體制敘錄中的輯錄體。書名、提要和類序三者是目錄的基本結構。提要（或稱敘錄、書錄解題等）列於書名之後，揭示圖書的內容主旨、價值得失，介紹作者生平事蹟、學術源流，以及該書的版本、校勘、流傳情況等。中國目錄典籍中的提要又可分爲敘錄體、傳錄體和輯錄體。西漢劉向在典校古籍時，撰有《別錄》一書，內容是爲所校之書所撰寫的提要，其闡明校讎經過，介紹作者生平，敘述學術源流，辨別圖書眞僞，以及評價圖書得失，劉向的《別錄》首開提要敘錄體的先河，影響後世深遠。王儉在《七志》中「不述作者之意，但於書名之下，每立一傳」〔註45〕，王儉偏重於作者傳記而不述圖書內容主旨，開啓提要的傳錄體。而僧祐《出三藏記集》的「總經序」則爲輯錄體的創始，該種體裁引用成文，廣泛蒐集、抄輯與一書有關的資料，如序、跋、題記等，不一定由目錄撰寫者直接介紹評述。依表3-15，魏晉南北朝時期撰輯佛經目錄者非僅一家，然只有僧祐《出三藏記集》獨傳，餘皆遺佚，顯見《出三藏記集》必有爲其他佛經目錄所不及的優點。誠如姚名達推崇此書的優點包括：保有多方面的第一手史料、使用多樣的體裁、分析經書爲多數之部類、一切經論皆曾作一番考索以甄別其同異眞僞。〔註46〕梁啓超在《佛家經

〔註42〕李瑞良，《中國目錄學史》（臺北：文津，1993年），頁96。

〔註43〕饒宗頤，〈論僧祐〉《中國文化研究所學報》1997年第6期，頁407。

〔註44〕陳垣，《中國佛教史籍概論》，頁11。

〔註45〕《隋書》言王儉《七志》曰：「其道、佛附見，合九條，然亦不述作者之意，但於書名之下，每立一傳，而又作九篇條例，編乎首卷之中。」《隋書》卷三十二〈經籍志一．總序〉，頁907。

〔註46〕姚名達，《中國目錄學史》，頁214。

錄在中國目錄學之位置》一文中對佛家經錄的編纂手法，給予了極高的評價，其言：

> 一曰歷史觀念甚發達。凡一書之傳譯淵源、譯人小傳、譯時、譯地，靡不詳敘；二曰辨別眞僞極嚴。凡可疑之書，皆詳審考證，別存其目；三曰比較甚審。凡一書而同時或先後異譯者，輒詳爲序列，勘其異同得失；在一叢書中抽譯一二種，或在一書中抽譯一二篇而別題書名者，皆各求其出處，分別註明，使學者毋惑；四曰搜采遺逸甚勤。雖已佚之書，亦必存其目，以俟采訪，令學者得按照某時代之錄而知其書佚於何時；五曰分類極復雜而周備。或以著譯時代分，或以書之性質分。性質之中，或以書之涵義內容分，如既分經律論，又分大小乘；或以書之形式分，如一譯多譯，一卷多卷等等。同一錄中，各種分類並用，一書而依其類別之不同，交錯互見，動至十數，予學者以種種檢查之便。吾儕試一讀僧祐、法經、費長房、道宣諸作，不能不嘆劉《略》、班《誌》、荀《簿》、阮《錄》之太簡單、太樸素，且痛惜於後此種作者之無進步也。鄭漁仲、章實齋治校讎之學，精思獨辟，恨其於佛錄未一涉覽焉，否則其所發撝必更有進，可斷言也。〔註 47〕

梁啓超認爲佛家書目優勝於普通目錄者有五點，若以梁僧祐《出三藏紀集》、隋法經《大隋眾經目錄》、隋費長房《歷代三寶記》、唐道宣《大唐內典錄》等佛經目錄的水準而言，劉向《七略》、班固《漢書藝文志》、荀勗《中經新簿》、阮孝緒《七錄》則顯得太簡單、太樸素，甚至表達「痛惜於後此種作者之無進步」的感觸，而且縱使精思獨辟、治學有成的鄭樵和章學誠，在梁啓超眼中也對他們兩人未曾涉覽佛錄感到遺憾。廣搜經序、詳述列傳是《出三藏紀集》頗受梁啓超肯定的優點。〔註 48〕筆者深感興趣的是，以僧祐在齊、梁時的盛名，僧俗門徒眾多，又《出三藏記集》之編纂過程爲時甚久，當時聽聞僧祐編撰目錄一事的人當不在少數，因此《出三藏記集》的內容、撰述方法是否對同時代的目錄學者王儉和阮孝緒產生影響？這是筆者下文欲探究的問題。

〔註 47〕梁啓超，《佛學研究十八篇》第十七篇〈佛家經錄在中國目錄學之位置〉，頁 1。

〔註 48〕梁啓超肯定僧祐所自創其在「經錄學」中新貢獻者有五點：（一）敘述佛典來歷及翻譯方法，（二）新立「異出」一部，（三）新立「抄經一部」，（四）廣搜經序，（五）詳述列傳。同上註，頁 12。

南朝王儉（452～489年）的《七志》與阮孝緒（479～536年）的《七錄》是極富盛名的私家目錄。據《隋書．經籍志》載：

> 儉又別撰七志：一曰經典志，紀六藝、小學、史記、雜傳；二曰諸子志，紀今古諸子；三曰文翰志，紀詩賦；四曰軍書志，紀兵書；五曰陰陽志，紀陰陽圖緯；六曰術藝志，紀方技；七曰圖譜志，紀地域及圖書。其道、佛附見，合九條。然亦不述作者之意，但於書名之下，每立一傳，而又作九篇條例，編乎首卷之中。文義淺近，未爲典則。

王儉《七志》的成就除了前述開創提要中的傳錄體外，還包括增設圖譜志，並且首次將道經、佛經列爲附錄，使宗教經典第一次作爲目錄分類體系的一個組成部分。至於《七錄》，據《隋書．經籍志》載：

> 處士阮孝緒，沉靜寡慾，篤好墳史，博采宋、齊已來，王公之家凡有書記，參校官簿，更爲七錄：一曰經典錄，紀六藝；二曰記傳錄，紀史傳；三曰子兵錄，紀子書、兵書；四曰文集錄，紀詩賦；五曰技術錄，紀數術；六曰佛錄；七曰道錄。其分部題目，頗有次序，割析辭義，淺薄不經。

《七錄》相較於《七志》更能符合實際情況，創立了更爲合理的分類體系。阮孝緒言：「劉氏之世，史書甚寡，附見《春秋》，誠得其例。今眾家記傳，倍於經典，猶從此志，實爲繁蕪。」〔註49〕觀察到史書倍增，故使史書獨立成紀傳一錄。《七錄》的前四錄內容和次序，實際上就是後來的經、史、子、集四部，不過名稱稍異而已。其次，在中國目錄學領域裡，「目錄」成爲史書分類的一個類目，是源自阮孝緒《七錄．紀傳錄》的「簿錄部」。〔註50〕最後，《七錄》的另一個特點、成就是創設佛、道二錄，將它們和其他各錄並列，這是阮孝緒吸收《七志》的優點，並往前更進一步，從附錄上升爲正

〔註49〕釋道宣，《廣弘明集》卷三引阮孝緒〈七錄序〉，T52/2103，頁109b。

〔註50〕《七錄》的分類較前書目分類更爲深化和具體化，不僅有大類，而且在大類之下還有小類。例如史部，不僅獨立爲一部，其下還再分爲十二小類：國史部、注曆部、舊事部、職官部、儀典部、法制部、僞史部、雜傳部、鬼神部、土地部、譜狀部、簿錄部。這十二類中，除「鬼神」類外，其餘各類一直被後來的目錄學家所沿用，不過名稱小有變更而已。由於各部的區分比較明確，使圖書可以更準確歸類，也便於檢索，因此《隋書．經籍志》肯定《七錄》，稱它：「分部題目，頗有次序」。見《隋書》卷三十二〈經籍志一．總序〉頁907。

錄，〔註 51〕讓儒、釋、道三大教派統一在一個分類體系之內，體現了一個重要的分類原則，佛、道二經在書目分類上的位置，從魏晉時起一直是牽制整個分類體系的棘手問題，《七錄》把它們從附錄提升爲正錄，這是一個重要進展。〔註 52〕

觀王儉與阮孝緒之能重視佛經目錄，客觀因素應與二人身處南朝，佛教較東晉更爲興盛，感受亦更明顯，故王儉首錄佛經，而梁朝的佛教在梁武帝大力倡導下，勢力愈盛，遂使阮孝緒一方面將佛經目錄提升至正錄的位置，並且不同於王儉「先道而後佛」的次序，阮孝緒調整爲「先佛而後道」。〔註 53〕王儉與阮孝緒在目錄的調整安排上之所以能呼應現實，如實反映南朝佛教興盛的現況，此也與二人的交遊有關。王儉出身奉佛有名的琅琊王氏，〔註 54〕耳濡目染下自然對佛學思想、佛教活動甚爲熟悉。《續高僧傳》卷五有關僧旻的記載曰：「齊文惠帝竟陵王子良，深相貴敬請遺連接。尚書令王儉，延請僧宗講《涅槃經》。（僧）旻扣問聯環言皆摧敵。儉曰：『昔竺道生入長安，姚興於逍遙園見之，使難道融義，往復百翻言無不切，眾皆睹其風神服其英秀，今此旻法師超悟天體，性極照窮言必典詣，能使前無橫陣，便是過之遠矣』。」〔註 55〕從這段記載我們看到王儉延請僧宗、僧旻等僧人至家中宣講《涅槃經》，僧旻的闡釋令眾人嘆服，而王儉對僧旻佛經造詣的肯定認爲更勝昔日的竺道生，這說明王儉與佛教僧侶時有往來，以及王儉個人對佛教歷史、佛

〔註 51〕阮孝緒在〈七錄序〉中言：「釋氏之教，實被中土，講說諷味，方軌孔籍。王氏雖載于篇，而不在志限，即理求事，未是所安，故列〈佛法錄〉爲外篇第一。仙道之書，由來尚矣，劉氏神仙，陳於方伎之末。王氏道經，書於《七志》之外。今合序〈仙道錄〉爲外篇第二。」釋道宣，《廣弘明集》卷三引阮孝緒〈七錄序〉，T52/2103，頁 109c。

〔註 52〕李瑞良，《中國目錄學史》，頁 90。

〔註 53〕阮孝緒在〈七錄序〉中言：「王（儉）則先道而後佛，今則先佛而後道，蓋所宗有不同，亦由其教有淺深也。凡內外兩篇，合爲《七錄》。」釋道宣，《廣弘明集》卷三引阮孝緒〈七錄序〉，T52/2103，頁 109c。南朝四代中，梁朝佛教最盛，可見阮孝緒較王儉更能認清、接受佛、道二者的勢力，然後如實反映佛經、道經在圖書目錄中最適當的分類位置。

〔註 54〕琅琊王氏的佛教信仰是在東晉晚期確立，從王珣、王珉以降至南朝，王氏一家多皈依三寶。有關琅琊王氏信仰佛教的情形，可參考徐清祥，《門閥信仰——東晉士族與佛教》（北京：中國社會科學出版社，2010 年），頁 56～74。孫昌武，〈南朝士族的佛教信仰與佛教文化〉，《佛學研究》2008 年第 1 期。任繼愈，《中國佛教史》第三卷第一章〈士族與佛教〉。

〔註 55〕釋道宣，《續高僧傳》卷五〈釋僧旻傳〉，頁 133。

經義理應有一定程度的熟稔。除了僧旻、僧宗，王儉也曾請慧約宣講佛經，〔註 56〕爲僧遠撰寫碑文，〔註 57〕以及對智藏「深懷欽悅，爰請安居，常嘆相知之晚」。〔註 58〕在在可見王儉與佛教互動的密切。再觀阮孝緒，家中供養佛像，〔註 59〕曾爲僧旻撰寫墓誌，〔註 60〕且「湘東王著《忠臣傳》，集釋氏碑銘、《丹陽尹錄》、《研神記》，並先簡孝緒而後施行」，〔註 61〕湘東王蕭繹滙集佛教碑文，會先徵詢阮孝緒的意見後再著手進行，可知阮孝緒對佛教接觸、了解程度之一斑。此外，作爲南京名勝的鐘山，六朝時期約有七十餘所，現今可考之寺額者二十餘座。這些寺院中，高僧名士雲集，可以說，六朝時期的鐘山，不僅是名副其實的江南佛教中心之一，而且是這一時期佛教興盛的象徵。〔註 62〕史載阮孝緒曾於鍾山聽講，〔註 63〕身處於高僧雲集，佛事發達之地，則應當與僧人有所往來，接觸佛教思想，乃至有機會參與佛教活動。

僧祐的《出三藏記集》首創在佛經目錄中融入列傳的體裁，王儉在《七志》中開創傳錄體提要，偏重作者傳記而忽略圖書內容主旨；再者，在佛經目錄中收入經序爲《出三藏記集》首創，開啓輯錄體提要之法，《隋書》批評阮孝緒《七錄》「割析辭義，淺薄不經」，〔註 64〕原因爲《七錄》的小序及解題是依據各家目錄而編撰，並非見到原書。阮孝緒的《七錄》是私家目錄，在沒有政府運用職權，集眾人力量協助之下，自當不可能逐一撰寫詳細提要，因此和僧祐作法相同，將蒐集的經序作爲提要，應是最便利的。王儉和阮孝緒皆以私人之力從事一般圖書目錄撰寫，兩人之錄皆不約而同與僧祐《出三

〔註 56〕《續高僧傳》載：「齊太宰文簡公褚淵，太尉文憲公王儉，佐命一期功高百代，欽風味道共弘法教，淵嘗請講淨名勝鬘，儉亦請開法花大品。」釋道宣，《續高僧傳》卷六〈釋慧約傳〉，頁 157。

〔註 57〕《高僧傳》載：「爲（僧遠）營墳於山南立碑頌德，太尉琅玡王儉制文。」釋慧皎撰，湯用彤校注，《高僧傳》卷八〈釋僧遠傳〉，頁 319～320。

〔註 58〕《續高僧傳》載：「齊太尉文憲王公，深懷欽悅爰請安居，常歎相知之晚。」釋道宣，《續高僧傳》卷五〈釋智藏傳〉，頁 145。

〔註 59〕《梁書》載：阮孝緒「其恒所供養石像，先有損壞，心欲治補，經一夜忽然完複，眾並異之。」《梁書》卷五十一〈處士列傳．阮孝緒傳〉，頁 742。

〔註 60〕《續高僧傳》載：「（旻）窆於鍾山之開善墓所，喪事大小隨由備辦，隱士陳留阮孝緒，爲著墓誌。」釋道宣，《續高僧傳》卷五〈釋僧旻傳〉，頁 135。

〔註 61〕《南史》卷七十六〈隱逸列傳下．阮孝緒傳〉，頁 1895。

〔註 62〕參見楊新華，《金陵佛寺大觀》（北京:方志出版社，2003 年），頁 493～505。

〔註 63〕《南史》載阮孝緒：「於鍾山聽講，母王氏忽有疾，兄弟欲召之。」見《南史》卷七十六〈隱逸列傳下．阮孝緒傳〉，頁 1894。

〔註 64〕《隋書》卷三十二〈經籍志一．總序〉，頁 907。

藏記集》有相似之處，筆者認爲箇中巧合頗富興味。然而，筆者才力有限，就王儉和阮孝緒兩人與佛教的交涉，尚無直接證據說明兩人與僧祐有密切往來，進而無法得知兩人在目錄學上是否受到僧祐明確的影響。〔註65〕

綜上所述，南北朝時期佛教興盛對中國史學目錄部的影響，顯而易見者爲由於佛教經典的增多，使一般圖書目錄開始附有佛經，乃至使佛經成爲一個正式分類，豐富了中國的目錄學。此外，就內在而言，筆者從僧祐《出三藏記集》、王儉《七志》與阮孝緒《七錄》三者在撰寫體例上的相似性，認爲獨立的專科佛經目錄之編纂方式可能對一般圖書目錄的編纂方式有所影響。但筆者的看法礙於缺乏直接史料佐證而難以徵實，今暫且聊備一說，留待進一步研究。

第三節　南北朝史注學的發展：佛教－經注－史注

一、史注仍受經注影響

就文化環境而言，魏晉南北朝是一個由紊亂走向秩序、由競爭走向融合的建設性時期。隨著社會的巨大變遷，傳統思想與學術都有了新的發展，此時史學開始擺脫經學的附屬地位而成爲一門獨立學科。從學術分野上來說，在史學逐漸擺脫經學，成爲一門獨立學科的過程中，史注也開始打破訓詁名物等傳統經注研究範式，探索更適合其本身特點的注釋體例，進而形成這門學科本身的研究範式。裴松之《三國志注》往往被視爲是經注轉變爲史注的關鍵，標誌著中國學術發展（分野）上，繼史學從經學的附庸地位擺脫出來，成爲獨立學科後，史學研究範式也打破此前經學研究範式的藩籬，形成了適合史學這門學科本身特點的研究範式。〔註66〕有關裴松之《三國志注》反映史學脫離經學，經注轉變爲史注的歷史意義，歷來學者論之甚詳，〔註67〕此

〔註65〕南朝釋僧祐（445～518年）、王儉（452～489年）與阮孝緒（479～536年）三人的生存時、空有所交集。再者，使王儉深懷欽悅，常嘆相知之晚的智藏曾事師僧祐，王儉是否透過智藏而結識僧祐，礙於史料，難以確知。此外，與僧祐一生關係最密切的定林寺和建初寺皆位於鍾山，阮孝緒少時曾於鍾山聽講，是否因此而和僧祐有所交集，就筆者目前掌握的史料，亦無法明確得知。

〔註66〕張瑞龍，〈從經注與史注的變奏看裴松之《三國志注》的學術史地位〉，《史學月刊》2006年第6期，頁98。

〔註67〕逯耀東認爲「漢晉間經注本身也在轉變，這種轉變同樣反映在裴松之的《三

不具述。然而筆者認爲裴松之《三國志注》雖有其歷史地位，卻不宜過份誇大其轉捩性，反而較適合著眼其過渡性，意即不能因裴注的出現，遂立即切割史注與經注的連繫。

據前表 3-11「史注類史書存目表」所著錄史書的解釋（研究）著作，有爲數相當多是音義注解，從書名上看，一望而知其內容性質，例如南朝鄒誕生《史記音》、劉顯《漢書音》、夏侯泳《漢書音》、包愷《漢書音》、蕭該《漢書音義》、韋稜《漢書續訓》、孟康《漢書音》、韋闡《後漢書音》、姚察《漢書訓纂》、臧競《後漢書音訓》；北朝盧宗道《魏志音義》、崔浩《漢書音義》和《漢紀音義》、劉芳《後漢書音》等。再如裴松之之子裴駰的《史記集解》在材料的限制下，其注解《史記》時反而襲取《漢書注》、《漢書音義》等音義訓解之書。〔註 68〕總之，這些史書的注史之法與漢儒注經訓詁極爲相似，〔註 69〕並強調師承家傳，一脈相承，故《隋書．經籍志》言其：「師法相傳，

國志注》中」逯氏在經、史發展的脈絡之下，反覆加深「裴松之《三國志注》是經注轉變爲史注的關鍵」此一概念，認爲第一本以達事爲主的史注，即是裴松之的《三國志注》。而相關的數篇文章，都已收入《魏晉史學的思想與社會基礎》一書當中。詳參逯耀東，《魏晉史學的思想與社會基礎》。除了逯耀東力主此說之，張瑞龍亦與逯氏的主張相同，認爲《三國志注》乃是經注與史注間的關鍵。同上註。此外林盈翔的碩士論文〈裴松之與劉孝標史注學比較研究〉中亦對裴松之《三國志注》在中國史注發展的重要性亦給予相當的肯定，認爲經注與史注兩者核心價值的差異，則在於「明理」與「達事」二者。經注轉變到史注，具有開創性的關鍵文本，正是裴松之的《三國志注》。林盈翔，〈裴松之與劉孝標史注學比較研究〉，頁 69。

〔註 68〕清儒王鳴盛批評裴駰所注《史注》曰：「裴注上半部頗有可觀，其下半部則簡略，甚至連數紙不注一字。世家自陳涉以下，列傳自張耳、陳餘以下，裴於徐廣舊注外，但襲取服虔《漢書注》、晉灼、臣瓚及蔡謨《漢書音義》，裴所自爲者，十無一二。《漢書》之所取者，《史記》也。今《史記》注反取《漢書》注以爲注，陋矣。大約自戰國以前關涉經傳者尚屬用心，一入漢世即無足取。」王鳴盛撰，《十七史商榷》卷一〈史記一〉「裴注下半部條」，頁 9。筆者認爲由於戰國以前還能有大批史料可加以比對注解，但一入西漢，能用以具列異同的材料大幅減少，故使裴駰注解《史注》的表現，自當無法與其父裴松之相比擬。

〔註 69〕胡寶國認爲古文經學反對微言大義，強調對事實的考訂、補充，這與史學本來就有相通之處。也可以說，古文家對古文經的研究本來就是一種初步的歷史研究。二者所不同的是，經學涉及的只是經書所限定的時代範圍内的歷史，而史學的關注點則延伸到了當代。從東漢開始，西晉漸盛，在語言、體裁、書名、條例上全面模擬經傳的史書眾多。史學雖然從經學中獨立了出來，但這一轉變過程不可能脫離原有的學術基礎，這個基礎就是經學（尤其是古文經學）。史學對古文經學的模擬，正是史學剛剛脫離經學後不可避免的特徵。參見胡寶國，《漢唐間史學的發展》，頁 39～45

並有解釋」。〔註 70〕饒富興味的是，這裡《隋書》卻對更適合史學本身發展的新的史注體——裴松之《三國志注》並未特別著墨、稱頌。

筆者肯定裴松之《三國志注》對於史料的搜羅，是經注轉變至史注的代表，然而揆諸後來的史注發展，僅管不能完全將包括裴駰《史記集解》等其他史家、史注著作解釋成史注傳統又回歸成經注傳統，然而我們實不能因爲魏晉南北朝時期史部脫離經學獨立，以及裴松之《三國志注》的體例確實能反應經注到史注間的關鍵轉變，便無視此時期的史注仍大都以音義、名物、地理及典故的訓詁解釋爲主，幾乎全是「以明理爲宗」的注，而「以達事爲主」的史注〔註 71〕其實並沒有占主流地位。考所以致此之由，就在於經學對史學的影響依舊存在。任何一種歷史現象的出現到蔚爲主流絕不可能在一明確的時間點作截然二分，而是需要一段過渡漸變期，甚至需要一定歷史條件的具備（例如當典籍數量足夠，方可爲裴注這一新的注釋方法的實現提供了可能）。當時乃強調家風、家學的門閥社會，這些史家多出身世族，自幼研讀儒家經典，〔註 72〕日後在從事史學研究和史書注釋，自然不可能完全擺脫經學研究和經書注釋的方式，以致在經學研究視野下的史注研究，自然要遵循經注研究的各種規範，即以音義、訓詁、名物、地理及典故的解釋爲主，包括當魏晉時儒家經注流行「集解」〔註 73〕這種新解經方式時，史注自然相隨

〔註 70〕《隋書》卷三十三〈經籍志二〉，頁 957。

〔註 71〕清代學者錢大昭在《三國志辨疑．自序》中論經注、史注之別最爲精闢：「注史與注經不同，注經以明理爲宗，理寓於訓詁，訓詁明而理自見。注史以達事爲主，事不明，訓詁雖精無益也……豈若世期博引載籍，廣增異聞，是是非非，使天下後世讀者，昭然共見乎？」錢大昭準確地以「明理」、「達事」二者，辨析經注與史注兩者核心價值的根本差異。見〔清〕錢大昭，《三國志辨疑》（臺北：藝文，1966 年），頁 5。陳垣將其簡括爲「一注訓詁典故，一注本事」。陳智超，《陳垣來往書信集》（上海：上海古籍，1990 年），頁 665。

〔註 72〕魏晉南北朝是講究門第的時代，門第中人爲保持門祚不衰，除在政治上取得高官厚位外，更要求子弟之操行與學養。其目的在於以淳美的教養培育出優秀的子弟，使家族的政治、社會、經濟、文化等地位，得以後繼有人，於是形成門第社會中的家風與家學。詳見錢穆，〈略論魏晉南北朝學術文化與當時門第之關係〉，收入氏著，《中國學術思想論叢（三）》，頁 134～199。

〔註 73〕集解是彙集各家對同一部經典的注釋，有時也補充彙集者自己的闡釋的訓詁體式。三國魏何晏〈論語集解敍〉《論語注疏解經序》曰：「所見不同，互有得失。今集諸家之善，記其姓名；有不安者，頗爲改易，名曰《論語集解》。」〔魏〕何晏集解，〔梁〕皇侃義疏，《論語集解義疏》（臺北：世界書局，1972 年），頁 2。由於注者將諸家注文加以匯聚，可減少閱者翻尋之不便，提高閱讀效率，因此集解這種注釋體例和編纂方式一度頗受歡迎。

效法，其中不乏出現含有「集解」二字的書名，〔註 74〕至南北朝時期仍有宋裴駰《史記集解》、陳姚察《漢書集解》，以及北齊宋繪《漢書集解》等以「集解」來爲史注之書命名。究其實言之，史學脫離經學成爲獨立的學科後，在往後頗長的過渡期內，史注仍難以徹底切斷和經注千絲萬縷的連繫。一個歷史現象產生之初未受重視，並不代表其沒有歷史意義，只是歷史意義被察覺、重視，需要時間、空間以及人們思想的改變。由此可知，《隋書．經籍志》未對裴松之《三國志注》有特別褒揚之辭，或許是囿於門閥社會的識見所限了。

持平而論，裴松之的《三國志注》在本質上仍是從傳統的經注蛻變而出，〔註 75〕它的出現是時勢下的產物，意即對裴注持肯定態度的研究者多認爲其貢獻在於保存眾多的史料，這當然是正確的，但是他們往往忽略了一個相反的方面，即從根本上講，也正是因爲有眾多史書的存在才使得裴注成爲可能。〔註 76〕魏晉南北朝時期由於紙的普遍使用，政權間競爭激烈，此起彼落，複雜多變的歷史，爲史書的編寫提供了豐富的內容；且爲爭奪正統故各政權莫不重視文化典籍的收集和整理。〔註 77〕這樣的背景推動了目錄學的發達。目錄學不僅應用於整理古籍，而且直接促進了著述。〔註 78〕清儒錢大昭以「明理」、「達事」二者，辨析經注與史注兩者核心價值的根本差異；〔註 79〕近人逯耀東亦云：「明理與達事是經注與史注的基本區分。『達事』是更進一步敘述歷史的眞相。」〔註 80〕注史與注經不同，史注是以典籍的存在爲前提的，

〔註 74〕集解體興於魏，盛於兩晉，「杜預、韋昭而下，集解之風大倡，莫不檢取眾家之長，而定一是之說。專家說學息，而異說紛起，江左以來，遂滔滔莫之能止。」見蒙文通，《中國史學史》（上海：上海人民出版社，2006 年），頁 41。這些帶有集解性質的著作可以視之爲針對東漢末至魏晉以來眾多注釋所作的總結，此乃學術風氣變化的徵兆。兩晉時期，集解之風大盛，此時注釋成果比較集中的幾種史書《尚書》、《左傳》、《漢書》都出現集解，而且往往不只一種。可參考劉治立，〈兩晉時期的史注〉一文中所作的統計和分析。劉治立，〈兩晉時期的史注〉，《南陽師範學院學報社會科學版》2013 年 2 月第十二卷第 2 期，頁 34～36。

〔註 75〕逯耀東，〈《三國志注》與漢晉間經注的轉變〉，收入氏著，《魏晉史學的思想與社會基礎》，頁 413、420。

〔註 76〕胡寶國，《漢唐間史學的發展》，頁 96。

〔註 77〕高國抗，〈魏晉南北朝時期史學的巨大發展〉，《暨南學報》1984 年第 3 期，頁 53～55。

〔註 78〕李瑞良，《中國目錄學史》，頁 108。

〔註 79〕錢大昭，《三國志辨疑》，頁 5。

〔註 80〕逯耀東，〈裴松之與《三國志注》〉，收入氏著，《魏晉史學的思想與社會基礎》，頁 344。

只有在大量、多種典籍可供參考引證的情況下，才能充分探討事實以達事。裴注之所以能被視爲是「由經注的義理闡釋，轉向歷史事實的探討，是經史分途過程中重要轉變的關鍵」，〔註 81〕有大量的史書問世是其先決條件。又且裴松之曾對史書做過系統的研究，撰有索引性質的紀傳體史書專科目錄——《史目》，〔註 82〕因此其對史料的掌握自當有一定的實力，奠定了他「掇眾史之異詞，補前書之所闕」〔註 83〕的基礎。

以上略花篇幅敘述裴松之《三國志注》，目的是欲澄清《三國志注》的出現是立基在一定的歷史條件（時勢）上，不應過份誇大《三國志注》所帶來的影響，逕自以爲由於魏晉南北朝時期史部脫離經學獨立，以及由於裴松之《三國志注》的體例確實頗能反應經注到史注間的關鍵轉變，遂無視此時期的史注仍大都以音義、名物、地理及典故的訓詁解釋爲主。實際上，南北朝時的史注仍無法徹底脫離經注的影響。

二、佛教影響經注

中國典籍的注釋之學屬於訓詁學〔註 84〕的專門領域。南北朝時期訓詁學發展的特色之一爲在玄學和佛教的影響下，帶動了「義疏」體的盛行。義疏釋經也釋注，濫觴於東漢，鄭玄的《毛詩箋》注詩又注毛傳就是義疏的雛形，然而並不普遍，直到玄學和佛教的影響方使義疏廣爲流行。〔註 85〕義疏之作，是儒家經說注釋體裁的變革，也是儒家經說內容的變異，其最大的特色在於形成的過程，深深受到玄學、佛教的影響，其敷座講演，廣論眾說，並藉由論難者反覆問答的過程，加以文字的記錄，便是義疏產生的基本形式。〔註 86〕

〔註 81〕逯耀東，《魏晉史學的思想與社會基礎．導言》，頁 20。

〔註 82〕張守節《史記正義》在〈五帝本紀〉下曾引裴松之《史目》，相關研究請參見王重民，《中國目錄學史論叢》（北京：中華書局，1984 年），頁 70～71。

〔註 83〕劉知幾著，浦起龍釋，王煦華整理，《史通通釋》卷五〈補注〉，頁 122。

〔註 84〕訓詁是詞義解釋的學問，訓詁學研究的重點是古代漢語的語義，從語義的角度來研究古代文獻，以詞義爲主，兼及語音、語法和修辭等語言現象的研究，此外還包括研究句意章旨、名物制度等。傳統的訓詁形式可分通釋語義的訓詁與隨文釋義的注疏兩大類。

〔註 85〕楊瑞志著，殷煥先校訂，《訓詁學》（台北：五南，1997 年），頁 663。

〔註 86〕參見戴榮冠，〈南朝儒經義疏之時代特色〉，頁 1～9。戴榮冠認爲「義疏最大的特色在於形成的過程，深深受到玄學、佛教的影響」，筆者認爲此處「形成」應以「成熟」較爲妥切。蓋義疏是一種儒家注經的訓詁形式，那麼從經學自身的因素來考慮，義疏是漢代經注的發展與延伸，而玄學與佛教則是促使義

清人馬宗霍云：「緣義疏之興，初蓋由於講論，兩漢之時，已有講經之例，石渠閣之所平，白虎觀之所議，是其事也。魏晉清談，把麈樹義，相移成俗，談玄以談經，而講經之風益盛。南北朝崇佛教，敷座說法，本被宗風，從而效之，又有升座說經之例。初憑口耳之傳，繼有竹帛之著，而義疏成矣。」〔註 87〕可見義疏萌生於東漢，魏晉以降，玄學清談、佛教說經論法與儒家注經傳統此三者，交互激盪，互爲影響，經長期演進發展，遂成爲南北朝時期特有的義疏之作。南北朝時，佛教較前更爲迅速發展，盛極一時，佛教已從佛經的翻譯發展到佛經的講解，由解釋佛經字詞發展到闡述佛經義理，佛學漸次脫離玄學，走向獨立發展。〔註 88〕佛教此種轉變連帶促成中國學術界在訓詁方法上盛行「義疏」體，義疏大量出現，在南北朝時期達到了高峰。

義疏之作基本上即是以一家之注爲底本，對經文及注文的內容作更深刻的闡釋，以達到疏通經義的效果，這是義疏所以爲名的原因。〔註 89〕顧濤將義疏解說的類型分爲七種，〔註 90〕列舉如下：

疏成熟、完備、興盛的外在因素。

〔註 87〕〔清〕馬宗霍，《中國經學史》（臺北：臺灣商務，1966 年），頁 85～86。此外，牟潤孫於〈論儒釋兩家之講經與義疏〉一文探賾索隱，將佛教講經、義疏撰作及其對儒家經疏形成的影響一一考證清楚。義疏之形成乃是由於講經，而儒家義疏形成受到佛教義疏影響，自茲可爲定論。詳見牟潤孫，〈論儒釋兩家之講經與義疏〉，《新亞學報》總第四卷第 2 期，頁 89～155。然而戴君仁先生對牟氏之謂稍有異議，認爲儒家的經疏，自有它本身的歷史，由漢曆晉，以至南北朝，逐漸衍變而成，不是單純的由佛書產生出來的，可以說是二源的。參見戴君仁，《梅園論學三集》（臺北：學生書局，1979 年），頁 1131。

〔註 88〕佛學傳入中國初期，必須依附中國傳統思想才能被中國人士所接受，因此高僧多借用儒、道兩家的辭語來解釋佛學義理，從而形成「格義佛學」。就文化傳衍來說，格義爲妥協的方法；就佛學本身而言，格義爲方便的手段。格義佛學是印度佛學得以在中國流傳的轉接媒介、必要過程。佛學與玄學合流，般若空義與道家玄理相通，是當時思想的特色。高僧大德或者援引玄學觀點來解釋佛學空義，或者襲取般若理論，結合玄學而加以闡發。直到鳩摩羅什來華譯經並加闡釋後，般若空義才昭顯於世，並使中國佛學思想漸次脫離玄學色彩，而趨於獨立思考和自我創建的途徑。參見劉貴傑等著，《佛學概論》（臺北：國立空中大學，2001 年），頁 2～3。

〔註 89〕集解和義疏是流行於魏晉南北朝時期儒家的新注釋體例。集解是將各家注解有選擇地匯集起來，間附己意，繫於經書之下，成爲一書，集解流行於兩晉。義疏則不僅是解釋經書，而且還解釋前人爲經書所作的傳注，由於義疏既解釋詞義、串講句意，且闡發章旨，申述全篇大意，更有助人對經書的了解，一度盛行於南朝。

〔註 90〕見顧濤，〈皇侃論語義疏研究〉（南京：南京大學文學所博士論文，2007 年），

1. 總括文義：對一章或一句進行總括式的說明
2. 訓釋詞義：拎出詞或詞組逐個訓釋其詞義或在上下文中所指
3. 串講句義：對一句或幾句進行連貫的講解
4. 補充疏釋：對經、注文的重點、特點和難點予以補充解釋
5. 延伸擴展：由經文某一點進行發揮，所論與經文關係較遠
6. 徵引成說：引用前人或時人的說解或問答語
7. 施加案語：對所引材料做出說明或評論

戴榮冠則將義疏的解說方法分爲以下六種：〔註 91〕

1. 經說相互發明：直接從經文證成經義，前後經文相互發明參證，使經義明瞭。
2. 問答辯難：以問答方式敷演經義，使經說愈辯愈明，而後撰寫成文。
3. 經說條理化：此與佛教科判之學有很大的關係。〔註 92〕藉由佛經正宗分對解經之條理化，使佛經內容有了基本的歸納，也方便人們理解經義。
4. 直申經注：指反覆論說，廣衍經義，使經義更加深化精彩，眾人更能明瞭。包含補充注釋、延伸擴展的運用。
5. 反注自出，指在解釋經說時，出現與經、注不相干的說法，是自出新意。
6. 論辯經義：指對經說內容進行反覆考辨論證，使經文本身的義理更彰顯。

東晉道安是佛經注疏產生初期最重要的人物。〔註 93〕釋慧皎《高僧傳》卷五〈釋道安傳〉載：

頁 32。顧濤的分法是以《皇疏》作爲歸類基礎，戴榮冠則進一步肯定顧濤的分法也能概括、適用於其餘諸經。見戴榮冠，〈南朝儒經義疏之時代特色〉，頁 36。

〔註 91〕參見戴榮冠，〈南朝儒經義疏之時代特色〉，頁 47～67。

〔註 92〕戴榮冠認爲漢代雖已有分章斷句、隨文釋經的章句之學，但解經結構性卻不如南朝儒經義疏，對經說作全面而系統的分判、解析，這種影響來自佛經的科判。佛經科判創始於道安，本爲方便理解經說而創，後爲儒生仿效，形成以義疏之體解經。參見戴榮冠，〈南朝儒經義疏之時代特色〉，頁 53～56。

〔註 93〕湯用彤云：「佛典譯本，或卷帙太多研讀不易。或意義深奧，或譯文隱晦，了解甚艱。不藉注疏，普通人士曷能通達。道安之前，雖有注經，然注疏創始，用功最勤，影響最大者，仍推晉之道安。」見湯用彤，《漢魏兩晉南北朝佛教史》，頁 546。

> （釋道安）既達襄陽，復宣佛法，初，經出已久，而舊譯時謬，致使深藏隱沒未通。每至講說，唯敘大義轉讀而已。安窮覽經典，鉤深致遠，其所注《般若》、《道行》、《密跡》、《安般》諸經。並尋文比句爲起盡之義，乃析疑甄解。凡二十二卷。序致淵富，妙盡深旨。條貫既序，文理會通，經義克明，自安始也。〔註94〕

可見佛經初譯「唯敘大義轉讀而已」，道安首先深入佛學經義，所講經「條貫既序」，因有系統、條理解釋經文，故深得經旨。此外，道安又進一步創發了「三分科判」來闡說經義。吉藏《仁王般若經疏》云：

> 然諸佛說經本無章段，始自道安法師分經以爲三段。第一序說，第二正說，第三流通說。序說者，由序義，說經之由序也。正說者，不偏義，一教之宗旨也。流通者，流者宣布義，通者不壅義，欲使法音遠布無壅也。〔註95〕

「三分科判」意即就經文提其綱領，分其條目，使知井然有序、層次分明地論說經文，使聽者能更有系統地吸收。南朝義疏借用佛經科判法是在科判之學進入高峰的時期，儒生解經特色往往是在一經、一篇或一條經說開頭或最終作系統性、概略性的敘述，如此藉由分析歸納經文，尋繹經文結構條理，作一系統、有條理層次的敘述，的確較能加強聽者對經文的理解。

筆者尚需指出的是，雖據吉藏之說，佛經科判創始於道安，然道安的開創自應有中國學術的基礎或傳統，畢竟學術是長久積累的成果，若無前提而突變實爲罕見之事。因此，佛經科判能刺激義疏更趨完備而臻於成熟、興盛，殆與中國固有學術土壤有相契合之處，意即「佛教影響經注」，但不能忽略佛教之所以能影響經注，必然是經注自身具有可與佛教產生共鳴，進而持續增強的特點。如此釐清，方能正確掌握不同文化的交流絕非是一面倒的單向影響；意即涵化的現象是複雜的，看似受影響的一方並不是處於全盤接受的狀態，接受與否以及接受程度多寡，仍有某種程度的主體性。

在佛經科判之外，尚有一種解經方法影響南朝儒家義疏，就是「合本子注」的解經方式。戴榮冠的「論辯經義」特重對各家說法的評論分析，即顧濤「徵引成說」與「施加案語」的運用。經師解經以一家之經注爲主，旁及各家之說，做一綜合比較，使經義更加顯明，此乃受到佛經「合本子注」的

〔註94〕釋慧皎，《高僧傳》卷五〈釋道安傳〉，頁179。
〔註95〕吉藏《仁王般若經疏》卷一〈序品〉，T33/1707，頁315c。

影響。「合本子注」的概念由陳寅恪提出。〔註96〕陳氏認爲因佛經譯傳，時有先後，往往同一經會有數本翻譯，如釋僧祐《出三藏記集》云：

> 于時有優婆塞支恭明，逮及於晉有法護、叔蘭，……先後譯傳，別爲三經。……若其偏執一經，則失兼通之功；廣披其三，則文煩難究，余是以合兩令相附，以明所出爲本，以蘭所出爲子，分章斷句，使事類相從。令尋者瞻上視下，讀彼案此，足以釋乖迂之勞，易則易知矣。若能參考校異，極數通變，則萬流同歸，百慮一致，庶可以闢大通於未寤，闔同異於均致。〔註97〕

《維摩詰經》於晉時便有支謙（支恭明）、法護、叔蘭三譯本，支愍度以支謙爲母本，法護、叔蘭爲子本，合兩令相附，然後「分章斷句，使事類相從，令尋之者瞻上視下，案彼讀此」，此即爲「合本子注」。簡言之，「合本子注」是佛經會譯時以一本爲主，將諸家之說並列，以比較其差異，使經說更爲明瞭。

林登順認爲南北朝時期的儒學已不像漢代得以獨尊，必須與他學相輔相成；在內容上，因與佛教交涉，除了先前的玄化，此時再加佛教空無本體論，及心性學說的影響，增強了它的抽象、思辨能力，並促使儒家學者對儒學經典作進一步的研究，終而促使義疏之學大爲興盛。〔註98〕誠然，南北朝時期儒學、佛學是既競爭又融攝的互動關係，故經學的變化不能不說與佛教的發展存有因果關係。佛教徒登臺講經，不僅斟酌詞句，而且推衍義旨，宣講經義，有助於佛教的傳播，而佛教的興盛刺激了儒家，帶給儒家解經的啓示，在借鑒、吸收佛教釋經的方式後，「義疏」在南北朝遂成爲儒生研究經學的重要方法。佛教除了對儒家注經形式有所影響外，南北朝儒、佛的相互滲透，使經學注疏中不可避免地雜有佛教教義，如孔穎達《周易正義序》云：「江南

〔註96〕陳寅恪於1933年的〈支愍度學說考〉一文中辨析了佛經「合本子注」的體例。1939年發表的〈讀《洛陽伽藍記》書後〉一文，進一步將合本子注之說加以整理、發揮。之後《比丘大戒二百六十事》一中，陳氏繼而加以印證，引文中新細明體、字型較小的部分，即爲原文中的子注。在〈讀《洛陽伽藍記》書後〉文末，陳寅恪將此合本子注的體例，引申解釋楊衒之《洛陽伽藍記》中的正文子注體。詳見陳寅恪，〈支愍度學說考〉，收入氏著，《金明館叢稿初編》，頁90～116。陳寅恪，〈讀《洛陽伽藍記》書後〉，收入氏著，《金明館叢稿二編》（上海：上海古籍出版社，1980年），頁455～458。

〔註97〕釋僧祐撰，蘇晉仁、蕭鍊子點校，《出三藏記集》卷八支愍度〈合維摩詰經序〉，頁310～311。

〔註98〕林登順，《魏晉南北朝儒學流之省察》（台北，文津出版社，1996年），頁416。

義疏十有餘家，皆辭尚虛玄義多浮誕。原夫《易》理難窮，雖復玄之又玄，至於垂范作則，便是有而教有，若論住內住外之空，就能就所之說，斯乃義涉於釋氏，非爲教於孔門也，既背其本，又違於注。」〔註 99〕又《禮記正義序》云：「熊（安生）則違背經義，多引外義，猶之楚而北行，馬雖疾而去愈遠矣。」〔註 100〕由孔穎達之言推斷，南北朝諸義疏援引佛經之事應當不少。

三、經注、史注與佛教

上文筆者先探討了南北朝時期史注的研究並未完全擺脫傳統經注，亦即此時的史注仍受到經注的影響；繼而說明南北朝時佛教興盛，科判、合本子注等解釋佛經的方法亦強化了儒者盛行以義疏之體來解釋儒經。接著本文將深入探析經注、史注與佛教三者的關聯性。

晚清學者陳澧曾言：「蓋時有古今，猶地之有東西、南北。相隔遠，則言語不通矣。地遠則有翻譯，時遠則有訓詁。有翻譯，則能使別國如鄉鄰；有訓詁，則能使古今如旦暮。所謂通之也，訓詁之功大矣哉！」〔註 101〕時有古今，地隔南北，語言文字自然產生變化和差別。時間的推移，帶來名物制度、風俗人情的改革變異，反映在文字記錄上，不能不出現時代的隔閡。只要語言有需要解釋之處，就會需要訓詁。中古時期是漢語詞彙發展史上十分重要的時期，一方面由於北方少數民族入主中原後對漢語的衝擊，一方面則與佛典翻譯有關。〔註 102〕佛典翻譯是一項規模非常宏大的言語實踐活動，以及對中外語言文化交流工程的影響極爲重要，這當中包含佛典原文隨著翻譯對漢語產生的直接和間接影響，以及佛典譯文（混合漢語）本身對漢語的直接影響。隨著中古語言的變化，注釋者必須以當時通行的語言去解釋以往的典籍，以避免語言上的歧解造成閱讀的障礙。〔註 103〕南北朝時期佛教在中國傳播所帶來的語言文化衝擊，促使當時學者在注釋典籍時不得不關注音義的訓詁，經注如此，仍受經注模式影響的史注亦如此。此時期經注著重在音義訓詁的

〔註 99〕〔唐〕孔穎達疏，《周易正義》（臺北：臺灣中華，1966 年），此版本無頁碼。

〔註 100〕〔唐〕孔穎達疏，《禮記正義》（臺北：臺灣中華，1966 年），此版本無頁碼。

〔註 101〕〔清〕陳澧，《東塾讀書記》（北京：生活．讀書．新知三聯書店，1998 年），頁 13。

〔註 102〕王力，《漢語史稿》（北京：中華書局，1980 年），頁 11。

〔註 103〕參見劉治立，〈兩晉時期的史注〉，《南陽師範學院學報社會科學版》2013 年 2 月第 12 卷第 2 期，頁 34。以及劉治立，〈魏晉南北朝隋唐史注三題〉，《寧夏社會科學學報》2007 年 11 月第 6 期，頁 126。

學術成果，由於此非本文討論範圍，故不詳論。筆者將研究重點聚焦於史注，將前表 3-11「史注類史書存目表」所著錄之針對史書的解釋（即研究）著作，其書名中出現「音、音義、訓」等字眼者，進一步歸納整理成下表 3-16。不難發現書名相同、相似的史注爲數頗多，說明當時人們關注的問題比較集中。〔註 104〕在這樣一個語言變化甚大的時代背景下，自然能爲史注的發展提供條件，同時引導史注的研究傾向。值得注意的是，或許由於永嘉之亂後，北方多爲胡人的割據政權，留在北方的漢人在與胡人長久相處下，對於有別於漢字音義的異國語言已經在生活中使用習慣，較不陌生，以致南朝的史注類史書較北朝更多著重於音義的訓詁，相關書名多於北朝。

表 3-16　南北朝史注類史書書名有「音、音義、訓」者

書名	書名有音、音義、訓				
	史記音、漢書音	後漢書音	漢書／漢紀音義	魏志音義	其他
北朝		劉芳《後漢書音》	崔浩《漢書音義》 崔浩《漢紀音義》	盧宗道《魏志音義》	
南朝	鄒誕生《史記音》 劉顯《漢書音》 夏侯泳《漢書音》 包愷《漢書音》 孟康《漢書音》	韋闡《後漢書音》	蕭該《漢書音義》		臧競《後漢書音訓》 韋稜《漢書續訓》 姚察《漢書訓纂》
數量	5	2	3	1	3

其次，佛教的傳入對傳統史注學的影響還可從「合本子注」概念來了解。自從陳寅恪以佛經合本子注的觀念解釋楊衒之《洛陽伽藍記》、裴松之《三國志注》、劉孝標《世說新語注》與酈道元《水經注》的體例，推論諸書受到合本子注的影響後，此一說法對後來研究南北朝史注者，影響深遠，因此本文不得不論，於此加以辨析。

「合本子注」在佛經中的運用起源自魏晉，事實上，佛經中未見「合本子注」一詞，「合本子注」這一概念（名詞）的明確提出要至陳寅恪時，

〔註 104〕表 3-11「史注類史書存目表」中，筆者共蒐羅三十本史書，將其中書名有「音、音義、訓」者製成表 3-16，計有十四本史書，幾占當時史注類史書存目總數的二分之一。

〔註 105〕湯用彤的會譯子注與陳氏的合本子注之說內涵相似。〔註 106〕隨者佛教的興盛，佛教與中國自身學術思想的交流愈趨頻繁、深刻，在很長一段時期內，從事典籍注釋的學者，在實際操作時早已或多或少，或深或淺地受到「合本子注」之法的影響，例如前文所敘及「義疏」體的產生即是。南北朝時，義疏盛行，對自小以儒學爲基礎教育的學者而言，自當熟知義疏之法，之後從事經學乃至其他治學領域（如史學）時，極有可能將義疏這種注經方式加以應用；又此時期的學者或精研佛學，或往來於名僧之間，見聞習染下，應當接觸過佛經「合本子注」的實際操作情形（縱使未曾聽聞「合本子注」這個詞彙），繼而潛移默化下將此方式應用於治學。筆者認爲學問間的交流影響是複雜多變的，可以是甲直接作用於乙，也可以是甲先作用於丙，再由丙作用於乙，於是甲對乙即形成間接影響。因此，佛教對史注的影響便可以是（1）佛經合本子注→史注，抑或是（2）佛經合本子注→經注義疏→史注。

合本子注的產生源於魏晉時期佛經多本異譯，約於此同時，史學領域亦出現了以《三國志注》爲代表的廣採別史異聞的史注著作。關於佛經合本子注與中國史注學的關聯性，下文筆者再以裴松之《三國志注》爲例，具論如下。裴松之〈上三國志注表〉云：

〔註 105〕陳寅恪的立論來自《維摩詰經》於晉時便有支謙、法護、叔蘭三譯本，支愍度便以支謙爲母本，法護、叔蘭爲子本，合兩令相附，然後「分章斷句，使事類相從，令尋之者瞻上視下，案彼讀此」，陳氏主張此即爲「合本子注」。但從結構上說，母本（支謙本）與子本（法護本與叔蘭本）原爲各自獨立，敘述內容也處於同一層次。也就是說，子本雖被擬配於母本之下，形式如同子注，但本質上仍是原典。故陳寅恪所提出「合本子注」概念中，「子注」實爲子本，「合本子注」逕稱「合本」即可。詳參吳晶，〈陳寅恪「合本子注」說新探〉，《浙江社會科學》2008 年第 12 期，頁 84～87。此外，梁啓超在佛學研究過程中，亦已注意到「合本」問題，其言：「初期所譯，割裂重還，不成系統。僧就所謂：『去聖將遠，凡識漸昏，不能總持，隨分撮寫。致來梵本，布夾弗全，略至略翻，廣來廣譯。』此實深中當時譯界之病。試檢前列諸大部經中各品列生異譯之本，其爲猥雜，可以想見。至後期則漸思整理，爲學者大省精力，所謂合本者出焉。」見梁啓超，《佛學研究十八篇》第十篇〈佛典之翻譯〉，頁 62。可見「合本子注」的確逕稱「合本」較不易引起混淆，然本文爲求統一敘述以及符合學術界一般習用之名稱，仍採用「合本子注」一詞。

〔註 106〕湯用彤在《漢魏兩晉南北朝佛教史》言：「安世高善《毗曇》學，譯經時並隨文講說。其後（嚴）浮調依其規模，分章句疏釋，此種體裁，於後來注疏，至有影響……此書（案：指《祐錄》）合刻經文，有似會譯，而分列事數，取一經文爲母，其他經事數列爲子。雖非注疏，然亦係師嚴氏之意。後世之會譯子注，蓋均源出於此。見湯用彤，《漢魏兩晉南北朝佛教史》，頁 115～116。

臣前被詔，使采三國異同以注陳壽國志。壽書銓敘可觀，事多審正。誠游覽之苑囿，近世之嘉史。然失在于略，時有所脫漏。臣奉旨尋詳，務在周悉。上搜舊聞，傍摭遺逸。按三國雖歷年不遠，而事關漢、晉。首尾所涉，出入百載。注記紛錯，每多舛互。其壽所不載，事宜存錄者，則罔不畢取以補其闕。或同說一事而辭有乖雜，或出事本異，疑不能判，并皆抄內以備異聞。若乃紕繆顯然，言不附理，則隨違矯正以懲其妄。其時事當否及壽之小失，頗以愚意有所論辯。自就撰集，已垂期月。寫校始訖，謹封上呈。〔註 107〕

分析這段史料，我們可以得到四個訊息：

（一）裴松之肯定陳壽的《三國志》，認爲是近世之嘉史，然失在於略，時有所脫漏。

（二）裴松之奉詔採三國「異同」注解陳壽《三國志》，尋詳、周悉是重要訴求。

（三）在劉宋初年，與三國時期有關的史籍，數量已相當可觀，然「注記紛錯，每多舛互」。

（四）裴松之自謂其注釋方法有四大原則：補闕、備異、懲妄、論辯。

爲了妥善採擇使用「注記紛錯，每多舛互」的眾多史籍，以求注解陳壽《三國志》的成果能尋詳、周悉，裴松之肯定經過一番苦思竭慮，方能提出補闕、備異、懲妄、論辯等四項作爲指導原則。吳晶，〈陳寅恪「合本子注」說新探〉一文中認爲裴松之《三國志注》中既有傳統的音訓、義訓，又有新興的史學評論，同時匯集多家史料加以考訂。這些特點實非一種體裁可以概括，而最有可能受到了多種著述體式的滋養。〔註 108〕吳晶之論頗有心得，筆者進一步延伸討論。首先，史學雖在魏晉南北朝時期擺脫經學的附屬地位成爲獨立學科，然而史注並沒有完全突破其所脫胎的經注，裴注儘管被視爲是經史分途過程中重要轉變的關鍵，但裴注既產生於史學脫離經學逐步走向獨立的過渡時期，難免仍會受到經學的影響，故注解內容不乏傳統經注中的音義訓詁。其次，裴注的出現是史學這門學科本身內在發展的必然結果，其

〔註 107〕〔南朝宋〕裴松之，〈上三國志注表〉，收入〔清〕嚴可均校輯，《全上古三代秦漢三國六朝文》（北京：中華書局，1958 年）第三冊《全宋文》卷十七，頁 2525。

〔註 108〕吳晶，〈陳寅恪「合本子注」說新探〉，《浙江社會科學》2008 年第 12 期，頁 87。

直接的史學淵源是對史不可亡論、史學講求完美主義及完備主義而落實進行，〔註 109〕以及對魏晉以來史學和史書注釋成果的承襲和總結。〔註 110〕再者，裴松之是奉劉宋文帝之命注解陳壽《三國志》，而劉宋一朝佛教盛行，〔註 111〕宋文帝是提倡佛教相當有名的君主，朝廷內外名僧和奉佛名士眾多，〔註 112〕耳濡目染的裴松之自然不可能不受佛教的浸染。此外，裴松之曾孫裴子野曾撰寫〈齊安樂寺律師智稱法師碑〉，文曰：「法師諱智稱，河東聞喜人也，俗姓裴氏。……年登三十，始覽眾經，……宋大明中，益部有印禪師者，苦節洞觀，郁爲帝師，上人聞風自托，一面盡禮，印公言歸庸蜀，乃攜手同舟，以宋太始元年，出家於玉壘，誠感人天，信貫金石，直心般若，高步道場。既而敬業承師，就賢辨志，遨遊九部，馳騁三乘。」法師智稱的家世背景據《高僧傳》卷十一載：「釋智稱，姓裴，本河東聞喜人，魏冀州刺史徽之後也，祖世避難寓居京口。」依裴氏家族傳承世系關係，裴松之家族出於裴徽一系。〔註 113〕又且裴子野撰有《眾僧傳》，〔註 114〕足見裴氏家族與佛教應有一定程度的接觸。雖然史料中並無裴松之事佛的明確記載，但

〔註 109〕參見雷家驥先生，《中古史學觀念史》，頁 463～465。

〔註 110〕張瑞龍，〈從經注與史注的變奏看裴松之《三國志注》的學術史地位〉，《史學月刊》2006 年第 6 期，頁 96。

〔註 111〕據梁釋慧皎《高僧傳》記載，劉宋時有中外譯師二十二人，義解三十二人，明律八人，習禪十人。此外，還有神異、亡身、誦經、興福、經師、唱導等共三十四人，反映劉宋時佛教的興盛景象。

〔註 112〕劉宋諸帝多與佛教保持良好互動，其中以宋文帝（407～453）最具代表，朝中名士如范泰、宗炳、何尚之、謝靈運、顏延之……皆是奉佛之人，元嘉十二年京尹蕭摹之上啓請制起寺及鑄像，帝乃與侍中何尚之、吏部郎中羊玄保等議之，謂尚之曰：「朕少來讀經不多，比日彌復無暇。三世因果未辯厝懷，而復不敢立異者，正以卿輩時秀，率所敬信故也。范泰、謝靈運常言：六經典文本在濟俗爲治，必求靈性眞奧，豈得不以佛經爲指南耶！近見顏延之《推達性論》宗炳《難白黑論》，明佛汪汪，尤爲名理並足，開獎人意，若使率土之濱皆敦此化，則朕坐致太平，夫復何事。」見釋慧皎，《高僧傳》卷七〈釋慧嚴傳〉，頁 261。宋文帝喜聞佛理，常與名僧慧嚴、慧觀等人研討佛義，尤喜竺道生的頓悟成佛說，文帝並寵信慧琳，使其與聞政治，時人稱爲「黑衣宰相」。參見《高僧傳》卷七〈釋道淵傳附慧琳傳〉，頁 268、《南史》卷七十八〈夷貊列傳上附釋慧琳傳〉，頁 1964。。

〔註 113〕有關裴松之家族世系表可參見蔡瑄瑾，〈裴松之家學傳承及六朝史學的演變〉（臺北：國立臺灣大學歷史所碩士論文，1995 年），頁 49；及參見余志挺，〈裴松之《三國志注》研究〉（臺北：花木蘭文化，2008 年），頁 12。

〔註 114〕《梁書》載：「(裴) 子野少時，集注喪服、續裴氏家傳各二卷，抄合後漢事四十餘卷，又敕撰眾僧傳二十卷。」見《梁書》卷三十〈裴子野列傳〉，頁 444。

從上述探析，裴松之的學術思想應與佛教有所交涉。

據上所論，筆者所欲強調的是，裴注的出現除了有其傳統學術的傳承，亦有受到佛經編纂技巧的影響。佛經合本子注的特徵是「事類相從」，將同一內容的不同表述裁合擬配，讀者可以「瞻上視下，案彼讀此」。儒家義疏的解經方法是以一家之經注爲主，徵引各家之說，做一綜合比較，評論分析，使經義更加顯明，此與佛經「合本子注」有所關聯。就儒學和佛教兩種管道而言，裴松之可藉由儒學義疏解經的方式間接學習到合本子注的操作模式，或是直接接觸佛教而得知合本子注的形式，此說概無疑問。以「義疏」而言，義疏是一種既釋經文，又兼釋注文的注解方式，其往往旁徵博引，羅列大量材料，證發經注，此其長；但有時不免煩瑣冗長，使人目眩，此其短。義疏的解經優點正是其缺點，此猶如裴松之《三國志注》的優點在於詳悉，能保存眾多史料，但是「喜聚異同」、「坐長煩蕪」〔註115〕卻也成爲裴注招致批評之處。再者，注釋作用之一在辯正史實失當或異說處，以究眞相，松之此方面發揮不多，往往是聚集異說而不置可否，實證精神不足。〔註116〕然此項不足卻是合本子注的特色，佛經會譯，廣引諸家之說，而以一本爲主，其餘諸說只是對照性用途，基本上仍是闡揚母本之說。但儒經義疏雖以經注母本爲主，但在論辯時，卻不見得完全闡揚母本之說，在解經態度上，若覺經注之說不妥，則同樣予以推翻，可見儒經義疏所追求的是經文本身的意涵，這是與佛經義疏最大的不同。〔註117〕要言之，裴松之《三國志注》隱約受到佛經合本子注的影響，誠是矣。

經學是義理之學，「義疏」解經的目的在疏通其義，發揮義理，義理的基礎是訓詁，集合各家訓詁，在此基礎上辨析義理，追求經義的彰顯。將義疏之法應用在史學，則是爲發明事實而集合各家之說，辨析異同。又如佛教傳播教義的特點，在擅於用類比故事宣揚教義，故孕育出「事類相從」爲特點的「合本子注」，其所提供的亦多爲原始材料，因此佛教的「合本子注」在客觀上具有保存史料之功。「三國雖歷年不遠，而事關漢、晉。首尾所涉，出入百載。注記紛錯，每多舛互」，佛經多本異譯，如同針對三國時代的歷史事實存有相當多的歷史記載，但注記紛錯，每多舛互，究竟何者才是最能發明三

〔註115〕「喜聚異同」、「坐長煩蕪」爲劉知幾批評裴注之語。見劉知幾著，浦起龍釋，王煦華整理，《史通通釋》卷五〈補注〉，頁123。

〔註116〕雷家驥先生，《中古史學觀念史》，頁466。

〔註117〕戴榮冠，〈南朝儒經義疏之時代特色〉，頁66～67。

國的歷史事實，陳壽《三國志》是其中較優的母本，但失之於略，不能完全達事，於是裴松之旁徵博引其他史籍，不是爲了闡揚陳壽個人的理念，或是彰顯《三國志》，而是爲了確認三國時代眞正的史實，以充分達事。

最後，要申明澄清的一點是，筆者舉裴松之《三國志注》爲例說明佛教中合本子注對史注的影響，並非認爲合本子注能解釋裴注體例的所有面向。〔註 118〕誠如吳晶所言：「（裴注）特點實非一種體裁可以概括，而最有可能受到了多種著述體式的滋養」，〔註 119〕以南北朝各領域學術交流容攝的情形而言，身處該時代的學者其思想也是多家並存（容），這是無庸置疑的。因此筆者認爲裴松之注解《三國志》自述其注解的原則曰：「同說一事而辭有乖離，或出事本異，疑不能判，並皆內以備異聞。」這正符合佛教合本子注的概念。史注追求的是歷史眞實與史料的翔實豐富可信，是以的確適合佛經以子從母，事類相從的「備異」方式，故筆者肯定佛教對史注的影響。〔註 120〕

綜上所述，筆者試從學術史的角度切入，以的釐清「佛教——經注——史注」三者間的關聯，認爲南北朝時期史注的發展，可直接受佛教影響，亦可藉由經學義疏作媒介，間接受佛教影響。〔註 121〕質言之，南北朝時期外來佛教（解經方式）與中國固有文化（注書傳統）的交流、融攝，自涵化的觀點詮釋，〔註 122〕此時史注受到佛教的影響，應可無疑。

〔註 118〕伍野春認爲：「所謂合本子注，實際上僅能說裴注史例中的備異，而未及其他，所以，如果用合本子注來概括裴注史例是很不明確的。」見楊耀坤、伍野春，《陳壽、裴松之評傳》（南京：南京大學，1998 年），頁 243。此外，林盈翔亦主張除了備異一項之外，「合本子注」之說，似乎無法準確解釋裴注體例的所有面向。見林盈翔，〈裴松之與劉孝標史注學比較研究〉，頁 76。

〔註 119〕吳晶，〈陳寅恪「合本子注」說新探〉，《浙江社會科學》2008 年第 12 期，頁 87。

〔註 120〕李小樹認爲爲何裴注這新的注釋方法沒有被繼續採用，其原因在於佛教經過魏晉南北朝後走向了本土化，翻譯佛經已變爲著述佛典，與之相適應的「合本」體例便逐步退出了歷史舞台，而「合本」也從人們的視野中慢慢消失。參見李小樹主編，《秦漢魏晉南北朝史學史稿》，頁 213。

〔註 121〕游千慧的碩士論文〈從學術交涉談六朝史學的形成與延展〉指出同處一個時代，學術之間本當有所互涉，而六朝既處於一個各種學術俱成氣候的階段，其時整個學術環境亦煥發著一種彼此交涉、互有進退的活潑氛圍。史學在這樣的學術環境中蔚爲大觀，其運會之形成，與其他學術的交涉互動，必是一個重要的學術因緣。游千慧，〈從學術交涉談六朝史學的形成與延展〉（臺北：臺灣大學中國文學研究所碩士論文，2007 年），頁 264。承游千慧論文的啓發，使筆者在思考南北朝史學發展的整體學術環境有更融通的思維。

〔註 122〕涵化是指兩個或兩個以上的文化持續地直接觸，形成一個文化接受其他文化

第四節　佛教對中國舊有地理觀念的衝擊

從本章第一節表 3-8「地理類史書存目表」所載錄之書來看，種類繁多，有承繼秦漢地學傳統的總志、州郡方志、都邑、風俗物產外，更有不少反映時代趨勢之有關宗教、從征、邊疆外國等地理書籍。本文無意對此全面剖析，僅就和佛教相關者略述己見。

中國因受地理環境的限制，東方、南方濱海，西向、北向絕漠，形成了所謂「四至」(四方所至之極限）的觀念，誘導中國人對世界的認知。其次，《周髀算經》的「天圓地方」說，可謂中國最早的宇宙觀，宇宙傳統形象爲天圓地方，天如穹蒼覆蓋大地，世界的中心垂直軸貫穿穹蒼和深淵，向東西南北四個方位展開。據此，中國傳統的世界觀念對於「天下」有一個來歷久遠而且相當固執的觀念，即中國人在自己的經驗與想像中，逐漸建構了一個「天下」圖像，這個「天下」圖像大體爲：首先，自己所在的地方是天地的中心；其次，大地彷彿一個棋盤一樣，或者像一個回字形，由中心向外不斷延伸，第一圈是王所在的京城，第二圈是華夏或者諸夏，第三圈是夷狄，大約在春秋戰國時代，形成了與南蠻、東夷、西戎、北狄相對應的「中國」概念。〔註 123〕「中國」一詞是漢民族的自稱與他稱，〔註 124〕相對於「中國」以

的歷程和結果。文化涵化可能是單向的，也可能是交互影響。在文化涵化中，受影響之一方的反應有樂意而自然地接受，也有迫不得已地接受，主動調適地吸收或排斥抗拒。除了抗拒的以外，涵化是互相接觸的文化間「近似」的部分日益增加。參見國立編譯館主編，《教育大辭書（七）》(台北市：文景，2000 年)，頁 383～384。

〔註 123〕「中國」一詞最早出現於西周初年，到了西周末年，夷夏衝突越來越嚴重，民族自我意識也就越來越強烈，從而孕育出一種文化的天下觀。到了戰國，「四夷」開始和方位搭配，有了具體的名稱：東夷、西戎、南蠻、北狄，這種固定的搭配應該是戰國時人根據戰國以後的實態，將天下秩序概念化和規則化的結果。有關華夏民族的凝聚，「中國」與「四夷」對照觀念的形成，請參見邢義田〈天下一家——傳統中國天下觀的形成〉，《秦漢史論稿》(臺北：東大圖書公司，1987 年)，頁 1～41；雷家驥先生，《中古史學觀念史》，頁 529～530；張新民，〈司馬遷、班固的民族觀及史學實證精神異同論——從《史記》、《漢書》「西南夷傳」談起〉，《民族研究》1993 年第 6 期，頁 66；葛兆光，〈「周孔何以不言」——中古佛教、道教對儒家知識世界的擴充與挑戰〉，《史學月刊》，2011 年第 1 期，頁 20～32；戴敏敏，〈一種歷史透視：中國政治傳統中的天下觀〉，《文化中國》1999 年 9 月，總第 22 期；顏世安，〈王國禮儀公共性的擴展簡論古代華夏族群的形成途徑，《江蘇行政學院學報》2006 年第 6 期，頁 127～132 以及顏世安，〈周初「夏」觀念與王族文化圈意識〉，《北京師範大學學報社會科學版》2007 年第 4 期，頁 55～63。

外的國家，統稱為「外國」，這個有關「天下」的說法在很大程度上奠定了中國傳統政治和文化的價值，地理空間愈靠外緣就愈荒蕪，住在那裡的民族也就愈野蠻，中國對世界的地理知識往往受限於四夷的範圍，難以向外擴展。然而，隨著佛教進入中國帶來的外部世界知識，遂逐漸衝擊了中國人的既有認知。

在佛教的想像世界裡面，世界是無邊無際的，西晉時譯出的《大樓炭經》記載佛陀對世界的描述曰：「爾所四千天下世界，有千日月，有千須彌山王，有四千天下，四千大海水，四千大龍宮，四千大金翅鳥，四千惡道，四千大惡道，七千種種大樹，八千種種大山，種種大泥梨。是名為一小千世界，如一千小世界。爾所小千千世界，是名為中千世界，如一中千世界，爾所中千千世界，是名為三千世界。」〔註 125〕除了這種誇張的想像，按照佛教的常識說法，人們生活的世界並不是以中國為中心的一塊空間，而是以須彌山為中心，普天之下有四大部洲，中國所在的只是南瞻部洲，其他還有東勝洲，西牛貨洲，北俱盧洲。在這樣的世界觀中，中國並不是唯一的中央大國，而華夏文明也不是唯一的文明。佛教是外來的宗教，它帶來了傳統中國聞所未聞、見所未見的異域新知識，佛教關於世界的觀念（包括想像與實際）從整體上迥異於中國，對原來「中國」意識造成挑戰，促使中國人必須放下身段去思考四夷之外的世界。

此外，對「中國」意識產生衝擊的還包括「中、邊」的概念。佛教經典中，「邊地」一詞的用法，經常是與「中國」一詞對應闡述的一組概念。所謂「邊地」是指沒有佛法教化之處，有佛法化導之地則名「中國」。佛典所傳述的「中國」是指中印度，此乃以佛陀教化施行的空間觀而言。對於佛教信眾而言，「中國」所表顯出來的整體意義，是無上崇高的，〔註 126〕「中國」是佛化文明的中心，代表佛教的聖域，若生於中國，則容易獲得聽聞佛法，得到教化的因緣；相反地，若生於邊地則不易值善因緣。佛教此種「中國」與「邊

〔註 124〕古代中國人之世界觀，可參看顧頡剛、童書業〈漢代以前中國人的世界觀念與域外交通的故事〉與賀昌群〈漢以後中國人對於世界地理知識之演進〉，以上二文收入《禹貢半月刊》，第五卷，第三、四期合刊，分見頁 267～290，291～306。

〔註 125〕西晉法立、法炬譯，《大樓炭經》卷一，T1/23，頁 277b。

〔註 126〕季羨林曾於〈所謂的中天音旨〉一文論及：「中天竺在佛教徒心中的地位」有三：一是眾佛誕生地；二是神仙說中印度話；三是大乘誕生地。參見季羨林，《季羨林佛教學術論文集》（臺北：東初出版社，1995 年），頁 398～401。

地」的空間文化思維模式，影響漢地僧人以中土漢地作爲「邊地」來思考自我的處境，「迄第四世紀後半葉，中國在俗佛教徒與出家精進修道者日增，部分出家人認爲自己的祖國，不同於開啓佛教的釋尊所生長的印度，並非上下皆奉佛的佛國，故僅能屈居爲邊國或異國。這種前所未有的觀念，與漢人官僚素秉華夏民族意識，譏誚『佛乃胡神』，或稱佛教爲『夷狄之俗』者，不啻天壤之別。奉佛者隱然將佛國印度的地位置於中國之上，自覺居於邊、異之國，無法滿足其求道求法的熱忱，遂欲往兜率往生、入天竺求法或巡拜聖蹟等方面，稍慰其獻身佛門，努力求進的決心。」〔註 127〕這種「佛教徒的邊國意識」進而引發「生值佛後，又處異國，楷範多闕」的憂慮感，〔註 128〕是促成中國僧人四出求法的重要背景。「生值佛後」，是時間的問題，感慨自己生不逢時，未能值佛在世，故有先後之嘆；「又處異國」，是空間的問題，異國乃與本國相對，所指即此漢地，道安係自歎不能生於天竺佛國，傳習完整的正法，當然這種空間認同的觀點，係由宗教情結所引發，故有本異之分。「楷範多闕」是人的問題，當時漢地佛教初始開發，多所仰賴憑藉者，在於外國僧侶的引介。「時間」、「空間」、「人」這三重漢地佛教界的問題，輾轉交錯構成一股精神上的憂慮感，乃以此漢地佛教界現前處境，來思考未來前途的發展。〔註 129〕時間、空間既無法改變，那麼從「楷範多闕」來彌補，期使以「人」來「弘道」當爲可行之道。冀望人來弘道可以是尋求外僧來華譯經傳戒，也可以是主動積極從事取經求法，親睹佛跡。湯用彤認爲漢僧「西行求法」之目的有：

> 西行求法者，或意在搜尋經典。如支法領。或旨在從天竺高僧親炙受學。如于法蘭、智嚴。或欲睹聖蹟，作亡身之誓。如寶雲、智猛。或遠詣異國尋求名師來華。如支法領。〔註 130〕

〔註 127〕引自〔日〕藤堂恭俊、塩入良道合著，余萬居譯，《中國佛教史（上）》第四章第二節〈傳統的中國民族意識與佛教徒的邊國意識〉，頁 113～114。

〔註 128〕釋道安〈十二門經．序〉云：「安宿不敏，生值佛後，又處異國，楷範多闕。仰希古烈，滯而未究，寤寐憂悸，有若疾首。」此外釋道安〈陰持入經．序〉云：「世不值佛，又處邊國，音殊俗異，規矩不同，又以愚量聖，難以逮也。」釋僧祐撰，蘇晉仁、蕭鍊子點校，《出三藏記集》卷六，分見頁 253、248。因生處邊地，遠離中國的憂慮心態，非只有道安，佛經中多處可見，唯道安乃當時僧界宗師，漢地南北佛教界咸共推崇，故以其言爲代表。

〔註 129〕蔡衍廷，〈漢魏晉南北朝外國僧人來華活動史研究〉（花蓮：國立東華中國語文學所碩士論文，2007 年），頁 33。

〔註 130〕湯用彤，《漢魏兩晉南北朝佛教史》，頁 378。

湯氏並指出西行求法者，朱士行而後，以晉末宋初爲最盛。〔註131〕賀昌群則認爲晉宋以後，中國佛教徒直接赴印度的人漸多，原因之一是西域各國語言轉譯的過渡期告終，尊信梵文正本佛典之風盛行。〔註132〕方豪在《中西交通史》進一步統計取經求法活動，自西晉發始至隋之前，南北共計一百四、五十餘人。〔註133〕

除了佛經所繪制的世界圖像，求法僧人的實地經歷與聞見，也更加豐富了域外諸國史料的記載。按諸史籍，魏晉南北朝時期關於中外交通和域外情況的記述，跟佛教盛行，大批中國僧人西行「求法」不無關係。〔註134〕日本學者桑原騭藏認爲中國在世界視野的拓展與佛教關係密切，他在題爲〈仏教の東漸と歷史地理學上における仏教徒の功劳〉一文中，開列出近五十個經陸路和海路，以及由天竺、罽賓、月氏、安息、波斯、康居、于闐、高昌、獅子國、扶南、交阯來到中國傳教的佛教徒，以及法顯、宋雲、玄奘等若干遠赴西方的佛教信仰者，桑原騭藏指出正是由於佛教東漸的緣故，中國不得不正面注視自己的周邊。〔註135〕桑原氏之論桑原殊爲有見。由於對域外情況有了更多關注，而這種關注所體現的是對其他民族文化的關注，此進一步反映在史書上則是記載、描述的外國在數量與內容方面皆有所增加。〔註136〕爲梳理南北朝史書對域外各國的載錄情況，以及掌握時移世推的歷史變遷性，本文於此更作表 3-17，將司馬遷《史記》以來，至有關於南北朝，中國所有正史中對外國的記載依方位進行歸納、整理。

〔註131〕同上註。

〔註132〕賀昌群，〈古代西域交通與法顯印度巡禮〉，收入《賀昌群文集》（北京：商務印書館，2003年）第二卷，頁237。

〔註133〕參見方豪，《中西交通史（上冊）》（台北：中國文化大學出版部，1953年），頁211～212。

〔註134〕瞿林東，《中國史學史綱》（北京：北京師範大學出版社，2010年），頁262。

〔註135〕參見桑原騭藏，〈仏教の東漸と歷史地理學上における仏教徒の功劳〉，收入《桑原騭藏全集》（東京：岩波書店，1968年）第一卷，頁293～334。

〔註136〕西行求法的僧人及其遊記，使得中國對域外情況有了更多關注，而這種關注所體現的是對其他民族文化的關注，是認識以至接納中華以外的其他民族的優秀文化，雖然這一進步思想並不是當時史學思想的主流，但已經有了這種思想的萌芽。參見李小樹主編，《秦漢魏晉南北朝史學史稿》，頁221。

表 3-17 隋代以前中國正史記載之「外國」〔註 137〕相關篇目表

史書＼外國	東	南	西	北
史記	卷 115〈朝鮮列傳〉	卷 113〈南越列傳〉 卷 114〈東越列傳〉 卷 116〈西南夷列傳〉 夜郎、滇國、邛都、徒、筰都、冉駹、白馬國	卷 123〈大宛列傳〉 大宛、康居、烏孫、奄蔡、大月氏、安息、條支、大夏	卷 110〈匈奴列傳〉
漢書	卷 95〈西南夷兩粵朝鮮傳〉 朝鮮	卷 95〈西南夷兩粵朝鮮傳〉南粵、閩越、粵東海工	卷 95〈西南夷兩粵朝鮮傳〉西南夷同《史記》 卷 96〈西域傳〉 鄯善、大宛等五十五國	卷 94〈匈奴傳〉
後漢書	卷 85〈東夷列傳〉 夫餘、挹婁、高句驪、東沃沮、濊、三韓、倭 卷 90〈烏桓鮮卑列傳〉 烏丸、鮮卑	卷 86〈南蠻西南夷列傳〉 「南蠻」：交阯、噉人國、越裳國、南越、黃支國、巴郡南郡蠻。 「西南夷」：夜郎、滇、哀牢夷、邛都夷、白馬氐	卷 87〈西羌列傳〉 卷 88〈西域列傳〉 于闐、條支、安息、大秦、天竺、奄蔡、疏勒、焉耆、車師	卷 89〈南匈奴列傳〉
三國志	《魏書》卷 30〈烏丸鮮卑東夷傳〉 烏丸、夫餘、高句麗、東沃沮、濊、挹婁、三韓、倭			卷 30〈烏丸鮮卑東夷傳〉鮮卑
宋書		卷 97〈夷蠻列傳〉 「南夷」：林邑、扶南 「西南夷」：訶羅陁、呵羅單、媻皇、槃達、闍婆婆達國、師子國、天竺伽毗黎國、蘇摩黎國、斤陁利國、婆黎國 「蠻」：荊、雍蠻、豫州蠻	卷 96〈鮮卑吐谷渾列傳〉阿柴虜吐谷渾 卷 98〈氐胡列傳〉 略陽清水氐楊氏胡大且渠蒙遜 卷 95〈索虜列傳〉 槃槃、趙昌、粟特	卷 95〈索虜列傳〉索頭虜託跋氏、芮芮虜 卷 96〈鮮卑吐谷渾列傳〉鮮卑〔註 138〕

〔註 137〕本表指的「外國」是專指相對於「中國」以外的國家，統稱爲「外國」。雖魏收從北齊統治者的立場出發，以魏和東魏爲正統，不爲西魏三帝立紀；稱晉爲僭偽，凡劉聰、石勒及宋、齊、梁、陳皆入外國傳，但此非本表所指稱的「外國」，故不列表。

〔註 138〕拓跋氏易鮮卑，故鮮卑在北魏時已遷至雲代一帶，故對南朝宋而言，方位應爲北。

南齊書	卷 58〈蠻東南夷列傳〉 高麗、百濟、加羅、倭	卷 58〈蠻東南夷列傳〉 「蠻」：分布於荊、湘、雍、郢、司五州界 「南夷」：林邑、扶南、交州	卷 59〈芮芮虜列傳〉 河南（吐谷渾）、氐（楊氏）、羌（宕昌）	卷 57〈魏虜列傳〉 托跋氏 卷 59〈芮芮虜列傳〉 芮芮虜
梁書〔註 139〕	卷 54〈諸夷列傳〉 東夷諸國：高句驪、百濟、新羅、倭、文身國、大漢國、扶桑國	卷 54〈諸夷列傳〉 海南諸國：林邑、扶南、盤盤、丹丹、干陁利國、狼牙脩國、婆利國、中天竺國、師子國	卷 54〈諸夷列傳〉 西北諸戎：河南國、高昌、滑國、周古柯、呵跋檀、胡蜜丹、白題、龜茲、于闐、渴盤陁、末國、波斯、宕昌、鄧至、武興	卷 54〈諸夷列傳〉 芮芮
陳書〔註 140〕				
南史	卷 79〈夷貊列傳下〉 高句麗、百濟、新羅、倭國、扶桑國	卷 78〈夷貊列傳上〉 林邑、扶南、中天竺國、師子國 卷 79〈夷貊下〉 荊雍州蠻．豫州蠻	卷 79〈夷貊列傳下〉 高昌、龜茲、於闐、波斯、宕昌、鄧至、河南王、武興國	卷 79〈夷貊列傳下〉 蠕蠕
魏書〔註 141〕	卷 95：徒何慕容廆 卷 100：高句麗、百濟、勿吉、失韋、豆莫婁、地豆於、庫莫奚、契丹、烏洛侯 卷 103：匈奴宇文莫槐、徒何段就六眷	卷 95：羯胡石勒 卷 95：匈奴劉聰、鐵弗劉虎 卷 101：蠻、獠	卷 95：臨渭氐苻健、羌姚萇、略陽氐呂光 卷 96：賨李雄 卷 99：私署涼州牧張寔、私署涼王李皓、盧水胡沮渠蒙遜 卷 99：鮮卑乞伏國仁、鮮卑禿發烏孤。 卷 101：氐、吐穀渾、宕昌羌、高昌、鄧至。 卷 102〈西域列傳〉 鄯善、於闐、車師、焉耆、龜茲、烏孫、疏勒、悅般、波斯、大月氏、安息、大秦國	卷 103：蠕蠕、高車

〔註 139〕《梁書》總錄諸夷為一卷，分為海南諸國傳、東夷諸國傳、西北諸戎傳三大部分。

〔註 140〕陳金城認為《陳書》似因《梁書》對外國始末已有完整之敘述，而且由於是同一作者執筆，自覺毋須重複論述，故而不立是傳，僅於本紀中簡略記載外國之朝貢。見陳金城，〈南朝四史「四夷傳」纂修原因之探討—兼論南朝與域外接觸的新視野〉，頁 219。

〔註 141〕以北魏自身地理的方位而論，匈奴宇文莫槐、徒何段就六眷應屬北魏的東方，羯胡石勒和匈奴劉聰、鐵弗劉虎應屬南，而鮮卑乞伏國仁和鮮卑禿發烏孤則居北魏之西。下例如此。

北齊書〔註 142〕				
周書	卷 49〈異域列傳上〉高麗、百濟、庫莫奚	卷 49〈異域列傳上〉蠻、獠	卷 49〈異域列傳上〉宕昌、鄧至、白蘭、氐 卷 50〈異域列傳下〉吐谷渾、高昌、鄯善、焉耆、龜茲、於闐、安息、波斯、粟特、嚈噠	卷 49〈異域列傳上〉稽胡 卷 50〈異域列傳下〉突厥
北史	卷 93：燕慕容氏 卷 94：高麗、百濟、新羅、勿吉、奚、契丹、室韋、豆莫婁、地豆干、烏洛侯、流求、倭 卷 98：匈奴宇文莫槐、徒何段就六眷	卷 95：蠻、獠、林邑、赤土、真臘、婆利。	卷 93：夏赫連氏、後秦姚氏、西秦乞伏氏、北涼沮渠氏。 卷 96：氐、吐谷渾、宕昌、鄧至、白蘭、黨項、附國。 卷 97〈西域列傳〉龜茲、疏勒、烏孫、悅般、破洛那、鄯善、焉耆、大月氏、粟特、安息、條支、大秦	卷 96：稽胡 卷 98：蠕蠕、高車 卷 99：突厥、鐵勒

從表 3-17 觀察，南北朝正史的外國列傳中與此前《史記》、《漢書》、《後漢書》和《三國志》相比，其記載範圍有所擴大。思考箇中原因，誠如陳壽所言：「記述隨事，豈常也哉！」〔註 143〕外族盛衰無常，中國王朝與域外民族接觸當與時俱進，情況自然不一；進而我們不能忽略武功強盛，開疆拓土下，地理知識日增乃必然之事。〔註 144〕再者，與域外諸國的商貿往來，也是促進文化交流，擴大域外知識的重要媒介。〔註 145〕最後，除了政治外交、經濟貿

〔註 142〕到南宋時，五十卷的《北齊書》僅剩一卷帝紀、十六卷列傳，是李百藥的原文。由於李延壽撰《北史》的北齊史部分多採自《北齊書》，而《北史》當時並沒有遭到散佚。故《北齊書》散逸的部分都是後人根據李延壽的《北史》抄補修成。竊意抄補者或以爲《北史》的外國列傳已載之甚詳，以致毋須重複論述，故而不立是傳。

〔註 143〕〔晉〕陳壽撰，裴松之注，《三國志·魏書》（臺北：鼎文，1978 年）卷三十〈烏丸鮮卑東夷傳〉，頁 858。

〔註 144〕如北魏武力強大，聲威遠播，魏收在《魏書》中便記載了數量相當多的外國，請逕參之。

〔註 145〕劉淑芬在探討〈六朝南海貿易的開展〉一文中研究指出三國迄南北朝是中外海上貿易開展發達的一個重要時期。見劉淑芬，〈六朝南海貿易的開展〉，收入氏著，《六朝的城市與社會》（臺北：臺灣學生書局，1992 年），頁 317。陳金城認爲從南朝四史中所反映的中國在世界地理知識的擴大，除了求法僧人的貢獻外，還包括中國與海南諸國的交往日多，南方諸國的地理知識也不斷傳入中國。參見陳金城，〈南朝四史「四夷傳」纂修原因之探討—兼論南朝與域外接觸的新

易的層面外，宗教發揮的作用應是不可忽略的背景。隨著僧人來華或是僧人出國，〔註 146〕旅程中之見聞經歷，成爲史書撰作取材的重要參考，豐富了中國史家的地理知識，開闊了中國史家的民族觀和世界觀。〔註 147〕

陳垣在〈中國佛教史籍概論緣起〉中開宗明義即云：「中國佛教史籍，恆與列朝史事有關。」〔註 148〕此說誠是。佛教典籍中記載的佛教與當時政治、經濟、社會、文化等各方面相聯繫的相關內容，成爲補充、佐證正史的重要參考。以地理學而言，南北朝時期出現的與佛教有關的行傳，〔註 149〕有助於

視野〉，《空大人文學報》2010 年 12 月總第 19 期，頁 209～248 筆者證諸《宋書》、《梁書》關於南海國家記載甚多，史書亦記述當時中國與域外諸國的商旅往來情況，如《宋書．夷蠻列傳》史臣論曰：「晉氏南移，河、隴夐隔，戎夷梗路，外域天斷。若夫大秦、天竺，迥出西溟，二漢銜役，特艱斯路，而商貨所資，或出交部，泛海陵波，因風遠至。又重峻參差，氏眾非一，殊名詭號，種別類殊，山琛水寶，由茲自出，通犀翠羽之珍，蛇珠火布之異，千名萬品，並世主之所虛心，故舟舶繼路，商使交屬。」《宋書》卷九十七〈夷蠻列傳〉，頁2399；又《南齊書．蠻東南夷列傳》史臣論曰：「商舶遠屆，委輸南州，故交、廣富貴，牣積王府。」見《南齊書》卷五十八〈蠻東南夷列傳〉，頁 1018。

〔註 146〕例如西元 420 年，南朝宋武帝永初間（420～422 年），曇無竭、智猛、曇朗等赴天竺求經，元嘉末年（450～453 年）歸揚州；西元 424 年，南朝宋文帝元嘉元年，釋智猛離天竺東返；西元 437 年，南朝宋文帝元嘉十四年，釋智猛回國入蜀；西元 446 年，南朝宋文帝元嘉二十三年，竺芝《扶南記》作於是年後；西元 499 年，南朝齊東昏侯永元元年，扶桑僧人慧深來華，抵荊州；西元 518 年，北魏孝明帝神龜元年十一月，北魏宋雲、惠生西行求經（518～522 年）；西元 520 年，梁武帝普通元年，印度高僧菩提達摩抵華，先到廣州，旋赴建康及嵩山少林寺；西元 521 年，北魏孝明帝正光二年，是年及次年宋雲、惠生先後歸國；西元 546 年，南朝梁武帝中大同元年，高僧拘那羅陀（眞諦）抵達中國等。

〔註 147〕林國妮，〈佛道二教的影響與魏晉史學的變化〉，《蘭州學刊》2009 年第 2 期，頁 60。

〔註 148〕陳垣，〈中國佛教史籍概論緣起〉，收入氏著，《中國佛教史籍概論》，頁 1。

〔註 149〕李德輝研究指出魏晉南北朝時期史學發展甚速，湧現出許多新體式，行傳這一體式便孕育和成長在這種活躍的環境中，受到過不少史書的影響，與它最接近的著述樣式是紀傳體中的外國傳和僧傳。外國傳敘述地理風土，但並不以人物爲中心，也沒有中心事件，只扼要對外國情況做客觀概述，文字是介紹式的，平面的。僧傳雖以人物爲中心，也有事件和情節，但與行傳不同的是，僧傳並不以「行」爲主要事件，敘述的是全人全體，而不是某人的一段經歷，故大多數僧傳裡都看不到對行程的細緻記述。行傳則不然，它雖也寫人，但採用的是立體的故事構架，只集中筆墨講述主人公的一段行歷，載其行旅路線和途中見聞，記行之外，常以簡練的文筆反映各地山川風物、土地人民，爲人們研究古代社會歷史文化提供了依據。參見李德輝，〈漢魏六朝行記三類兩體敘論〉，《東華漢學》（花蓮：東華大學中國語文學系，2011 年），第 14 期，頁 21～54。

了解西域各國的社會狀況、風土人情以及中外交通情況，補充正史記載的不足。因爲，關於古代中國的對外交通，正史中的四夷傳（外國傳）和地理志等的記載一般比較簡略，抑且往往是綜合他書抄掇而成，自然不如佛教僧人行記耳聞目見的可靠、詳細。例如《梁書・東夷傳》扶桑國之記載，乃全錄沙門慧深之傳述而來，未有其它之補充。僧人慧深遊歷扶桑國及其東鄰女國後做的珍貴記錄成爲中國古籍中對扶桑之地的重要參考論述。〔註 150〕魏晉南北朝時期，佛教的盛行，使得中外交通海、陸兩途不僅是東、西方貿易往來的通商之路，而且成爲東、西方文化交流的佛傳之路。中外僧人或陸路，或海路，往來頻繁，持續數百年，主觀上出於宗教的熱忱，客觀上豐富了中外交通的內容。古代史籍對中外交通的記載非常稀少，佛教僧眾西行求法行記正好彌補了這方面的不足，求法僧西行選擇的路線反映了當時對外交通的一般面貌。他們親見親聞的記行之作，成爲了解和研究古代對外交通的第一手資料，不僅大大充實了有關中外交通史的內容，而且可以與正史文獻記載參照比勘。

從東漢至隋唐，正是佛教進入中國並逐漸中國化的時代，這個時代出現的各種著作被記錄在《隋書・經籍志》中，呈現了中國知識領域邊界的擴張。《隋書・經籍志》的子部天文類和史部地理類中，著錄了七世紀前各種有關天文地理的異域著作，〔註 151〕這些上涉天文，下及地理的文獻，對原來傳統

〔註 150〕參見《梁書》卷五十四〈諸夷列傳・扶桑國傳〉，頁 808～809。其他又如陳金城在〈南朝四史「四夷傳」纂修原因之探討—兼論南朝與域外接觸的新視野〉中將東晉法顯所撰之《佛國記》和《梁書・諸夷列傳》對師子國的敘述參照比較，《佛國記》記載獅子國云：「其國本無人民，正有鬼神及龍居之。諸國商人共市易。市易時，鬼神不自現身，但出寶物，題其價直，商人則依價置直取物。因商人來往住故，諸國人聞其土樂，悉亦復來，於是遂成大國。其國合適，無冬夏之異。草木常茂，田種隨人，無所時節。」《梁書》載師子國之文爲：「其地和適，無冬夏之異。五穀隨人所種，不須時節。其國舊無人民，止有鬼神及龍居之。諸國商人共市易，鬼神不見其形，但出珍寶，顯其所堪價，商人則依價取之。諸國人聞其土樂，因此競至，或有停住者，遂成大國。」相較此二段文字之敘述，陳金城認爲《梁書》參考《佛國記》中對師子國的描述概況，且僅作文字的芟剪、更動而已，其文意與部分詞句則完全相同。參見陳金城，〈南朝四史「四夷傳」纂修原因之探討—兼論南朝與域外接觸的新視野〉，《空大人文學》2010 年 12 月，第 19 期，頁 228。

〔註 151〕《婆羅門天文經》二十一卷，婆羅門舍仙人所說；《婆羅門竭伽仙人天文說》三十卷；《婆羅門天文》一卷；《摩登伽經說星圖》一卷；法顯《佛國記》一卷；釋智猛《遊行外國傳》一卷；曇無竭（外國傳》五卷；釋法盛《歷國傳》

儒家所未知的天地宇宙進行了描述，拓展了中國人的知識世界。其中，特別值得注意的是釋僧祐所撰的《世界記》，此書雖已亡佚，但從《出三藏記集》所收錄的〈世界記〉中可知僧祐有意將佛教的世界觀向中國推介，此書可說是僧祐爲弘法而撰的地理書。〔註152〕〈世界記〉序云：

> 竊惟方等大典多說深空，唯《長含》《樓炭》辯章世界，而文博偈廣難卒檢究，且名師法匠職競玄義，事源委積未必曲盡。佑以庸固志在拾遺，故抄集兩經以立根本，兼附雜典互出同異，撰爲五卷，名曰《世界集記》。將令三天階序煥若披圖，六趣群分，照如臨鏡。庶溺俗者發蒙，服道者瑩解。〔註153〕

僧祐認爲大乘經典多述「深空」的空宗義理，唯小乘經典中《長阿含經》、《樓炭經》有講述佛教的各種「世界」。然而兩經文字眾多，不易檢讀，且當時講經的法師著重講述空宗的玄義，對各種「世界」僅略提及，因此僧祐便自上述兩種小乘經典中撮要抄出有關「世界」的資料，兼及其他異說，藉以方便閱讀，俾使一般俗人可以讀此而對「世界」有所啓蒙，信佛者則據此進一步了解「世界」。〔註154〕

「世宗周孔，雅伏經書，然辨括宇宙，臆度不了」，〔註155〕僧祐指責當時普遍被接受的各種有關「天地」的看法，並從《長阿含經》和《大樓炭經》等佛教經典中輯出大量文獻來辨析「世界」。按照僧祐的看法，儒家經典之說未必正確，比如關於「天」，《周易》只是形容它的幽深，《莊子》描述它的顏色，「俗尊天名而莫識天實……至於准步地勢，則虛信章亥，圖度日月，則深委算術，未值一隅，差以千里。」〔註156〕爲了證明這些異域信仰的合理性和權威性，漢至魏晉南北朝，佛教一直極力鼓吹，而這些新知識也漸獲得部分中國信仰者的響應，例如劉宋初年宗炳〈明佛論〉中曰：

二卷；慧生《慧生行傳》一卷；釋僧祐《世界記》五卷等。

〔註152〕曹仕邦，《中國佛教史學史——東晉至五代》，頁204。

〔註153〕釋僧祐撰，蘇晉仁、蕭鍊子點校，《出三藏記集》卷十二，頁462。

〔註154〕釋僧祐《世界記》共五卷，第一卷講三千大千世界、諸海、大小劫、大海須彌日月、四天下、四種姓；第二卷講三界；第三卷講世界諸神、餓鬼以及龍、金翅、象等；第四卷講大小地獄；第五卷講劫與滅。

〔註155〕釋僧祐撰，蘇晉仁、蕭鍊子點校，《出三藏記集》卷十二，頁463。

〔註156〕《世界記・序》：「《易》稱天玄，蓋取幽深之名。《莊》說蒼蒼，近在遠望之色。於是野人信明，謂旻青如碧。儒士據典，謂乾黑如漆。青黑誠異，乖體是同，儒野雖殊，不知一也。是則俗尊天名，而莫識天實；豈知六欲之嚴麗，十梵之光明哉。」同上註。

是以居赤縣，於八極曾不疑焉？今布三千日月，羅萬二千天下，恒沙閱國界，飛塵紀積劫，普冥化之所容。俱眇末其未央。何獨安我而疑彼哉？〔註 157〕

依宗炳之見，認爲倘若自其大者而觀之，則周公、孔子所述，包括六經，「《書》稱知遠不出唐虞，《春秋》屬辭盡於王業，《禮》《樂》之良敬，《詩》、《易》之溫潔」，也只是局限一隅，此即謂「周孔所述，蓋於蠻觸之域」。〔註 158〕故宗炳推崇佛教備至，「然宜修以佛經爲指南耳，彼佛經也，包五典之德，深加遠大之實，含老莊之虛，而重增皆空之盡。」〔註 159〕通曉天文的梁武帝對大地空間的看法因受到佛教的影響而主張：「四大海之外，有金剛山，一名鐵圍山，金剛山北，又有黑山，日月循山而轉，周回四口，一晝一夜，圍繞環匝，於南則見，在北則隱。」〔註 160〕又如《梁書》史臣論曰：「若山奇海異，怪類殊種，前古未聞，往牒不記，故知九州之外，八荒之表，辯方物土，莫究其極。」〔註 161〕依史臣之言，九州之外，莫究其極，這些言論多少反映當時人們對世界地理知識及宇宙觀的擴大，比起戰國時代騶衍所言中國爲「赤縣神州」，居天下 81 分之 1 的主張，〔註 162〕更有實質上的意義。

最後需稍作澄清的是，以上筆者略花篇幅介紹佛教傳入中國後，對中國原有知識界拓展了新的視野，然而筆者無意誇大佛教的影響，將部分文人學者零星的討論，以偏概全地認爲是公理、定論。本文所欲強調指出的乃是南北朝時期對世界的認知與之前時代已存有差異，而此差異是與佛教有所關聯。事實上，儘管佛教知識的傳入，使當時中國人所認知的「世界」多元化，衝擊了「中國」意識，但這並不意謂中國的世界觀因此瓦解。賀昌群認爲古代中國對於世界地理之知識可分爲二個系統：一是以想像構成的系統，如《山海經》、《穆天子傳》之一類著作；另一爲官書所記，取材於曾經身歷其地者

〔註 157〕〔南朝宋〕宗炳，〈明佛論〉（一名〈神不滅論〉），收入釋僧祐，《弘明集》卷二，T52/2102，頁 9c。

〔註 158〕同上註。

〔註 159〕同上註，頁 9b。

〔註 160〕〔唐〕瞿曇悉達，《開元占經》卷一，收入《四庫全書》第八〇七冊，〈子部七．術數類二〉，頁 185。

〔註 161〕《梁書》卷五十四〈諸夷列傳．史臣曰〉，頁 818。

〔註 162〕〔漢〕司馬遷，《史記》（臺北：鼎文書局，1978 年）卷七十四〈孟荀列傳附騶衍傳〉，頁 2344。

之見聞，如《史記．大宛列傳》、《漢書．西域傳》等。〔註 163〕同理，佛教所帶來的半是想像，半是實錄的世界，以後者言，正如前述，以僧人爲交流媒介，的確影響史家對世界地理的認識，從而擴大與補充史書的地理知識；但以前者言，佛經所繪制的想像世界卻沒有摧毀中國傳統的世界觀。中國與四夷共處於天下，本爲天下一體的概念，以我族爲中心向四周輻射的天下觀，仍然指導著史書的撰寫。我們從表 3-17「隋代以前中國正史記載之『外國』相關篇目表」中不難看出內蘊的大一統思想。從列傳的篇次來看，《史記》是朝臣與外夷相次，反映的是一種夷夏等視的民族觀；〔註 164〕而《漢書》之篇次體例，較有倫次，班固以「紀」述中國正統帝王，以「傳」述諸夏人物及外國；其中復以諸夏人物爲先，置外國於全書之末，於是正統觀念遂融入先京師而後諸夏，先諸夏而後夷狄的優先順序，此後國史對外國的構置，遂以《漢書》爲典範。〔註 165〕班固的民族思想具有內外、夷夏之別，反映在《漢書》便是將少數民族放在夷狄的位置上，而不是在平等的地位上。〔註 166〕從《漢書》以下，魏晉南北朝的正史的編次作法乃一脈相承，先中國後夷狄，表現內外之辨、夷夏之防的大一統觀念。〔註 167〕要之，南北朝的主流思想仍是中國的統治者以天子之尊，自居於天下之中，地位凌駕於其他國家之上，至於佛教的世界觀殆視爲有此一說罷了。

承上所述，中國因特殊地理環境的關係，在地理上形成一個獨立的區域，是以自居爲天下之中，故以「中國」爲稱名，並以爲自稱之號。隨著佛教在中國的流傳、盛行，南北朝時無論是佛經對世界的描述，抑或僧人求法、弘

〔註 163〕賀昌群，〈漢以後中國人對於世界地理知識之演進〉，《禹貢半月刊》第五卷，第 3、4 期合刊，頁 291。

〔註 164〕參見雷家驥先生，《中古史學觀念史》，頁 531～532、張新民，〈司馬遷、班固的民族觀及史學實證精神異同論——從《史記》、《漢書》「西南夷傳」談起〉，《民族研究》1993 年第 6 期，頁 66。

〔註 165〕雷家驥先生，《中古史學觀念史》，頁 533。

〔註 166〕郎華芳，〈《史記》、《漢書》民族史的撰述及意義〉《溫州師範學院學報哲社版》2000 年 4 月總第 21 卷第 2 期，頁 44。

〔註 167〕「大一統」與「華夏之防」看似矛盾，實則是處於對立的統一關係中，而中華文化的主體自覺意識，表現適度的開放與寬容態度，在不斷地化夷爲夏的方式促進大一統的增長，並經歷無數次以中原文化爲主體融合。參見葛志毅，〈論大一統與嚴夷夏之防〉，《管子學刊》1997 年第 1 期，頁 70；以及陳金城，〈南朝四史「四夷傳」纂修原因之探討——兼論南朝與域外接觸的新視野〉，《空大人文學報》，頁 218。

法的經歷，皆逐漸衝擊（但並無瓦解）中國人固有的世界觀，豐富了中國人的地理知識，擴大了中國人的地理視野，知識的漸變積累促成思想上的轉變，從此時期的地理書種類、數量（參見表 3-8），抑或正史中所記載的有關當時人們的想法，以及對四夷傳（外國傳）的記載等，皆可反映在佛教的影響下，刺激了當時人們對中國舊有地理限制的突破，進而在傳統史學的地理一門成果斐然。

第五節　與佛教相關的南北朝史著——以雜傳、地理、目錄類史書考察

上述將南北朝時期目錄、史注、地理等三種史學門類發展與佛教的關聯性合而觀之加以探討，得知無論南朝或北朝皆受到佛教的影響。下文將分別從僧俗史家與史籍的角度切入，進一步觀察南北朝史學分而察之的相異點，期能對南北分治下佛教和史學的關係能有更深入的瞭解。首先，筆者以本章第一節整理歸納的 12 類（14 項）表格爲基礎，將南北朝佛教僧人所撰史書進行對照後，製作表 3-18「南北朝史書中爲僧人史家撰寫者」，方便進一步探析；其次，討論有關南朝、北朝的佛教各自對俗人史家在撰寫史著時，所發揮的作用、影響，然後再綜合察考。

表 3-18　南北朝史書中為僧人史家撰寫者

分類表名	該類史籍總數	北朝		南朝	
		僧人史家與史籍	數量	僧人史家與史籍	數量
表 3-1 「紀傳體史書存目表」	30	無	0	無	0
表 3-2 「編年體史書存目表」	32	無	0	無	0
表 3-3 「雜史類史書存目表」	24	無	0	無	0
表 3-4 「霸史類史書存目表」	22	無	0	無	0
表 3-5-1 「雜傳類史書——分類傳記存目表」	67	釋亡名《韶法師傳》	1	釋僧寶《游方沙門傳》 釋法進《江東名德傳》 釋法安《志節傳》	8

				釋僧祐《薩婆多部記》和《釋迦譜》 釋寶唱《名僧傳》和《尼傳》 釋慧皎《高僧傳》	
表 3-5-2 「雜傳類史書——地區性傳記存目表」	9	無	0	無	0
表 3-5-3 「雜傳類史書——靈異志怪史書存目表」	23	釋曇永《搜神論》	1	無	0
表 3-6 「起居注、實錄存目表」	35	無	0	無	0
表 3-7 「譜系類史書存目表」	46	無	0	無	0
表 3-8 「地理類史書存目表」	142	釋慧生《慧生行傳》 釋道榮《道榮行傳》	2	釋曇宗《京師寺塔記》 釋智猛《遊行外國傳》 曇無竭《歷國傳記》 釋寶雲《外國傳記》 釋僧祐《世界記》 釋曇景《外國傳》 釋法盛《曆國傳》 釋道普《遊履異域傳》	8
表 3-9 「典志類史書存目表」	118	無	0	無	0
表 3-10 「目錄類史書存目表」	52	菩提流支《譯眾經論目錄》 釋道憑《釋道憑錄》 釋法上《齊世眾經目錄》	3	釋王宗《眾經目錄》 釋道慧《宋齊錄》 釋宏充《釋宏充錄》 釋僧祐《出三藏記集》 釋僧紹《華林殿眾經目錄》 釋寶唱《(梁代）眾經目錄》 釋正度《釋正度錄》 釋眞諦《眞諦錄》	8
表 3-11 「史注類史書存目表」	30	無	0	無	0
表 3-12 「史評類史書存目表」	1	無	0	無	0

由上表 3-18 來看，僧人史家的史學表現主要集中在雜傳類、地理類和目錄類，若以該類史書總數量中僧人史家所撰者的比例高低再進行觀察，依序是目錄類（21%）、雜傳——分類傳記類（13%）、地理類（7%）、雜傳——靈異志怪類（4%）。此或可反映僧人爲弘揚佛法，維護佛教，所以必須致力於佛經的整理，以端正異說，辨別僞經，方有利正法之弘傳。其次，僧人執筆替名僧先哲記述其生平傳記，既可發人內省，讓佛門後輩有學習的榜樣，矯正不良風氣，也可吸引民眾欽懷仰慕進而接受佛教。再者，受佛經「中國與邊地」意識影響，欲搜尋充實經典，抑或從高僧受學、瞻覽佛門聖蹟，促使僧人前仆後繼、不畏艱辛前往域外，將所見所聞撰成地理類史籍。最後，則是有關雜傳中的「靈異志怪類」，南北朝共 23 本史書，出自僧人之手者僅有北朝釋曇永《搜神論》，其餘則爲文人所撰。如本文第二章敘及靈驗故事與宣揚因果報應的說教結合在一起，於弘揚佛法發揮巨大作用，被魯迅稱爲「釋氏輔教之書」。由於因應佛教傳播的需求，以致南北朝出現大量講述關於佛教神異、感通等以理性無法解釋之現象的文字記錄。綜言之，鄙意基於弘法、護教的動機，再考量其執行、操作的難易度，遂造成佛教僧人在目錄、分類傳記、地理、靈異志怪等四類史學領域有所表現，而且成果多寡不同。

圖 3-2　南北朝史書中僧人與非僧人撰寫比例圖

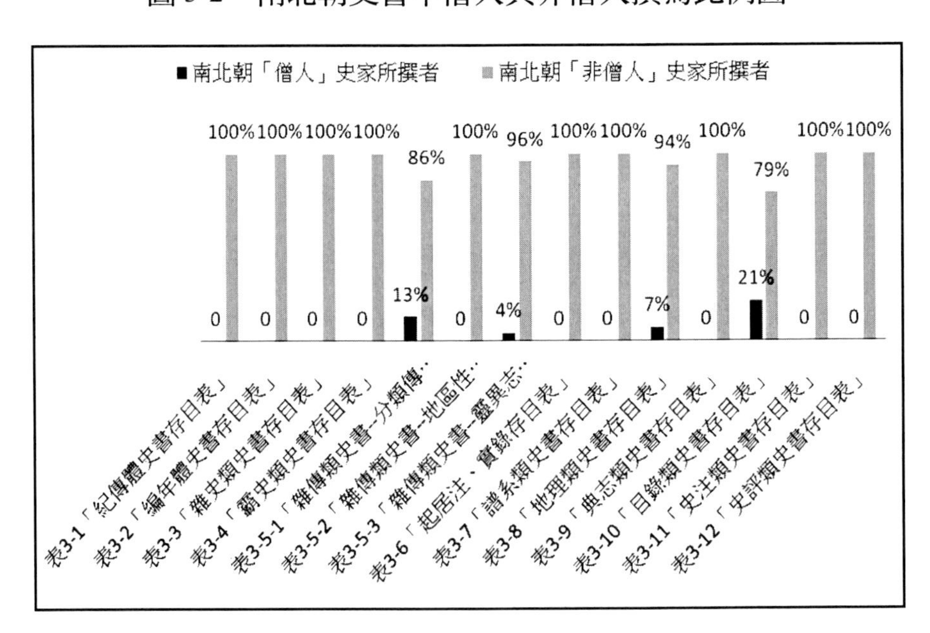

曹仕邦在《中國沙門外學的研究——漢末至五代》一書研究佛教僧尼研

習外學〔註168〕的動機，認爲除了個人的興趣，弘法和護教是僧尼研習外學最重要的原因，僧尼學習的外學有經學、小學、史學、諸子、文章、書法、繪畫、音樂、醫藥、兵法、占候，以及天文、曆法、農藝、機械、建築和道教的祕咒符籙等。〔註169〕以史學而言，閱讀俗世的史書，借古人的經驗爲經驗，可作爲僧人踏上遊方之途時應付外邊五濁惡世的參考。由於讀史，僧人進一步修撰記述佛教本身事蹟的史書，這些史書包括高僧的傳記、寺塔的風貌、宗派的傳承，西行的遊記以至佛教譯出的歷史與夫各時代聖典存佚的情況等，從不同角度記下了佛教在華發展的整個面貌，〔註170〕《大正藏》立有〈史傳部〉，其中所收錄佛門史著的豐富，可知佛教史學發達之一斑。這眾多史著的存在，對於佛教的弘傳發揮鼓舞的作用，也充實了中國傳統史學。誠如湯用彤言：「欲知時代思想之不同，亦當尋其變遷之迹，則史地著述尚矣。尋當時人作僧史、記寺塔，或多意在弘法。而自後人視之，疏抉其信僞，考定其因果，史家所憑藉之鴻寶也。」〔註171〕此外，沙門若知史事，便能根據歷史事實因應中國士人的反佛言論，也有助於護教。因此，史學乃沙門研習的外學中相當重要的學問。〔註172〕

筆者認爲研習外學既爲了弘法和護教，則僧尼所處的環境將決定所研習外學的質與量。承本文第二章佛教在南北朝傳播情形所述，南、北二朝因民族、政治、文化及地理環境的差異，對佛教的信仰需求有所不同。北朝民族性多質樸粗獷，對佛教的信仰容易偏重祈福行善；加上，自永嘉之亂以來，北方戰亂頻仍，社會經濟殘破，對現世苦難無力改變的廣大民眾而言，造像立寺的佛教功德事業可給予心靈上的撫慰寄託。抑且，北朝諸帝，除北魏太武帝和北周武帝短暫的反佛外，餘皆護持佛教，其中僅極力主張漢化，學識豐富的北魏孝文帝提倡義學，其他諸帝則多半重視具體可見的功德實踐，且將佛教與政治緊密結合，強調佛教事業功能的表現。北方由少數民族入主中原，使北方文化置於一種迥異於南方的特殊政治氛圍中，促成北方漢族士人治學仍多偏重儒學，社會實踐性強，重實務入世，強調力行與踐履而不務空

〔註168〕佛家謂本教經論爲「內典」，而稱外教學問爲「外學」。

〔註169〕參見曹仕邦，《中國沙門外學的研究——漢末至五代》一書，曹氏在書中將沙門所研習的外學分門別類依序介紹。

〔註170〕同上註，頁477～478。

〔註171〕湯用彤，《漢魏兩晉南北朝佛教史》，頁574。

〔註172〕佛教源自印度，印度文化並不看重歷史，佛教在中國傳播受到中國重視史學的影響，而轉爲重視。

言；相對地，南方占統治地位的文化是漢族文化，漢人悟性早啓，文化昌盛，士大夫文化素質足以使其開展學術性的文化研究，故思辨見長。因此，南朝王公名士承玄學、清談之風，雅好玄思，而皇帝也多喜問道，所需於佛教者，較之北朝自然傾向於義學。由於南北環境不同，吾可見南朝僧人多爲義學僧人，名僧與名士交遊過從蔚爲風尚，不論是世居南方的梁代三大法師僧旻、法雲、智藏諸人，還是由北而南的道安、慧遠諸輩，在南方玄風相煽的學術文化氛圍裡，自然以義學相高尚，「孜孜爲道，務在弘法」，〔註 173〕尤其是那些由北而南的僧人，要在南方順利弘法護教，則必須在南方的學術思想界獲得一席之地，遂不得不趣合流行的玄學清談，因爲「用舊義在江東，恐不辦得食」。〔註 174〕

承上，南北朝時期，儒學獨尊的一元文化格局崩壞，文化發展呈多元趨勢；在劃江而治的南北對峙的政治環境下，南北文化出現歷史性的地域分流，南北朝的佛教有所謂南統與北統之分，及「南義」、「北禪」之別。就整體風格而言，南統佛學偏尚義理，極富名理性格，講經說法風行，以玄思拔俗爲高；北統佛學崇尚實行，富於踐履品格，禪風鼎盛，以修習禪定爲勝場。在佛教典籍方面，南方偏於大乘空學，流行受大乘部影響之論典；而北方傾向實利，小乘一切有部之佛經大有市場。在禪法上，南方看重思維形式之探討，頓漸之爭聚訟紛紜；北方則盛行「像教」，坐禪篤信而少涉足頓漸之訟。釋家在南朝士人中爲學問，談論相高；在北朝士人中屬宗教，重在戒行。〔註 175〕筆者認爲僧人的學術成就實可反映身處環境的文化氛圍或傾向，故「南義」、「北禪」的差異下，北方僧人在學術涵養上的表現不若南方僧人，將表 3-18 南北朝史書中爲僧人史家撰寫的史書（唯雜傳、目錄、地理三類）獨立出來，另外進行對照、比較，製成下表 3-19，其中南朝僧人史家及其史著的數量較北朝多可爲印證。再者，知識的豐富淵博大抵可從一個作者的著作種類和數量反映，其中南朝的僧人如釋僧祐、釋寶唱的著作不限一本一種。因此，分而察之，北朝僧人在史學上的成就實略遜於南朝僧人。

〔註 173〕湯用彤，《漢魏兩晉南北朝佛教史》云：「慧遠雖遁跡廬山，而孜孜爲道，務在弘法。」見湯用彤，《漢魏兩晉南北朝佛教史》，頁 357。

〔註 174〕《世說新語》：「愍度（支愍度）道人始欲過江，與一傖道人爲侶，謀曰：『用舊義往江東，恐不辦得食。』」劉義慶編著，劉孝標注，余嘉錫箋疏，《世說新語》下卷〈假譎〉，頁 859。

〔註 175〕有關南北朝佛教之差別，見孔定方，〈南北朝宗教文化之地域分野〉，《中州學刊》1998 年第 1 期，頁 127。

表 3-19　南北朝僧人史家所撰寫和佛教相關之雜傳、地理、目錄類史書比較

分類表名	該類史籍總數	該類史籍僧人撰寫總數	該類史籍北朝僧人撰寫			該類史籍南朝僧人撰寫		
			作者/書名	數量	占該類史籍總數比例	作者/書名	數量	占該類史籍總數比例
表 3-5-1「雜傳類史書——分類傳記存目表」	67	9	釋亡名《韶法師傳》	1	1.5%	釋僧寶《游方沙門傳》 釋法進《江東名德傳》 釋法安《志節傳》 釋僧祐《薩婆多部記》和《釋迦譜》 釋寶唱《名僧傳》和《尼傳》 釋慧皎《高僧傳》	8	12%
表 3-5-3「雜傳類史書——靈異志怪史書存目表」	23	1	釋曇永《搜神論》	1	4.3%	0	0	0
表 3-8「地理類史書存目表」	142	10	釋慧生《慧生行傳》 釋道榮《道榮行傳》	2	1.4%	釋曇宗《京師寺塔記》 釋智猛《遊行外國傳》 曇無竭《歷國傳記》 釋寶雲《外國傳記》 釋僧祐《世界記》 釋曇景《外國傳》 釋法盛《曆國傳》 釋道普《遊履異域傳》	8	5.6%
表 3-10「目錄類史書存目表」	52	11	菩提流支《譯眾經論目錄》 釋道憑《釋道憑錄》 釋法上《齊世眾經目錄》	3	5.8%	釋王宗《眾經目錄》 釋道慧《宋齊錄》 釋宏充《釋宏充錄》 釋僧祐《出三藏記集》 釋僧紹《華林殿眾經目錄》 釋寶唱《(梁代)眾經目錄》 釋正度《釋正度錄》 釋眞諦《眞諦錄》	8	15.4%

南北朝在佛教上「南義」、「北禪」的差異，不僅對僧人史家如此，包括對俗人史家亦是。從表 3-18「南北朝史書中爲僧人史家撰寫者」中得知僧人

史家在分類傳記、目錄、地理、靈異志怪等四類較有所表現，筆者據此四類將其中爲俗人史家所撰，並和佛教有直接相關的史書製成下表 3-20。依表觀之，俗人史家撰寫之和佛教相關的雜傳類——分類傳記、雜傳類——靈異志怪、目錄和地理等史書，南朝的數量較北朝多，或可說明南北不同的佛教傾向下，由於北朝佛教國家性格明顯，且學注重戒行、皈依、修福求利等宗教踐履，身處北朝的俗人史家受其氛圍影響，似是因此對宗教的關懷點、注重面和南朝有異，〔註 176〕較疏於文字記錄的撰述。

表 3-20　南北朝俗人史家所撰寫和佛教相關之雜傳、地理、目錄類史書比較

	表 3-5-1 「雜傳類史書——分類傳記存目表」	表 3-5-3 「雜傳類史書——靈異志怪史書存目表」	表 3-8 「地理類史書存目表」	表 3-11 「目錄類史書存目表」
北朝	明克讓《續名僧記》	顏之推《集靈記》、《冤魂志》	楊衒之《洛陽伽藍記》	李廓《魏世眾經目錄》
南朝	王微《竺道生傳》 裴子野《眾僧傳》 王巾《法師傳》 陸杲《沙門傳》 陶弘景《梁故草堂法師傳》	劉義慶《幽明錄》 劉敬叔《異苑》 袁王壽《古異傳》 朱群台《徵應傳》 王延秀《感應傳》 祖沖之《述異記》	劉俊《益州寺記》 劉璆《京師寺塔記》	王儉《七志・佛經錄》 陸澄《法論目錄》 蕭子良《法集錄》 阮孝緒《七錄・佛法錄》

〔註 176〕楊衒之《洛陽伽藍記》是以北魏洛陽城的大伽藍（大佛寺）爲綱領，依城內、城東、城南、城西、城北爲次第，記載每一佛寺的造寺源流、地理位置、寺院景觀及附近坊里的風土人情，兼述當代人物的活動、政治的變亂、神靈故事、鬼怪傳聞、歷史掌故等。楊衒之寫作此書的動機在此書自序言：「暨永熙多難，皇輿遷鄴，諸寺僧尼，亦與時徙。至武定五年，歲在丁卯，余因行役，重覽洛陽。城郭崩毀，宮室傾覆，寺觀灰燼，廟塔丘墟。牆被蒿艾，巷羅荊棘，野獸穴於荒階，山鳥巢於庭樹。遊兒牧豎，躑躅於九逵；農夫耕老，藝黍於雙闕。《麥秀》之感，非獨殷墟；《黍離》之悲，信哉周室！京城表裏，凡有一千餘寺，今日寥廓，鐘聲罕聞。恐後世無傳，故撰斯記。」楊衒之撰，周祖謨校釋，《洛陽伽藍記校釋》（北京：中華書局，2010 年 9 月重印），頁 24～25。實際上楊衒之乃借佛寺盛衰，反映國家興亡，其中既寄託了故國哀思，又寓含著治亂訓鑑。王文進則認爲楊衒之在子注中融入了故國之痛，褒忠斥奸與故國之痛等涵意。參見王文進著，《洛陽伽藍記：淨土上的烽煙》（臺北：時報，1994 年），頁 176～181。筆者認爲由於北朝政治力對佛教的介入較深，使文人所關注者或許因而傾向以國家立場來關注佛教的發展，故楊衒之所在意者乃是佛教勢張與國家興衰的關係。

	張孝秀《廬山僧傳》 虞闡《佛記》	東陽無疑《齊諧記》 傅亮《光世音應驗記》 張演《續光世音應驗記》 王琰《冥祥記》 陸杲《系觀世音應驗記》 蕭繹《研神記》 蕭子良《冥驗記》 吳均《續齊諧記》 劉之遴《神錄》 陶弘景《周氏冥通記》 王曼穎《續冥祥記》 許善心《符瑞記》		劉勰《定林寺藏經錄》

尤有甚者，當筆者將「分類傳記、靈異志怪、地理、目錄」這四類史書，依南北朝撰寫比例（採自表 3-13 數據），和這四類史書中與佛教相關而由南北朝僧人撰寫者的比例（採自表 3-19 數據），復作表 3-21 來看，就數量上，南朝史書各分類皆勝於北朝；但若改以僧人撰寫和佛教相關的史書比例來對照觀察，靈異志怪類史書僅北朝僧人釋曇永撰寫的《搜神論》，南朝僧人無此類著述，主要都是文人的著述。又目錄類史書，南北朝撰寫比例和南北朝僧人撰寫比例從 1：7.7 上升為 1：2.7。探析這樣的數據呈現，筆者認為一方面是因為南朝僧人偏重佛學義理，思辨性較強，且南朝士人的文藝創作風氣在沒有如北朝政治氛圍和經學的束縛下，較為自由，故靈異志怪類書史多為文人撰寫。〔註 177〕相對地，北朝佛學重行為信仰，尚踐履，禪修往往會伴隨神通產生，〔註 178〕致北朝比南朝更彌漫靈異神通的教風，加上承襲佛圖澄、曇無讖等以法術襄助君主治國的傳統，以致北朝僧人對神異感通、靈異怪誕之事較為重視。另一方面，由於北朝佛經流傳數量可觀，需要加以整理纂錄，對僧人史家來說，這是急迫又較不需要深厚學識、文墨能力的學術工作，容易執行、操作，〔註 179〕因此北朝僧人在目錄學（主要是佛經目錄）的表現略為

〔註 177〕從目錄學的角度來看，《隋書・經籍志》將靈異志怪類的著述歸納於史部，但宋朝以來，書目的分類法則將志怪書籍劃入小說。南北朝時人認為志怪類是一種歷史著作，但今日則以文學的角度看待。

〔註 178〕有關透過坐禪修行而能獲致的各種神通能力，以及僧人展現神異的方法、目的，日本學者村上嘉實作了相當仔細、系統的研究，可參見村上嘉實，〈高僧傳の神異〉，《東方宗教》1961 年總第 17 期，頁 1～17。

〔註 179〕北朝六部目錄類史書中，由俗人史家撰寫與佛教無直接相關的目錄有盧昶《甲

突出，造成該類史書在南北朝撰寫比例和南北朝僧人撰寫比例呈現上升的趨勢。

表 3-21 雜傳、地理、目錄類史書在南北朝及其為南北朝僧人撰寫者之比較

類　　別	該類史籍南北朝撰寫的比例	該類史籍中與佛教相關由僧人撰寫的比例
	北朝：南朝	北朝：南朝
表 3-5-1 「雜傳類史書——分類傳記存目表」	1：2.7	1：8
表 3-5-3 「雜傳類史書——靈異志怪史書存目表」	1：6.7	1：0
表 3-8 「地理類史書存目表」	1：2.2	1：4
表 3-10 「目錄類史書存目表」	1：7.7	1：2.7

本章先宏觀概述魏晉南北朝史學的發展情形，有別於過去學者在探討南北朝史學發展時多是整體概括其特色，略於比較南、北之異。筆者從表 3-1 至 3-12 的整理、對照與探究所得，既可說明此一時期史學發展的快速，史著數量增加，性質複雜多樣，門類異彩紛呈，以及佛教的興盛在史學中的雜傳、史注、地理、目錄等領域有所反映之外，兩相參照下，也突出注意到南、北佛教的差異對南、北史學的發展有所影響。因應「南義」、「北禪」之別，南朝和北朝僧人在弘法護教的側重點並不相同，進而在學術涵養乃至史學上的成就，呈現出南朝僧人略勝於北朝僧人的現象。而且，即使是俗人史家，受到南、北各自宗教文化氛圍不同所致，南朝所撰寫和佛教相關的史著數量也較北朝多。本章主要以羅列的表格、量化的數據作爲觀察、研究基礎，概略掌握南北朝時期佛教對史學影響的方向，以下第四章將聚焦兩位奉佛的史家——蕭子顯與魏收，從兩人分別撰修的正史《南齊史》和《魏書》進行研究，深入探討南北朝佛教與史學發展的關聯。

乙新錄》和佚名《魏闕書目錄》，而由俗人史家撰寫與佛教直接相關的目錄有李廓《魏世眾經目錄》，僧人撰寫和佛教相關者有菩提流支《譯眾經論目錄》、釋道憑《釋道憑錄》以及釋法上《齊世眾經目錄》三部。